该书是甘肃省高校人文社会科学重点研究基地

——西部农村发展与社会保障研究中心的系列研究成果之一

的、有利于合理乡村社会流动的社会管理模式、工农良性互动模式及城乡一体化统筹模式。

此外，还应该看到，中国的地域辽阔，区域发展差异显著，这就要求相关研究要因时因地制宜，对特殊区域、特殊群体的社会流动进行实证分析和研究。

值得欣慰的是，一批社会学的后生们已经对此开始了学术的自觉关注，本书的出版即是这方面努力探索的充分体现。作者先后在西北师范大学社会学系和兰州大学西北少数民族研究中心攻读硕士和博士学位，积累了社会学和民族学的相关知识，借国家社科基金项目研究的契机，对甘青宁民族地区乡村社会流动状况进行了调查研究，获得了丰富的一手资料，分析了民族地区乡村社会流动经济、政治、文化和社会等方面正负后果，提出了促进民族地区乡村社会合理、有序流动的路径。值得一提的是，该研究是从西部社会学的视角，探索西部社会发展中的特殊区域问题和阶段性问题，这也是甘肃社会学界近年来尝试的一个独特的社会学研究范式（或视角），以期得到更多的研究者加入，共谋西部社会学发展大业，推进中国社会学本土化发展进程。

是为序。

2012 年 3 月于金城兰州

内容摘要

社会流动是一种重要的社会现象，指人们在社会关系空间中从一个位置向另一个位置的移动。当前在西北少数民族地区，乡村社会流动的主要表征为劳动力的外出务工、经商等非农性就业行为。就流动的量而言，呈现出汹涌之势；就流动的质来看，尚存诸多不合理之处。频繁的社会流动也产生了许多的社会后果，研究社会流动的后果一直是国内外学界十分关注的课题，特别是在新的社会发展阶段，对西北少数民族地区乡村社会流动后果的研究，有助于引导该地区乡村社会流动的合理、有序运行和实现区域乃至城乡协调发展，因此具有重要的现实意义和深远的理论意义。

本课题以甘青宁为研究重点，通过对民族地区的乡村社会流动现象进行实证研究，运用人类学、社会学、民族学和人口学的理论和方法，分析了乡村社会流动对流出地和流入地产生的经济后果、政治后果、文化后果和社会后果。在分析中，试图扭转许多对于乡村社会流动的偏见，客观、辩证地分析其正向和负向后果、显性和隐性后果。

研究认为，西北少数民族地区乡村社会流动对流入地和流出地工业化和城市化产生巨大推动力的同时，也造成流出地农业从业群体弱化、新农村建设主体萎缩等问题；在外出流动中，农村劳动力在见识增长、能力提高的同时，因自身素质的比较劣势和社会固有的制度壁垒，造成政治利益难以保障、身份地位转化滞后等问题；社会流动过程中，多元民族文化互动增多，使得乡村社会成员的婚姻家庭及教育等观念的变迁加快，同时也因主体蚀化使得传统文化承继问题凸现；流动劳动力因生活的不确定，很难产生对城市社区的认同。诸多方面的证据显示，对于西北少数民族地区来说，乡村社会流动是一把双刃剑，引导社会流动合理、有序进行是必要且重要的，其合理的取向应定位在社会主义新农村建设和城乡统筹、协调发展上来。

Abstract

Social mobility is a very essential social phenomenon, which refers to people's social relationship moves from one place to another. Currently, in the minority areas of the Northwest of China, the major of the migrating population in villages are the labors going out for business or to work as migrant workers, or in other such fields. As for the quantity of the migrating population, it has an increasing trend; as for the quality of the migrating population, there are still many problems existing. The frequent migrating population also brings many influences to our society, thus to study the outcomes of the migration of population is always the key issue for some scholars domestic or abroad, especially, in a new phrase of the social development, the study of migrating population in the minority villages of the Northwest of China will help guide the migration of population to be reasonable and orderly, even lead to a harmonious development among regions, between urban areas and rural areas. Therefore, such a study is significant.

In this dissertation, the author focuses on Gansu, Qinghai and Ningxia Provinces, through empirical researches on migration phenomenon in minority rural areas, the author analyses the economic, politic, cultural and social outcomes of the migration, in the theories and methods of anthropology, sociology, ethnology and demology. In the analysis, the author also tries to retort some biases towards rural migration and objectively analyses the positive and negative outcomes, as well as the obvious and potential outcomes.

In the research, the author finds out that the migrating population of the rural areas in Northwest of China offers great help to the industrialization and urbanization of the immigrating and emigrating areas, meanwhile, it also decreases the number of agricultural labors and main body of "New Countryside" building in emigrating areas; when they are emigrating, rural labors increase their experience and abilities, but on the other hand, they are suffering the problems of politics privileges, identity transformation for their inferior qualification, and the existing policies blockades.

In the process of the migration, the interactive communications among multi-nationalities become more frequent, which changes the concepts of marriage, family, and education among the rural members, at the same time, the changes of them also give prominence to the passing of traditional cultures; for the instability of their life, the migrating people cannot identify themselves with the urban communities. All of these illustrate that migrating population in the rural areas in Northwest of China is a double-edged blade, therefore, to guide the migration to develop reasonably and orderly is essential, which should as well be oriented to the structure of the "Socialism New Countryside" and the harmonious development between urban and rural areas.

目 录

第一章　绪　论

一、研究的缘起

当前，在我国的广大农村，一个突出的社会现象是农民的大规模和持续不断的流动。据统计，20世纪80年代初期，全国流动就业的农村人口不超过200万，占全国农村劳动力总数的0.7%。1985年后，农民流动量不断增加。特别是1989年后，农民流动量以异常的速度增加，年均增额为10%，高时达20%。流动性增强已经改变了以往学界对乡村社区“同质性强、流动弱”的“成见”，也促生了中国一个新兴的阶层——农民工。越来越多的学者和研究开始关注乡村的社会流动，关注流动群体的特征，流动的机制和流动伴生的社会问题。

关注社会流动的后果是社会学研究社会流动伊始就有的传统。索罗金在《社会流动》一书中用大量的篇幅谈论了在社会流动中产生的心理错位、精神疾病、自杀和道德崩溃等现象，认为这些现象都是因为脱离了亲密的友情关系和亲缘关系所致。在我国，乡村社会流动呈日益加剧之势，不断冲击着乡村原有的治理秩序，也改变着城市的社会结构。对此，有的学者持积极肯定的态度，认为农民的社会流动是推动中国城市化进程的力量，是中国社会发展进程中的一种进步。例如，郑功成指出，农民工是中国改革开放的重大成果和中国社会发展进步的主要标志。① 白南生、何宇鹏认为，农村劳动力候鸟式的流动正是逐步实现中国城市化的独特方式，是对中国经济增长和经济体制转型的贡献。② 也有学者对此表现出了一些忧虑。例如，卢福营认为，由于村内精英人士和青年人的大量外流，村级治理和社区发展面临着领导人和管理者后继乏人的新问题。③ 徐勇以“治理性困境”一词来表达农村人口流动（主要是流出）对乡村治理的影响。④ 研究这些问题应该是社会学、民族学研究者的传统责任。笔者选择西北少数民族地区乡村社会流动的后果进行研究，更有基于以下情结的考虑：

（一）“三农”情结

“三农”是学界对农业、农村和农民的简称，笔者的“三农”情结主要是对农业现代化、农村发展和提高农民生活水平的关注。中共中央十五届三中全会决议指出：“十二亿多人中，九亿在农村，是我国的基本国情。农业、农村和农民问题是关系我国改革开放和现代化建设全局的重大问题。没有农村的稳定就没有全国的稳定，没有农民的小康就没有全国的小康，没有农业的现代化就没有

---

① 郑功成：《科学发展与共享和谐：民生视角下的和谐社会》，427页，北京，人民出版社，2006。

② 白南生、何宇鹏：《回乡，还是进城?》，见李培林主编：《农民工——中国进城农民工的经济社会分析》，北京，社会科学文献出版社，2003。

③ 卢福营：《农民流动：嵌入村民自治的新变量——浙江省奉化市庄家村调查》，载《华东师范大学学报》（社科版），1999（2）。

④ 徐勇：《挣脱土地束缚之后的乡村困境及应对——农村人口流动与乡村治理的一项相关性分析》，载《华中师范大学学报》，2000（2）。

整个国民经济的现代化。”这一论断已成为全国的共识。西北少数民族地区“三农”问题更加突出。“农民真苦、农村真穷、农业真危险”的概括并不是危言耸听。笔者生活于其中，切实的体会也促使自己不断思考，为什么会有如此突出的问题和现状？如何走出现实的困境？作为一名研究者，如何更为全面地认识这种域情，进而参与、干预问题的延续并参与问题的化解是笔者始终思考的课题。当前，党和政府对此种现象和问题也特别关注，采取更加积极的措施来逐步化解困境。十六大以来，党和政府对解决好“三农”问题给予了前所未有的重视，实施了一些体制性的改革，投入了前所未有的人力、物力和财力，推进了农村、农业工作的发展，解决了一部分农民的问题，农民的收入有了较大幅度的提高。这其中就包括加大对农村剩余劳动力的转移力度，加强政府引导，有组织地输转剩余劳动力非农就业，增加农民的非农性收入。西北少数民族地区的各级政府更是把劳动力的输转视为“无污染的产业”，看到其投入少、见效快的特点，并以此为突破口，以期化解当地日益严重的“三农”问题。制度的设计往往带有许多理想主义色彩，劳动力转移能否成为一剂灵丹妙药，承载这一区域人们改变命运的期冀，需要时间来检验，更需要大量的追踪研究，反馈其实施效果。

（二）民族情结

马克思主义认为，民族是一个历史范畴，民族问题是一种社会现象。笔者的民族情结是一种对民族和民族问题的特别关注。我国是一个多民族国家，55 个少数民族有一亿多人口，分布在全国各地，民族自治地方面积占国土面积的 64%。少数民族和汉族形成了中华民族“多元一体”的格局，无论是历史上还是现实中都能体现出“各民族共创中华”[①] 的合作共生关系。西北是我国多民族聚居区，回、藏、维吾尔、撒拉、东乡、裕固等少数民族与汉族大杂居、小聚居，形成了特色鲜明的民族地区。在这些地区，有些是汉族的大小聚居区和少数民族的聚居区“马赛克”式的穿插分布；有些是汉人在谷地，少数民族在山地；有些是汉人在集镇，少数民族在村寨；在少数民族的村寨里也常有杂居在内的汉族。[②]这种杂居、聚居的交互分布，也使民族问题成为这一地区重要的社会问题。在现实中，民族问题往往表现为经济问题与政治问题交织在一起，现实问题与历史问题交织在一起，民族问题与宗教问题交织在一起，国内问题与国际问题交织在一起。正确处理民族问题，涉及我国经济建设、政治建设、文化建设与社会建设各个方面。因学缘的关系，笔者对此特别关注，特别是在社会流动性加大、城乡社会成员频繁接触、互动的社会事实面前，如何认识其对民族问题的影响，构建“平等、团结、互助、和谐”的民族关系当属重要的研究责任。

（三）西北情结

西北不仅是多民族、多文化共生、发展之地，也是我国欠发达的地区。甘青宁三省仅国家级贫困县就有66个，甘肃省临夏回族自治州下辖的7县1市中除临夏市之外都是贫困县。笔者的西部情结就是对这一地区脱贫致富、增强区域自我发展能力的关注。当前，对于甘青宁落后的民族地区，政府鼓励并组织劳务输出，乡村的社会流动呈现出了少有的频繁之势。例如，甘肃省临夏回族自治

---

① 杨建新：《中国少数民族通论》，155页，北京，民族出版社，2005。

② 费孝通：《中华民族多元一体格局》（修订本），32页，北京，中央民族大学出版社，1999。

州每年劳务输出在30万人次以上（全州乡村人口170.47万人）。2005年，临夏州共输出劳动力39万人次，转移劳动力占总劳动力的比例超过10%，远高于全国6.8%的平均水平；2006年，输转人数占劳动力总数的比例达到了46.9%，2007年，全州共输转劳动力55.25万人（次），同比增长14.6%，农村基本实现了户均输出1人的目标。① 有学者将西部地区的人才流失分为三次：第一次是农村知识分子“孔雀东南飞”，考学后在城市就业，不愿意回家乡，流失了一大批知识精英；第二次是农村里有知识有头脑的精英外出，成了城市中的农民工；第三次就是当前呈汹涌之势的青壮年外出务工，使农村仅存的优势资源流失了。② 由于乡村精英的流出，本就贫困的西北少数民族乡村社区发展的动力再次流失，没有了这些懂技术、有知识、会经营的精英分子，直接影响了当前该地区的社会主义新农村建设。如何协调这一关系，对于民族地区和谐社会构建和新农村建设至关重要。

基于上述“情结”，笔者着手设计了相关研究课题并开始了本研究。

二、核心概念界定

（一）社会流动

社会流动（social mobility）是社会学、民族学及人类学研究的重要概念，与社会分层一起构成分析社会结构和运行状态的重要内容。社会分层主要是从静态的角度研究社会地位结构，社会流动则

① 数据来源于临夏州劳务办。

② 摘自甘肃社会学会陈文江会长在2007年甘肃社会学年会上的报告。

是从动态的历时性角度研究社会地位结构，即在这一结构中人们的动态变化。[①] 对于社会流动的研究，美国社会学家索罗金（P. A. Sorokin）占有无人能及的地位。他在1927年所著的《社会流动》一书中认为，社会流动主要研究群体之间人口交换的过程和结果，他的兴趣不在个人运动，而在社会的新陈代谢，在于这样一种运动对处于社会结构中不同地位的社会群体产生的后果。[②] 李普赛特（S. M. Lipset）和本迪克斯（R. Bendix）在其合著的《工业社会的社会流动》中将社会流动定义为：个人在社会中从一个位置向其他社会位置移动的过程，这些社会位置被赋予普遍承认的特殊的等级。彼得·布劳（Peter Michael Blau）认为，从广义上看，社会流动的定义包括人们在社会位置之间所有的流动，不仅包括职业流动和迁移，而且还包括宗教信仰的改变、结婚、收入的增加、失业及政治联盟的变化。[③] 吉登斯（Anthony Giddens）认为，社会流动一词是指个体或群体在不同的社会经济地位之间的运动。波谱诺（David Popenoe）认为，社会流动是指就一个人或一群体而言，从一种社会地位或社会阶级向另一种社会地位或社会阶级的变化。[④]

沿着经典社会学家对社会流动研究时概念界定的思路，我国社会学界一般界定社会流动在广义和狭义两个层面进行，广义的社会流动指人们在社会关系空间中从一个位置向另一个位置的移动。由于社会关系空间与地理空间具有密切的联系，因此，一般把人们在

---

① 郑杭生：《社会学概论新修》，310页，北京，中国人民大学出版社，1994。

② ［美］刘易斯·科塞著，石人译：《社会学思想名家》，524页，北京，中国社会科学出版社，1990。

③ ［美］彼特·布劳著，王春光、谢圣赞译：《不平等和异质性》，12页，北京，中国社会科学出版社，1991。

④ ［美］戴维·波普诺著，李强等译：《社会学》（第十版），252页，北京，中国人民大学出版社，1999。

地理空间的流动也归属于社会流动。在现代社会中，职业地位是个人地位结构中起主要作用的地位，因此狭义的社会流动常常指人的职业地位的改变。[①] 在社会学研究中，人们最为关注的社会流动，主要是指职业和收入的变化。[②]

社会学对实际中发生的社会流动，是从两种角度或分为两个层次来进行考察的：一是个人的角度或层次；一是社会的角度或层次。前一种角度或层次，着重于研究某一特定社会一定时期中的不同的个人其社会流动的特殊经历和各种差异，其中包括代际之间的差异（如一对老年农民和其子女在流动上的差异）。因此，这种研究不仅重在关注发生社会流动的个人，而且重在发现表现于个人身上的特殊性。从社会角度或社会层次研究社会流动，虽然脱离不了对许多个人的情况的考察，并且需在很大程度上依赖这种考察，但其着眼点则不是去追寻其中的特殊性，而是要通过对无数个人的考察，并把这种考察与宏观的社会变量（如社会产业结构及其变化）结合起来进行分析，去发现一个社会各个大的社会集团的社会流动的总体状况，揭示其中具有普遍意义和带规律性的东西（如居民职业构成是朝什么方向变化的，就业人口在第一、第二、第三产业中的分布比例及其变化趋势，各阶级和阶层在数量构成上是沿着什么方向变化的，等等）。[③]

有鉴于此，本研究的社会流动概念是在广义的层面上使用的，从社会角度或社会层次研究社会流动，指社会成员社会地位结构的改变，是在社会关系空间中由某一社会位置向另一社会位置的移动，包括起始表现为地理空间位置的移动，进而引起社会关系结构改变

---

① 郑杭生：《社会学概论新修》，310页，北京，中国人民大学出版社，1994。

② 马戎：《民族社会学》，286页，北京，北京大学出版社，2004。

③ 袁亚愚：《新修乡村社会学》，8页，成都，四川大学出版社，1994。

的流动现象。当然，社会流动主要是表征社会关系空间上的变动，有时候伴随着地理位置的移动，有时候并未发生地理位置的移动。

对于我国当前大规模的社会流动的关注，不同学科基于其传统的研究视角进行了研究。其中，人口学关注人口流动、人口迁移问题，经济学主要透视我国劳动力的流动问题，社会学主要研究社会成员的社会地位变化及社会结构的层析化现象，还有的研究所使用的概念是一种复合性的概念。就其所使用的概念的指涉差异在此略作比较。

人口流动（population flow）是人口在短期离开后又返回原居住地的现象，一般指离家外出工作、读书、旅游、探亲和从军一段时间，未改变定居地的人口移动。人口迁移（population migration）一般指的是人口在两个地区之间的空间移动，这种移动通常涉及人口居住地由迁出地到迁入地的永久性或长期性的改变。通常人口迁移有外部迁移（external migration）和内部迁移（internal migration）两大类，外部迁移指跨国界的迁移，内部迁移指在某一国家范围内不同区域之间的迁移，在中国内部迁移的人口也被称之为流动人口。一般来说，人口流动不属于人口迁移，它比人口迁移更为普遍和经常，流动的人口有的发生了迁移，也有的并未发生迁移，即并未在流入地有永久性的居住场所。人口流动一般不改变流动人口的住所和户籍所属，流动的时间有限，特别像旅游、探亲等原因形成的流动人口，一般都是在较短的时间内进行的流动，是表现为地理空间位置的变动，社会位置变动甚少。但是，外出工作、读书等原因形成的人口流动则会造成流动人口社会关系和社会位置的变化，形成社会流动，如农民工，通过季节性流动和非农性就业，虽然其根仍在农村，住所并未迁移，户口仍在农村，但是，通过流动，提高了其经济收入和经济地位，建立了更多的业缘关系。所以这一部分人口流动也被纳入了社会流动研究的范畴。人口迁移首先体现为一种地理空间位置的转移，带有长期性，不管是城乡之间，还是城市之间、乡村之间的迁移都受到社会流动的研究者关注。

劳动力流动主要是指具有劳动能力的人在不同地域、不同行业、产业之间的转移。根据理性的经济人假设，劳动力流动主要是由劳动力报酬的差距引起的，目的是实现资源的优化配置和利益的最大化。因城乡、工农差别的长期累积和比较效应，劳动力流动的方向主要是向城市流动。这种流动，起始是劳动力空间位置的变化，进而体现为职业改变和社会关系的扩展，引起社会流动，当属于社会流动研究的重要方面。

根据不同的标准，可以将社会流动划分为不同的类型。根据流动的向度将社会流动划分为纵向流动和横向流动，纵向流动又称垂直流动，是人们在同一分层结构层面中的不同阶层之间的流动，又有向上流动（upward mobility）和向下流动（downward mobility）之分；横向流动又称水平流动（horizontal mobility），是人们在同一个社会垂直分化阶层内部的位置转移。当然这两种流动可能同时发生，即一个人的工作变化可能既有水平流动也有垂直流动。有时，水平流动并不直接导致即刻出现的垂直流动，但有可能为未来的垂直流动创造了机会，或奠定了基础。

还可以根据流动的参照不同，将社会流动划分为代际流动和代内流动；根据流动的原因，将社会流动划分为结构性流动和自由流动。

（二）乡村社会流动

袁亚愚在其《新修乡村社会学》一书中从乡村社会成员的社会流动视角研究乡村社会流动时认为，乡村社会流动是在两个不同的范围内发生的：一个是在乡村社会内发生的；一个是在乡村社会之外，即跨城乡界限发生的。而此观点是建立在对乡村社会的规约基础之上的，他认为，乡村社会就是指在存在着城乡分离的社会形态中，其社会关系体系在乡村的一般状况和各种不同于城市社会的特点。[①] 显然这一规约是以城市社会为参照系而言的，乡村社会通常表现出以下基本特点：第一产业是整个社会的基础，居民的社会构成（职业和社会分层等）相对简单或单一，社会组织单纯而笼统，初级社会关系在社会关系中占有重要的地位，人们的思想文化、习惯与生活方式显得比较封闭守旧。基于此，他将发生在集镇居民身上的流动也包括在乡村社会内部发生的社会流动之中。乡村社会成员跨城乡界限发生流动也包括两种情况：一种是乡村社会成员脱离乡村社会，变成城市社会的成员，取得了城市社会成员各式各样的身份与地位（如变成了城市工厂的工人）；一种是原城市社会的成员流入乡村社会，取得了乡村社会成员各式各样的身份（如一个远在城市工作的人调入乡村当干部）。

本研究的乡村社会流动是指发生在乡村社会成员，主要是农民身上的由一个社会阶级或阶层向另一个社会阶级或阶层，从一种社会地位向另一种社会地位，从一种职业向另一种职业的转移和变动。如随着农村家庭联产承包责任制的实行和产业结构的调整，农业劳动力向工业、商业、建筑业、服务业等各业转移；随着允许一部分人和地区先富起来政策的落实，一些农民率先提高了自己的经济地位；随着城乡经济、政治体制改革的深入，大批农村剩余劳动力流向城市或经济发达农村地区，从事其他各业等等。这其中，有些流动从表征上仅仅是一种地理位置的变动。但地理空间与社会关系空间具有密切的联系，地理位置的变动必然会伴随社会关系的变化，如因地理空间的接近，“日久生情”，建立友谊；或因地理空间的疏远，“远亲不如近邻”，联系渐疏，导致原关系解体。因此，一般把人们在地理空间的流动也归属于社会流动。

当前，我国的乡村社会流动发生在社会流动性增强的大背景之

---

① 袁亚愚：《新修乡村社会学》，64页，成都，四川大学出版社，1994。

下，这种流动既有安东尼·吉登斯所指的相邻地区、镇或区域间的地理位置上的移动[①]，也伴随着以社会关系为表征的社会位置上的变动。从我国已有的社会阶层分布来看，农民处于社会的较低阶层，其身上发生的社会流动主要是一种职业流动。从职业地位转变来看，主要目标是实现非农化；从空间地位来看，主要目标是实现城镇化；从身份地位来看，主要目标是实现居民化；从总体向度来看，水平流动多，垂直流动少，通过流动以期改变他们的社会经济地位，脱离社会的底层或下层，上升流动进入社会的中层的情况尚占很小的比例。[②]

20世纪80年代以来，我国农民的社会流动，一直就是朝着两个不同的方向发展的：一个是少数人的流动方向，其流动结果是从中产生了若干农村“大款”、“新富”，他们中不少人成了拥有很多资产的私营企业的老板或赫赫有名的“农民企业家”；另一个是绝大多数人的流动方向，它使广大普通农民经常奔波于各种非农行业的普通劳动岗位，并从中演化出了今天已惊动全国和震惊世界的“民工潮”。因此，很明显，民工潮仅仅是卷入社会流动的广大普通农民形成的现象，而不是所有参与社会流动的农民的现象。[③] 但是，更多的研究主要还是关注了农民工的社会流动和社会分层。

就乡村社会流动的类型来看，袁亚愚从纵向，与一定的社会历史背景联系起来考察分析了以下两种类型或阶段，具有一定的代表性。

---

① ［英］安东尼·吉登斯著，赵旭东等译：《社会学》（第四版），287页，北京，北京大学出版社，2003。

② 李春玲：《城乡移民与社会流动》，载《江苏社会科学》，2007（2）。

③ 袁亚愚：《中国农民的社会流动》，109页，成都，四川人民出版社，1994。

传统型的农民社会流动，指发生于资本主义社会之前的、流动极为缓慢并具有较强刚性的农民的社会流动。

现代型的农民社会流动，是指随着资本主义的产生而出现的农民社会流动。其表现出来的特点有：一是流动规模大、流动速度快；二是流动方向主要是流入随着资本主义出现而产生与形成的新专业；三是稳定性比较高，流出又返回的情况比较少；四是流动还带来农民自身的巨大变化，使之成为新型的、适合现代农业需要的农业劳动者。

从横向、共时的角度考察，毛少君认为当前农村社会流动有三种类型，即阶层间的向上流动、行业间的水平流动和乡村人口向城市流动的混合型流动。目前农村社会正处于社会转型期这一事实，决定了农村向上流动具有典型的传统和现代化双重性，途径包括“顶替”（父母退休后其子女可以顶替职业）、婚嫁、考学、参军等。

行业间的水平流动是农村规模最大的社会流动，代表着农村社会流动的未来趋势，其流动方式有向乡镇企业流动，向林牧渔业产业流动，向手工业、服务业转移。农村劳动力向城市流动取决于农村地区低收入和劳动力过剩形成的推力以及城市的拉力。农村改革以来，农民作为新的独立利益主体，享有较大的自主决策权和较多的利益机会选择权，因而使农民的择业空间扩大化。然而人均土地资源的稀少，又极大地限制了农民的发展空间。

向非农产业转移，已成为农民实现提高收入追求的必然选择。相比之下，城市作为政治、经济、文化中心，其较高的经济收入和充分的就业机会对农民产生了极大的吸引力，农民普遍具有向城市流动的强烈欲望。在这种情况下，城乡关系由隔绝走向开放，就为农民提供了契机。同时，城市也迫切需要农村劳动力的大量输入，以便解决由于产业结构变动而出现的某些行业招工不足、第三产业薄弱以及家务劳动社会化严重缺乏的困难。

（三）社会流动的后果

社会流动的后果是指社会流动产生的作用与影响。郑杭生认为社会流动产生两类后果：必然后果和可能后果。所谓必然后果是指，社会流动必然改变分布在各个社会地位上的具体人选，即必然伴随着个人社会地位的变化。所谓可能后果是指，社会流动可能改组整个社会中社会地位的配置结构。[①] 这是对社会流动和社会地位结构之间关系所作的判断，前者主要是对于社会个体而言的，后者则是对社会整体所做的分析。

社会流动还会对社会运行产生作用与影响，从作用和影响的性质来看，笔者认为有正向后果和负向后果。所谓正向后果是指社会流动的发生在经济、政治、文化和社会等领域表现出来的促进与推动作用与影响。所谓负向后果是指社会流动的发生在经济、政治、文化和社会等领域表现出来的阻碍与限制的作用与影响。

在功能主义大师默顿的研究范式中，“显功能和潜功能”的区分是非常重要的概念，他认为，“显功能是有助于系统的调整和适应的客观后果，这种调整和适应是系统中参与者所预料所认识的；与潜功能相关的是没有被预料也没有被认识的客观后果”。[②] 循此思路，从社会流动产生作用与影响的表现形式来看，亦有显性后果和隐性后果之分。显性后果是已经表现出来，并为人们所认识的客观后果；隐性后果则是尚未显现出来和未被人们所认识到的客观后果。

---

① 郑杭生：《社会学概论新修》，314 页，北京，中国人民大学出版社，1994。

② 贾春增：《外国社会学史》（修订本），242 页，北京，中国人民大学出版社，2000。

三、研究的基本思路和主要内容

当前，西北少数民族地区乡村社会流动主要是劳动力的流动，也是人口流动中的主体，是一种职业流动，总体上属于水平流动，当然也有少许向上的垂直流动。

社会流动有利于形成一个公正、合理、开放的社区结构，促进社会秩序的稳定、和谐，整合积极、团结的社区发展动力，与此同时也会给社区发展造成负面影响。本研究从社会的政治、经济、文化和社会四个系统来考量社会流动对流出地和流入地所产生的推动与促进的正向后果，以及阻碍与限制的负向后果。

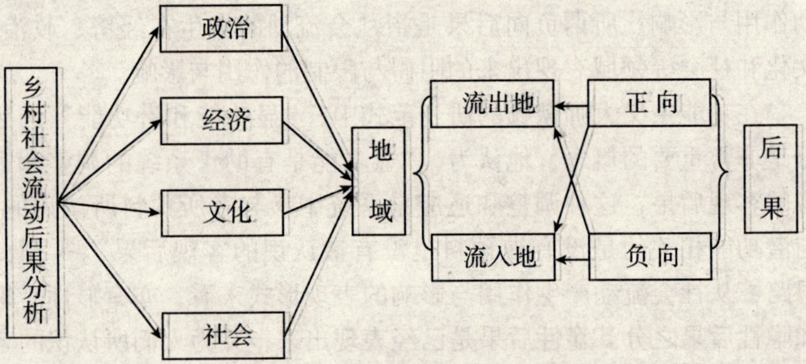

图1-1　研究的基本思路框架图

研究的主要内容包括：

(1) 西北民族地区乡村社会流动发生的主要原因、形式、机制、方向以及呈现的新特点，运用社会流动的推拉理论分析产生乡村社会流动的特殊推力、拉力及合力之所在。

（2）通过调查研究，分析乡村社会流动对流入地，重点是流出地经济产业结构、经济生活以及农民的经济生产观念意识、参与市场经济能力等的影响。

（3）通过比较研究，探寻社会流动对社区养老，家庭结构，人口再生产，通婚圈，宗教信仰维持，儿童就学、培养及社区关系等的影响。

（4）社会流动使乡村社区村民自治主体频繁变动，参与积极性不一，造成管理成本增大等问题，通过调查研究，运用社会资本理论和治理理论，分析、寻求合理的治理路径。

（5）运用冲突理论，探讨社会流动对社区整合的影响、对社区核心价值的冲击、对社区传统文化的冲击。

四、研究方法的选取

（一）研究的方法论

1. 辩证唯物主义和历史唯物主义方法

研究西北少数民族地区社会流动的后果问题，首先必须坚持马克思主义的唯物辩证法和历史观，即用一分为二的方法分析社会流动的后果，用历史分析的方法、理论联系实际的方法去分析、论证西北少数民族地区社会流动后果的必然性和可能性，既不能全盘否定，也不能完全接受，既不能夸大问题，过于悲观，也不可缩小问题，盲目乐观。应该客观分析存在的社会事实，寻求合理化解决路径。

2. 学科方法：社会学实证研究法、民族学田野调查法

社会学实证研究法是社会学的创始者在学科分科伊始就坚持的基本态度和实践的路线，他们认为社会现象和自然现象一样，是一

种“客观的存在”，应该运用自然科学中卓有成效的研究方法，如观察法、实验法、比较法和历史法去研究。迪尔凯姆把在社会层次上发生的种种现象称为社会事实或社会现象，正是这些社会事实或社会现象构成了社会，它具有外在性、普遍性，对个体具有强制性。[①] 社会流动因其客观存在性，本研究将其视为一种“社会事实”，坚持用观察、比较等实证主义的方法进行研究，即用一种社会事实解释另一种社会事实，做到“价值中立”。

民族学的经典方法是田野调查（field work），也称为田野工作，是来自文化人类学、考古学的基本研究方法论，即“直接观察法”的实践与应用，是一种对一个社会及其生活方式亲身从事的调查和体会工作。[②] 人类学家王铭铭说：“参与当地人的生活，在一个有严格定义的空间和时间的范围内，体验人们的日常生活与思想境界，通过记录人的生活的方方面面，来展示不同文化如何满足人的普遍的基本需求、社会如何构成”[③] 即是田野调查。在具体的田野调查操作中，笔者选取了典型的乡村社区进行了参与观察（participant observation）和深度访谈（depth interview）。调查地点的选取紧扣研究主题的要求，选取了近年来西北少数民族地区社会流动发生频繁的乡村社区，考虑其具有一定的“文化代表性”和“事件代表性”。“文化代表性”既指区域的多元民族性，有回族社区、藏族社区、汉族社区、东乡族社区、保安族社区、撒拉族社区及杂居社区等；也指区域的多元生产方式，有农业社区、牧业社区及半农半牧社区等。“事件代表性”主要是指社区的社会流动性突出，流动产生的社会后果具有代表性。

---

① 贾春增：《外国社会学史》（修订版），129～130页，北京，中国人民大学出版社，2000。

② 孙秋云：《文化人类学教程》，13页，北京，民族出版社，2004。

③ 王铭铭：《人类学是什么》，23页，北京，北京大学出版社，2002。

（二）具体方法

1. 资料收集使用问卷、访谈、观察等具体方法，并查找相关文献。研究中将社会学的调查研究方法与民族学的田野调查相结合，以甘青宁民族地区为调查重点，收集资料。

本研究在选取样本时，流出地在甘肃选取的样本主要是临夏回族自治州，在青海选取的样本为乐都县，在宁夏回族自治区选取的样本为固原市原州区；流入地主要考察了甘肃省兰州市。基于研究策略和方法的选择考虑，在具体研究中，在甘肃和青海的样本区内及兰州市发放调查问卷 1000 份，回收有效问卷 946 份，有效率 94.6%。

除在甘肃和青海的样本区内及兰州市发放问卷外，2007 年 7 月笔者在甘肃省临夏回族自治州积石山县保安三庄作了为期 7 天的田野调查，2008 年 7 月在甘肃省临夏回族自治州临夏县土桥镇尹王村作了为期 7 天的田野调查，2008 年 10 月在青海省乐都县高店镇红庄村和杨家村作了为期 7 天的田野调查，2008 年 11 月在宁夏回族自治区固原市原州区开城镇上青石村和下青石村作了为期 10 天的田野调查，2009 年 7 月在甘肃省甘南藏族自治州卓尼县柳林镇草岔沟村和木耳镇吾古村作了为期 7 天的田野调查，收集整理访谈个案资料 90 余份。

2. 资料分析中将定量与定性的方法相结合，统计与个案相结合，利用社会网络分析方法和社会区位学方法分析社区人际关系、通婚圈、亲属圈及交友圈等。

3. 在获得翔实的定性、定量资料的基础上，借助计算机和 SPSS 社会统计软件包进行数据处理和分析，据此进行了社会流动后果的实证分析。

五、研究选取的样本概况

在问卷调查中，本研究被访的1000个样本中，性别构成为：男性占65.4%，女性占25.9%（见表1－1）；文化程度情况为：小学及以下的比例为29.3%，初中的比例为42.9%，高中的比例为17.0%，大专及以上的比例为8.7%（见表1－2）；婚姻状况为：已婚者占61.3%，未婚者占35.6%（见表1－3）；民族构成情况为：汉族占36.2%，少数民族占61.6%（见表1－4）；年龄构成情况为：16岁以下者占3.3%，16～40岁者占77.2%，40～60岁者占17.0%，60岁以上者占0.6%（见表1－5）。

表1－1　被调查者的性别比例统计表

	频　数	百分比（%）	有效百分比（%）	累计百分比（%）
男	619	65.4	65.4	65.4
女	245	25.9	25.9	91.3
缺　失	82	8.7	8.7	100.0
总　计	946	100.0	100.0	

数据来源：根据笔者2008年甘青问卷调查数据整理。

表1－2　被调查者文化程度情况汇总表

·	频　数	百分比（%）	有效百分比（%）	累计百分比（%）
小学及以下	277	29.3	29.3	29.3
初　中	406	42.9	42.9	72.2
高　中	161	17.0	17.0	89.2

续表

	频　数	百分比（%）	有效百分比（%）	累计百分比（%）
大专及以上	82	8.7	8.7	97.9
缺　失	20	2.1	2.1	100.0
总　计	946	100.0	100.0	

数据来源：根据笔者2008年甘青问卷调查数据整理。

表1－3　被调查者婚姻状况汇总表

	频　数	百分比（%）	有效百分比（%）	累计百分比（%）
已　婚	580	61.3	61.3	61.3
未　婚	337	35.6	35.6	96.9
缺　失	29	3.1	3.1	100.0
总　计	946	100.0	100.0	

数据来源：根据笔者2008年甘青问卷调查数据整理。

表1－4　被调查者民族属性汇总表

	频　数	百分比（%）	有效百分比（%）	累计百分比（%）
汉　族	342	36.2	36.2	36.2
回　族	324	34.2	34.2	70.4
藏　族	129	13.6	13.6	84.0
东乡族	80	8.5	8.5	92.5
保安族	6	0.6	0.6	93.1
撒拉族	13	1.4	1.4	94.5
土　族	26	2.7	2.7	97.3

续表

	频　数	百分比（%）	有效百分比（%）	累计百分比（%）
其　他	5	0.5	0.5	97.8
缺　失	21	2.2	2.2	100.0
总　计	946	100.0	100.0	

数据来源：根据笔者2008年甘青问卷调查数据整理。

表1-5　被调查者年龄情况统计表

	频　数	百分比（%）	有效百分比（%）	累计百分比（%）
16岁以下	31	3.3	3.3	3.3
16~30岁	466	49.3	49.3	52.5
30~40岁	264	27.9	27.9	80.4
40~50岁	127	13.4	13.4	93.9
50~60岁	34	3.6	3.6	97.5
60岁以上	6	0.6	0.6	98.1
缺　失	18	1.9	1.9	100.0
总　计	946	100.0	100.0	

数据来源：根据笔者2008年甘青问卷调查数据整理。

本研究进行田野调查所选取的点为民族地区社会流动发生频繁的地区，从文化多样性来看，既有伊斯兰文化圈的代表，也有藏传佛教文化圈的代表，更有汉文化圈的代表，且多为文化交融地带。社会流动因其对人们日常的经济行为、政治行为、文化行为以及社会行为的全方位的影响，事实上已成为所选调查地点人们生活方式的重要内容，融入了人们的日常生活。其突出的表现就是越来越多的乡村社会成员卷入或被卷入其中，改变了其经济地位、职业选择和生活面向。这些选点的基本情况是：

固原市原州区位于宁夏回族自治区南部，六盘山东麓，是固原市委、市政府所在地。总面积3506平方公里，现辖8镇6乡1个办事处，229个行政村，17个居民委员会。总人口49.02万人，其中农业人口38.96万人，占总人口的79.5%，回族人口22.12万人，占总人口的45.1%。境内海拔1450~2500米，年均气温6.3℃，年均降雨量300~550毫米，属暖温带半干旱气候。2007年，全区马铃薯、特色种植、蔬菜种植面积分别达到71.3万亩、31.9万亩和7万亩，实现地区生产总值26亿元，地方财政收入3000万元，城镇居民人均可支配收入达到10294元，农民人均纯收入达到2250元。

临夏州是甘肃省一个贫困落后的少数民族自治州，全州人口197万人，其中农业人口172万人，占总人口的88%，农村富余劳动力多，耕地面积210多万亩，人均不足1.2亩，农村劳动力91万人，占劳动力总数的88.5%，其中剩余劳动力49万人，每年还要新增近3万人，农村就业压力不断增大。

甘南藏族自治州位于甘肃省南部，是全国十个藏族自治州之一，地处青藏高原东北边缘，南与四川阿坝藏族自治州相连，西南与青海黄南藏族自治州、果洛藏族自治州接壤，东面和北部与本省陇南、定西、临夏毗邻，面积4.5万平方公里，人口68.01万，农牧业人口55.0万，占总人口的80.9%。现有农牧业劳动力34.98万人，剩余劳动力约为10.302万人。2008年，全州劳务输转11万人，实现劳务收入3.6亿元。卓尼县地处甘南藏族自治州的东南部。全县总土地面积5419.66平方公里。全县辖1镇16乡，98个村委会，469个村民小组，总人口10万多人，藏族人口占总人口的62%，是一个以藏族为主体的少数民族聚居县，有汉、藏、回、土、苗等10多个民族。属国列牧业贫困县。2007年起，针对县域经济的实际情况，全县将“劳务经济”确立为工作重点，仅2007年，全县共输转农村富余劳动力1.9万人（次），实现劳务收入3806.55万元，人均收入近2000元，其中柳林镇和木耳镇是劳务输出的重点地区。

乐都县是青海省海东地区辖县，全省主要粮食和蔬菜生产基地县，并素有“文化县”之称。该县地处湟水谷地及其两侧山地，南北高中间低，地貌以河谷沟谷地和中、低山丘陵为主，湟水河由西向东流经境中。为内陆半干旱性气候，年均气温6.9℃，年均降水量335.4毫米。全县人口29.2万，以汉族为主，还有藏、土、蒙古、回等民族。面积为2820平方公里，辖2镇21乡。“十五”期间累计输出农村富余劳动力191万人（次）。

六、乡村社会流动研究的文献综述

中国是一个农业大国，农民占人口比重的绝大部分，也是整个社会流动的主力军，乡村社会流动研究的主要关注点就是农民的社会流动。纵观这方面已有的研究成果，国内外研究者主要基于人口学、经济学和社会学三种学科视角展开。

（一）国外的研究

1. 有关人口流动的研究与理论[①]

乡村社会流动大量地表现为人口流动，是人口流动研究的重要方面。人口流动的后果研究历来为研究者所关注，有的表述为流动结果，有的表述为流动影响，也有的表述为流动效果。概括起来主要是对流出地和流入地的后果两个方面。国外文献中有关人口流动

① 该部分内容主要参考李强：《农民工与中国社会分层》，392～404页，北京，社会科学文献出版社，2004。

后果的研究成果主要有：

(1) 索瓦尼（N. V. Sovani）比较了发达国家与发展中国家人口流动的影响，他认为，在一些发展中国家，流动人口的影响很小，因为这些国家的人口流动率很低，而且多是短期流动。从长期来看，他们最终将会回到流出地，因此，对全社会影响不大。相反，在发达国家，人口流动已造成了农村人口、劳动力的急剧减少。

(2) 哈撒韦（D. E. Hathaway）研究了美国农村人口流往城市的历史，他认为，农村人口向城市的迁移不仅没有改善农村的相对落后地位，反而使这些地区变得更为落后，因为有能力的人都迁走了。

(3) 康内尔（T. Conell）研究了移民向流出地的汇款问题，他指出，在不同文化传统的国家，移民汇款的情况有很大差异。在印度，移民向流出的农村地区汇款的比例很低，而在中国的台湾地区，流出的移民向农村地区汇款的比例却很高，占到农村总收入的39% ~76%。

(4) 甘古里（B. N. Ganguli）研究了作为移民结果的过度城市化问题，他指出，在印度的很多城市里，由于农村人口的大量涌入，使得城市劳动力的供给大大超过了需求。由于城市没有足够的吸纳能力，流入城市的移民生活便处于不安定和困苦之中。

2. 劳动力转移的研究和理论

经济学研究乡村社会流动的视角是从劳动力或者剩余劳动力的转移展开的，最主要的理论是二元经济结构理论，对乡村社会流动研究具有重要的理论价值和意义。

(1) “二元经济理论”。“二元经济理论”是刘易斯（W. Arthur Lewis）提出的有关城乡关系的著名理论。他在1954年发表的《劳动无限供给条件下的经济发展》一文中提出了“两部门结构发展模型”，也称为“无限过剩劳动力”发展模型。他认为，发展中国家的国民经济结构由传统的自给自足的农业经济体系和城市现代工业体系所组成，亦即“二元经济结构”。这“二元”之间差异很大，联系密切。经济发展依赖于现代工业部门的扩张，而现代工业部门的扩张又需要农业部门提供丰富而廉价的劳动力。现代工业部门的劳动者的工资是由劳动的边际产品价值决定的，但农业部门的劳动力价格并不是按边际产品价值原则决定的，在农村几乎保留着无限供给的边际生产力为零，甚至是负值的劳动力，从而，现代工业部门的工资水平高于传统农业部门的农民的收入水平，如果劳动力的流动不受限制，传统农业部门的劳动力必然涌向工业部门，只要工业部门投资和生产扩大，农业就可以源源不断地输送劳动力，直到传统农业部门的劳动力被全部吸收，二元结构消失。在刘易斯的二元经济结构模型中，工业资本在农业劳动力转移过程中起着决定作用，而农业只是为工业的发展提供廉价劳动力。在这一转移输送过程中，由于农业劳动力是廉价的，所以工业部门可以有较高的积累。只要这一积累用于扩大再生产，就可以吸纳更多的农民到工业部门就业，形成良性运行过程。刘易斯认为，发展中国家只有通过这一途径，才能摆脱贫困，走上富裕之路。

（2）费—拉尼斯模式。美国耶鲁大学经济学教授费景汉（John C. H. Fei）和拉尼斯（G. Ranis）认为，刘易斯没有足够重视农业在促进工业增长中的作用，也没有注意到农业由于生产率提高而出现剩余产品是劳动力持续流入工业部门的先决条件。于是他们提出“费—拉尼斯模式”（Fei - Ranis Model），对刘易斯模型进行了补充和完善。他们认为，人口增长与生产率提高是劳动力转移过程中两个关键变量，控制人口增长对劳动力转移只具有长期效果，而生产率的提高在短期内就能对劳动力转移产生影响。生产率的提高主要有两种途径，即资本积累和技术进步。一般来讲，工农数量的转换必须经过三个阶段。转移的第一阶段是那些遍及劳动生产率为零的农业部门的农民向工业部门转移。由于这部分农民的转移，不会对农业总产出水平发生影响，所以，只要工业部门有增加劳动力的发展需求，就会吸引这部分农民的转移。这时，给这部分农民所付的工资只要与他们在农业部门的报酬相当就行了，这样就可以促进工业积累和工业部门的进一步扩张。在农业部门，剩余农民包括两部分人，一部分是不增加农业产出的人，另一部分则是不增加农业总剩余的人。当前一部分人转移到工业部门之后，后一部分人由于工业部门的吸引也开始流向工业部门，这时，工农数量转换进入第二阶段。在这一阶段，由于后一部分农民的边际产出不为零，他们的转出，不仅使农业产出水平会下降，而且其他未转出的农民人均所得也下降。当农民的总产出下降到一定水平，必然引起农产品，尤其是粮食价格的相对上涨，进而迫使工业部门提高工资，增加成本。这样就妨碍了工业部门的积累和扩张，进而妨碍对其他剩余农民的吸纳。因此，这一阶段必须依靠提高农业劳动生产率的办法，以补偿那些并不完全“剩余”的农民转出农业部门造成的影响，若非如此，工农数量的转换难以为继。当工农数量的转换度过“粮食短缺点”之后，工业部门继续吸纳剩余农民。当农业部门中不再有剩余农民时，工农数量转换进入第三阶段。这时，社会劳动力在工农两部门之间的分配将由竞争性的工资水平决定，不仅农业部门要向工业部门继续提供劳动力，而且工业也要反过来支持农业的发展。这就意味着传统农业向商业化农业转化，由此，二元经济结构消失，社会进入稳定增长的阶段。

（3）乔根森（Jorgenson. D. W）继承并发展了在刘易斯—费景汉—拉尼斯模型中关于农业剩余对劳动力转移的影响，但他认为，在发展中国家，农村不存在边际生产率为零或低于实际工资的剩余劳动。乔根森认为农业剩余是劳动力从农业部门转移到工业部门的充分和必要条件，并且认为农业剩余规模越大，劳动力转移规模就越大，两者是同比例增长的。在经济发展中，农业劳动力之所以持续地转移到工业部门不是因为剩余劳动的存在，而是因为消费需求的变化，人民对粮食的需求是有限的，而对工业品的需求是无限的，当人均粮食产出超过最大人口增长所需的临界水平，农业人口就转向工业部门生产工业品，以满足对工业品的扩大需求。

（4）哈里斯（J. R. Harris）和托达罗（M. P. Todaro）在修正刘易斯的二元结构理论基础上对发展中国家劳动力转移提出了新的解释，他们认为农村劳动力向城市转移必须考虑两个因素：一是城乡实际工资的差异水平，二是在城市找到工作的概率大小，这两者的乘积即城市的预期收益，只要城市的预期收益高于有保证的农村工资，农村劳动力就会在城市失业已经存在的条件下继续向城市流入。托达罗也特别强调农村和农业部门的发展的重要性，认为消除发展中国家二元经济结构不是依靠农村人口不断流入城市来实现的，而是从提高农业生产能力，改善农村生活条件入手，使工农差别和城乡差别不断缩小，最终使二元性完全消失。

3. 社会学关于社会流动的理论和研究

社会分层和社会流动实际上是对同一社会现象所作的两种角度的描述和分析。陆学艺认为，社会分层侧重于从静态的角度去描述社会层次结构分化的状态、内容、形式、性质，以及各层次间的互动关系和秩序，即分化的质变过程；社会流动则从动态上描述社会结构分化的时空范围、方向和速度，即分化的量变过程。① 社会分层现象是社会流动的基础和前提，社会流动又促进社会层次结构的分化和重组。

社会学对社会分层的研究有两大理论传统：一个是以马克思主义阶级理论为渊源的理论传统，一个是以马克斯·韦伯三位一体分层论为渊源的理论传统。②

马克思主义阶级理论认为阶级是一定历史阶段的产物，是以剩余产品的出现为前提的，生产资料的私有制使得对剩余产品的剥夺

---

① 陆学艺：《社会学》，179 页，北京，知识出版社，1996。

② 郑杭生：《社会学概论新修》，280 页，北京，中国人民大学出版社，1994。

与占有成为可能。阶级结构就是处于生产力发展的特定阶段上的私有制社会的基本结构。同一阶级的社会成员具有同样的经济地位和共同利益，具有共同行动的可能性。阶级发展的历史趋势是随着私有制的消灭及生产力的高速发展而消亡。其基本结论就是资本的私人占有及以此为核心形成的各种生产关系是现代资本主义社会不平等的最深刻根源，因而也是社会冲突的主要根源。

马克斯·韦伯三位一体分层模式对西方的分层研究影响最大，他主张从经济、声誉、权力三个角度综合考察一个社会经济、社会文化和政治三大领域的不平等。韦伯也把根据经济因素划分的地位群体叫做阶级，他认为划分阶级的标准实际上就是“市场购买力”，阶级差别主要是货币量的差别。声誉地位是由社会公认的评级方式确定的，社会的评价从肯定到否定构成了高低有序的阶梯，一个人的声誉地位就是其在这一阶梯中的位置。权力地位则是依据人们是否拥有权力以及权力的大小确定的，所谓权力，在韦伯那里意味着为实现自身意志、无视他人意愿而支配他人的能力。上述的三个标准说到底就是“名、利、权”，在韦伯眼中，任何社会这三种东西都是既有价值而且稀缺的。这三者之间的关系上，韦伯坚持认为，虽然在一定条件下相互可以转化，存在密切联系，但在理论分析层次上，必须将它们严格加以区分，即认定它们每个都可以单独作为社会分层的标准。

帕累托的精英理论在西方社会学界对社会分层的研究也有很深的影响力，他认为，社会成员归属于哪个社会层次取决于他们天生的能力和才干，而那些具有特殊才能、在某一方面或某一活动领域具有杰出能力的成员即精英人物。他依据性质不同的两个标准——一个是天赋能力的自然差别，一个是掌权与否的社会差别——进行交叉分类，得到四种类型：执政精英、不执政精英、执政中的非精英和芸芸众生。他指出，社会平衡的基本条件就是保持精英循环路线的畅通，即不执政的精英要能够流动上升为执政的精英，执政的非精英应该被淘汰出执政之列，向下流动为芸芸众生。他指出，到了工业社会，阶级的稳定性被精英循环这种社会流动所冲破，稳定性不平等被暂时性不平等所取代。

此外，当代最具影响力的分层理论当属帕森斯、戴维斯等人为代表的分层功能论，以及与此相对立的，由米尔斯、达伦多夫等人为代表的分层冲突论。①

美国社会学家索罗金是社会流动研究的奠基人，他于 1927 年出版的《社会流动》一书标志着社会流动作为专门的研究领域正式形成。他是在人的社会空间流动这一最广泛的意义上定义社会流动的，但他的兴趣却不在于个人的运动，而在于社会的新陈代谢，在于这样一种运动对处于社会结构中不同地位的社会群体产生的后果。虽然社会流动研究本身必定涉及个人的运动，但也必须对这些运动对社会群体和围绕这些个人运动的总体结构产生的后果予以密切关注。索罗金并不热衷于高度的社会流动，而是像涂尔干（笔者注：即迪尔凯姆）一样，努力突出社会流动的功能失调和功能正常的那些方面。他强调精神紧张、精神疾病、犬儒主义、社会隔离以及使个人与他们的社会关系脱离等的重大影响。他也强调提高耐受性和推动治理活动（作为发现和发明的一个结果），这两者在高度流动性的社会中更为普遍。②

索罗金对社会流动后果的研究给后来的人很大的启发，其后的研究者对此看法作了进一步的研究和发挥，如李普塞特和本迪克斯在《工业社会中的社会流动》一书中认为，过高的流动率会给社会带来不稳定因素，给个人造成心理上的紧张；另外，B. 斯泰西

① 郑杭生：《社会学概论新修》，289 页，北京，中国人民大学出版社，1994。

② ［美］刘易斯·科塞著，石人译：《社会学思想名家》，524 ~ 527 页，北京，中国社会科学出版社，1990。

也写了一篇专文，分析代际流动的心理后果，在此之后的绝大多数学者没有顺着这个方向发展，像E. 利特沃克、B. N. 亚当斯、C. J. 理查森和戈登索普等人所做的进一步调查，证实了社会流动减少了亲缘互动和社区联系，但他们都没有像索罗金那样危言耸听地夸大社会流动的负面影响。

索罗金之后很长一段时间，社会流动研究领域并没有出现很重要的成果和进展。直到二战之后，社会流动研究开始引起越来越多的关注，形成了一支专门的研究队伍和一批高质量的研究成果，如英国社会学家格拉斯等人撰写的《英国的社会流动》、伊尔·霍布尔发表的《社会流动：社会控制和不稳定性研究》、伊伯哈特的《传统中国的社会流动》，美国社会学家李普塞特和本迪克斯主编的《工业社会中的社会流动》、米勒所著的《比较社会流动研究》，以及彼特·布劳和邓肯所著的《美国的职业结构》等著作，标志着社会流动已经成为了社会学中一个专门的研究领域。

（二）国内的研究

国内有关社会流动和农村社会流动的研究沿着国外研究的路径展开，更多地结合中国的经验和实际，将相关理论中国化，特别是对改革开放以来的社会流动现象进行了关注，掀起了一个研究的热潮，也形成了许多富有解释力的理论成果和典型的个案研究成果。在具体这些研究中，劳动力流动、流动人口及社会流动通常被作为同一层面的概念使用。

1. 研究专著

赵树凯先生是中国乡村社会流动研究的权威人士，他将1980年以来中国的乡村社会流动的研究分为三个阶段：第一阶段是农村改革之初至1988年，这一阶段出现了农村劳动力向第二、三产业的转变，还没有形成大规模的社会流动，也没有相关的专门研究；

第二阶段是 1988—1992 年，这一阶段出现了大规模的乡村社会流动，引起了学者的关注，但缺乏较为系统、深入的研究；第三个阶段是 1993 年以后，进入这一阶段以来，有关学术机构和政府部门对乡村社会流动开始进行大规模的调查，系统化、专门性的研究蓬勃兴起，取得了丰硕的研究成果。有以农民工这一特殊的乡村社会流动现象和产物为题的，也有以乡村城市化为题的；有直接以社会流动为题的，也有以社会分层为题的；有从社会学视角研究的，也有在人类学、经济学层面分析的；有直接关注乡村社会流动的，也有将其置于中国大背景下考察的。在此作如下简单梳理：

（1）《当代中国社会分层与流动》（中国经济出版社，1993 年）。该书是清华大学李强教授撰写完成的，书中首先从社会分层与流动的概念界定开始，作者认为，社会流动是指人们的地位、位置的变化，更精确地说，它是指个人或群体在社会分层结构与地理空间结构中位置的变化。社会流动的途径主要有：职业的改变，这是人们实现地位变化最普遍的方式；经济上的成败，改革开放之后，经营致富已成为地位变迁最重要的手段；政治上的成败，在 1949—1979 年的中国内地，政治标准是测量人们社会地位的主要标准，那时，人们实现社会流动的主要途径是入党、参军、提干等，教育成就成为现代大多数国家里社会流动最重要的因素，此外还有权力的控制和婚姻途径。

书中还对农民的分层与流动问题进行了专门的分析，指出 20 世纪 80 年代中期以来，中国农民大量流入城市，寻找就业机会，城市中也出现了一个庞大的农民工和农民经营者阶层，并有不断扩大的趋势。农民流入城市产生了正负两方面的社会功能，一方面，它为城市经济的发展提供了充裕的廉价劳动力，实现了城乡交流，缩小了城乡的差距等；但是另一方面，它也给城市服务、管理、计划生育、铁路交通运输等造成巨大压力。

就形成大量农民流入城市局面的原因而言，首先是大量剩余劳动力的出现，这与农村推广家庭联产承包责任制不无关系，因包产到户，大家的生产积极性被激发，劳动生产率提高了，这样家庭剩余劳动力就凸现了。其次，城市中较高的就业收入和生活水平对广大农民有着极大的吸引力。再次，城市经济的迅速膨胀，也对农村的价格较低的青壮年劳动力有很大的需求。此外，农村中较低的经济效益、农村中较差的环境以及农民对城市文明的向往等因素也都是造成目前大量农民流入城市的主要原因。

（2）《中国农民的社会流动》（四川大学出版社，1994 年）。该书是袁亚愚教授所承担的国家社科基金项目“四川农民的社会流动”的最终成果，成书于 1994 年。研究者认为，社会学对实际中发生的社会流动一般是从两种角度或分为两个层次来进行考察的，即个人的角度或层次和社会的角度或层次。前一种角度或层次着重于研究某一特定社会一定时期中的不同的个人其社会流动的特殊经历和各种差异，其中包括代际之间的（如一对老年农民和其子女在流动上的）差异。因此，这种研究不仅重在关注发生社会流动的个人，而且重在发现表现于个人身上的特殊性。后一种角度或层次研究社会流动，虽然脱离不了对许多个人的情况的考察，并且需在很大程度上依赖这种考察，但其着眼点，则不是去追寻其中的特殊性，而是要通过对无数个人的考察，并把这种考察与宏观的社会变量结合起来进行分析，去发现一个社会各个大的社会集团的社会流动的总体状况，揭示其中具有普遍意义和带有规律性的东西（如居民职业构成是朝什么方向变化的，就业人口在第一、第二、第三产业中的分布比例及其变化趋势，各阶级和阶层在数量构成上是沿着什么方向变化的，等等）。作者在该书中是从社会的角度或层次对中国农民的社会流动进行研究的。

作者还对农民流动的两大历史类型进行了对比分析，指出传统型的农民流动发生在资本主义之前，由于当时生产力低下，受到农奴制、等级制和封建行会制的约束和抑制，加上重本抑末、安土重迁等意识形态的影响，表现出缓慢和具有较强刚性的特点，而且流动规模小、流动稳定性差。现代型的农民社会流动，是指随着资本主义的产生而出现的一种农民社会流动，和传统型的农民社会流动相比较，它的两个最鲜明的特点是：规模极大、流速较快。产业革命推动了农民的社会流动，并最终促使农民流动由传统型向现代型转变。

该书还指出，20 世纪 80 年代以来，我国农民的社会流动，一直就是朝着两个不同的方向发展的：一个是少数人的流动方向，其流动结果是从中产生了若干农村“大款”、“新富”。他们中不少人成了拥有很大资产的私营企业的老板或赫赫有名的“农民企业家”。另一个是绝大多数人的流动方向，它使广大普通农民经常奔波于各种非农行业的普通劳动岗位，并从中演化出了今天已惊动全国和震惊了世界的民工潮。

（3）《中国人口流动问题》（河南人民出版社，2000 年）。该书是中国社会科学研究院蔡昉研究员所作的世纪报告，重点分析了 20 世纪 80 年代以来为各界广为关注的人口和劳动力流动现象。书中应用翔实的资料，具体分析了流动人口形成的制度背景，特殊的拉力、推力及合力，劳动力转移的模式，就业状况和存在的问题，以及政府所面临的主要挑战和流动人口将来的走势。

（4）《流动中的乡村治理——对农民流动的政治社会学分析》（中国社会科学出版社，2003 年）。该书是华中师范大学中国农村问题研究中心徐勇教授与其弟子徐增阳合著的，也是国家社会科学基金项目“现阶段农村流动人口问题和政治稳定研究”的最终成果。该书是从乡村治理的视角来透视农民流动，分理论研究和个案调查两部分。在第一部分中，重点考察了农民流动与村治资源、村治秩序、村治权力、村治参与、村治文化和政策选择的关系。第二部分是对 7 个个案调查的专题报告。

（5）《当代中国社会流动》（社会科学文献出版社，2004 年）。

这是由中国社会科学研究院陆学艺研究员主编的，继《当代中国社会阶层研究报告》之后的第二部有关“当代中国社会阶层结构研究”的报告。该书指出，当代中国已经由“两个阶级，一个阶层”的结构分化演变成十大社会阶层，社会流动的研究主要关注这一演化过程是如何发生的。自 1978 年以来，改革推动了国民经济的持续高速发展，加快了中国由农业社会向工业社会、由乡村社会向城市社会的转变。中国已初步形成了一个现代社会流动机制的模式，这一方面得益于经济发展、经济结构、产业结构变化的直接推动，另一方面，社会流动机制多元化、社会流动渠道畅通也是重要原因。但是，也应正视社会流动模式中流动渠道不够畅通，计划经济时代遗留的制度障碍仍然阻碍着人们向上流动获得更高的社会地位。

该书在分析新中国成立 50 多年以来中国社会分化与流动时，根据社会流动模式或格局的特点，将其划分为两大阶段五个时期。1949—1977 年为当代中国社会流动过程的第一阶段，这一阶段又明显形成三个不同的历史时期，分别为 1946—1956 年，中国社会阶级阶层重塑时期；1957—1965 年，多维二元身份体系建构时期；1966—1977 年，社会流动的失序时期。1978 年以来是第二个阶段，这一阶段由两个时期组成，1978—1991 年是第一时期，其间，计划体制仍居于主导地位，但市场机制也开始在不同领域发挥作用；1992 年以来是第二个时期，其间，计划体制仍在一些领域发挥作用，但市场机制已经上升为基本的经济体制。

该书还专门研究了农民工群体的社会流动和农业劳动者阶层的社会流动。

(6)《渴望生存：农民工流动的人类学考察》（中山大学出版社，2005 年）。该书是中山大学周大鸣教授所著，2005 年 3 月出版的。通过作者近 20 年对农民工的跟踪研究，揭示了农民工流动的过程、特征和规律，对流动过程中产生的问题提出了积极的建议。

主要内容包括：农民工研究的回顾：理论与实践；珠江三角洲人口移动研究；东南沿海中心城市的“散工”研究；农民工外出对输出地的影响；农民工外出务工与输出地政治结构的变迁；农民工的性别分工；从农民眼中看农民工和适应过程；外出务工与农民现代性的获得；雇用廉价外来劳工与“原始积累”；梯级移动：农民工流动的个案分析；二元社区：外来劳动人口的双重效应，沿海城市外来少数民族的社会交往与流动人口的综合治理；钟摆理论：农民工流动的科学解释等。正如书中所描写的，渴望生存的农民工，走出乡村，走向城市，走向沿海，走向陌生的工厂、工地，他们用自己的双手和汗水赢得了生存的权利，搭建起中国现代化的脚手架。那不断往返于输入地和输出地的人流，就像那永恒的钟摆；那难以改变的“外来人”的身份，只能与“本地人”在同一空间构成“二元社区”，这些是农民工的真实写照。

（7）《高等教育与农村社会流动》（中国人民大学出版社，2007 年）。该书为彭拥军博士的博士论文，是从农村社会的视角来探究高等教育与社会流动的关系问题，探讨如何通过高等教育这一手段促进农村人口的向上社会流动和农村社会职业地位的整体提升。该书从高等教育与农村社会流动的理论基础和社会基础出发，在微观和宏观两个层面上，探讨了 1977 年恢复高考以来到 2006 年这段时间内高等教育与农村社会流动的情况。作者认为，高等教育所实现的农村人口向上的社会流动，不但使大学生本人合理合法地进入中国的政权系统或专业技术领域，实现了自身地理意义和地位意义的社会流动，而且意味着下一代身份和地位的转变。而农村的熟人社会形态移植了乡土社会的关系网络，产生了广泛的伴生性社会流动，给农村社会流动带来了深刻影响。与此同时，官本位和单位制使本来应该具有异质性的现代社会结构由于人为作用而呈现出许多同质性，加上人才竞争机制等因素的出现，使得教育筛选、人事筛选、市场筛选和政策筛选同时对农村社会流动产生作用。因而，高等教育把个人对知识和技能的需求、社会对人才的需求以及国家对政治控制的需求统一了起来。作者研究指出，高等教育对农村社会流动的作用表现在以下几个方面：①高等教育塑造或吸纳新的社会群体；②高等教育塑造新的生活方式；③高等教育是社会流动永恒的动力和支撑方式；④高等教育是承接传统与现代的文化链条；⑤高等教育对社会稳定具有积极意义。总之，在农村中，高等教育产生强大的动员力量，在社会政治经济结构的重大变革产生的原初动力基础上，影响着农村的社会流动。

（8）《中国城镇的社会流动》（社会科学文献出版社，1997年）。该书是李春玲博士有关改革开放以来中国城镇社会流动研究的一本专著，也是首次对流动现象与城镇社会阶层结构变迁关系所进行的一项系统研究。本书共分七章内容：社会流动研究的理论及重要文献，研究的理论、概念和数据，代际社会流动，代内社会流动，工作流动，精英及特殊群体的社会流动，结论等。

此外，近年来对中国社会流动及乡村社会流动进行研究的专著还有杜鹰、白南生的《走出城乡——中国农村劳动力流动的实证研究》、黄平等人的《寻求生存——当代中国农村外出流动人口的社会学研究》、赵树凯的《纵横城乡——农民流动的观察与研究》、李强的《农民工与中国社会分层》、王春光的《社会流动与社会重组：京城“浙江村”研究》、李培林的《农民工——中国进城农民工的经济社会分析》、王晓毅的《村庄中的外来人——农村到农村之间人口流动的正式制度和非正式制度障碍》、吴毅的博士论文《村治变迁中的权威与秩序——20 世纪川东双村的表达》等。

2. 研究论文

这几年，有关社会流动和乡村社会流动的论文非常多，每年平均有几百篇，就其研究的内容主要集中在三个方面。

（1）有关乡村流动特点的研究。李培林研究了农民工的流动问题，认为农民工的流动具有三个特点：一是在地域上从农村向城市、从欠发达地区向较发达地区的流动；二是在职业上从农业向工商服务业等非农产业的流动；三是在阶层上从低收入农业劳动者阶层向其他较高的职业阶层流动。[①]

马斌在分析中国改革开放以来和进入21世纪劳动力流动的特点时，分别概括了“五个集中和五化”的特点。[②] 改革开放以来，劳动力流动体现出了流动的企业集中在乡镇企业，流动的地域集中在东部沿海，流动的时间集中在春节前后，流动的群体集中在一部分人（从年龄结构上看，35岁以下的青壮年占绝大多数；从性别结构上看，男性劳动力的流出比例明显高于女性劳动力；从婚姻状况上看，流出的劳动力中未婚者与已婚者的比例差别不大，但是男性中已婚者比例高于未婚者，女性中未婚者的比例却高于已婚者；从文化程度上看，流出劳动力的文化程度明显高于非流出劳动力），流动的成本集中在直接成本（形成劳动力流动的成本一般包括直接成本、机会成本、心理成本等。直接成本包括劳动力获取流动信息的费用、流出地与流入地之间的交通费用、劳动力在流入地的安家费用等；机会成本是劳动力在流动期间，由于放弃了从事原有工作的机会而丧失了原有工作可能获得的收入和福利；心理成本则是劳动力离开原来熟悉的工作、生活环境，离开亲朋好友而付出的精神上的代价）。与此相比较，进入21世纪，劳动力流动受到国际、国内客观环境变化的影响呈现出流入的企业将趋于分散化，流入的区域将趋于扩大化，流动的形势将更趋有序化，流动的成本将更趋多元化，流动群体将更趋复杂化。

---

① 李培林：《流动农民工的社会网络和社会地位》，载《社会学研究》，1996（4）。

② 马斌：《中国农村劳动力流动的特点分析》，载《经济师》，2001（7）。

马戎在对西部六城市流动人口调查研究中指出，中国流动人口具有以下几个主要特点：①以从农村到城镇为主要迁入方向；②人数规模特别大且在持续增长；③以处于工作年龄并受过一定学校教育的青年人为主体；④主要在建筑业、制造业和服务行业就业；⑤相当部分属于全家迁入，在迁入地居留时间较长，孩子在迁入地入学，有些已经购买住房、创办产业，将来的发展趋势是成为城市的永久居民。[①]

王春光关注到20世纪90年代以来外出的新生代农村流动人口的自身认同问题，指出他们与第一代农村流动人口相比，在外出动机、身份认同上已呈现明显的代际差异。[②] 新生代流动人口对社会性身份的认同超过了对制度性身份的认同。在乡土认同上，他们更多地系于与亲人的情感，而对土地及其他方面的依恋在减弱，其社会认同趋向不明确和不稳定。随着新生代流动人口的增多，将会有越来越多的农村人口游离出农村社会体系和城市社会体系，在社会经济不景气的情况下，他们将很有可能演变为游民。

李全喜、赵玲认为社会转型以来农民流动的特点主要有：从规模上看，整体规模明显增加；从时间上看，流动的时间越来越长，季节性、周期性明显；从主体构成上看，流动农民在年龄、性别、文化水平和技能等方面存在明显特点；从职业取向上看，流动农民大多集中在劳动密集型产业；从区域上看，农民是从经济欠发达地区向发达地区流动；从动机上看，呈现出由单一动机走向多元动机的特点；从生活状况和权益保障上看，进城农民生活艰辛，权益保障难；从组织特征上看，“亲缘和地缘”特征明显，非正式组织发

---

① 马戎、马雪峰：《西部六城市流动人口调查综合报告》，载《西北民族研究》，2007（3）。

② 王春光：《新生代农村流动人口的社会认同与城乡融合的关系》，载《社会学研究》，2001（3）。

挥强劲作用；农民流动出现“回流”现象。①

李香兰在分析现阶段内蒙古人口迁移流动特点时指出，从职业构成上看，迁移流动人口中以务工经商、随迁家属和生态移民为主，从事的职业多为体力劳动型；从文化程度上看，区内迁移流动人口的文化素质高于区外迁移流动人口；从城乡流向类型看，人口迁移流动的主流是从乡村到城镇；外省流入人口以邻近省份就近流入为主，外出人口流向也是如此；人口迁移流动以青壮年为主，且女性多于男性，但其性别分布又与迁移流动的动因以及职业、年龄有着极为密切的关系。②

马天龙在对东乡族农村劳动力转移进行分析时发现，东乡族农村劳动力的转移呈现出鲜明的特征：首先，从这些农村劳动力的流向上看，呈现出逐渐向西转移的趋势，而且主要是西北一些城市。其次，从流动方式上看，在改革开放以前，这些农村劳动力都是单个流动的，规模不大，但是在 20 世纪 80 年代末到 90 年代间，他们的转移方式出现了规模化、组织化的趋势。第三，从劳动力素质上来看，这些东乡族农村劳动力的文化素质普遍偏低，使得东乡族农村劳动力在参与社会职业的竞争和事业的开拓等方面处于明显的劣势，他们一般只能选择技术含量较低的“三 D”（Dirty，Difficult and Dangerous，即脏、累、险）行业。③

高君智在分析甘南藏区富余劳动力转移问题时通过调查和对比指出，甘南藏区富余劳动力的转移，在农区、半农半牧区和纯牧区

① 李全喜、赵玲：《社会转型以来农民流动的特点与趋势》，载《北华大学学报》（社会科学版），2008 年第 9 卷第 1 期。

② 李香兰：《内蒙古自治区人口迁移现状及发展趋势》，载《内蒙古统计》，2004（6）。

③ 马天龙：《东乡族农村劳动力转移特点及其思考》，载《西北民族大学学报》（哲社版），2004（1）。

表现出不同的特征。[①] 就农区来说，由于受周围汉、回族群众的影响，富余劳动力大多已走出家门，甚至走出本乡本土，进入各种劳动密集型行业，和内地农村富余劳动力的转移表现出同一特征来。在半农半牧区，富余劳动力主要是转向基础设施建设如修路、城市建筑等行业，转入饮食服务、旅游、商贸运输等服务行业的相当少，更重要的是，很少有人走出地域范围。就纯牧区来说，除了极少数流入二三产业外，绝大多数都成为社会闲散人员。总之，从上述情况来看，不管是半农半牧区还是纯牧区，草场承包后，甘南藏区有大量的劳动力被解放出来，但这部分富余劳动力只有极少数转入劳动密集型行业，而且主要是在当地，突破地域限制、转入其他行业或外地者微乎其微，其中很多人根本就没有走出本乡本土的意识。

其他对乡村社会流动特点的分析也集中在对流动主体、流动方式及流动从业领域等方面的研究，不再赘述。

（2）有关社会流动的后果研究。马戎在对西部六城市流动人口调查研究中指出，流动人口对所迁入城市的社会与经济发展，既有积极的促进作用（正向后果），又会带来一些问题（负向后果）。积极方面包括：①改善了城市老龄化的人口年龄结构；②活跃城市的商品流动和贸易市场；③为城市经济活动提供大量廉价劳力；④成为城市某些产业和职业的主要劳动力来源。流动人口带来的社会问题包括：①大量流动人口在城市居住和活动增加了城市基础设施的压力；②增加食品供应负担；③流动人口工作和收入不稳定，政府管理难度大，导致城市治安问题恶化；④计划生育难以落实；

① 高君智：《关于甘南藏区富余劳动力转移问题的思考》，载《甘肃高师学报》，2003（3）。

⑤部分外地人员子女入学受到影响；⑥部分外地人员的医疗问题。[①]

罗玉达指出，农村流动人口有利地促进了中国经济社会的发展，产生了多方面的积极意义，是利大于弊的。[②] 首先，从流入地来看，大量农民工的存在，为我国工业化、城市化、现代化的建设提供了丰富的劳动力资源。其次，从流出地来说，农村人口流动为农村中过剩的劳动力寻找到新的就业机会，一方面大大缓解了农村的就业压力，有利于农业实现规模经营，加快我国农业现代化的步伐；另一方面，农民外出打工不仅赚得了票子，取得了经济效益，而且通过做工、做事，在发达地区、在城市接受现代文明的教育和市场经济的洗礼，开阔了眼界，改变了价值观念。由此，农民进城打工有力地冲破了城乡分割的结构，打破了人才和劳动力流动的陈规戒律，推动了城市劳动力的职业竞争，为城市经济体制改革注入了巨大的推动力。最后，农村人口的流动推进了城乡一体化的发展。

田家刚、王向在分析农村劳动力外流对农村的负面影响时指出，农村地区的劳动力外流有助于减轻粮食自给的压力；有助于缓解人口生态的突出矛盾；有助于提高农村贫困人口素质，带动乡镇企业和多种经营发展；有助于减少贫困地区安排剩余劳动力的投资负担；有助于贫困地区提高对外开放程度；有助于增加贫困户的收入。与此同时，在农村人口及其结构上不利于农业生产，外流农村劳动力的兼业性不利于农业生产的发展，农村劳动力外流使农村支

---

① 马戎、马雪峰：《西部六城市流动人口调查综合报告》，载《西北民族研究》，2007（3）。

② 罗玉达：《中国农村人口流动的走向及其对社会发展的影响》，载《贵州大学学报》（社科版），2000（9）。

付较高的社会成本，农村劳动力外流带来了不少短期行为效应。[①]

卢福营在浙江省奉化市庄家村的调查显示，由于村内精英人士和青年人的大量外流，村级治理和社区发展面临着领导人和管理者后继乏人的新问题；同时，村公共权力机关也无力管理外流村民行为失控问题，目前，农民流动既不需要村组织的批准，也不需要通过什么严格的组织手续，在这种情况下，村公共权力机关对外出村民的基本情况不了解，村组织处于“无能”和“无力”的状态，流动农民在一定程度上处于社会控制的“边缘”状态。[②]

徐勇以“治理性困境”一词来表达农村人口流动（主要是流出）对乡村治理的影响。[③] 他认为农村人口的流出造成了农村社会“有流动无发展”，乡村结构“有流动无突破”，乡村秩序“有流动无安宁”的困境。

李伟在论人口流动对流出地农村村民自治的影响时不无忧虑地指出，人口流动对流出地农村基层民主政治建设产生的负面影响要比对流入地村庄的负面影响大很多，表现在村民自治组织对经济资源汲取能力的弱化，严重地削弱了村民自治的组织基础，使村庄关联度降低和村民的参与冷漠，村民个体意识的提高而村治权威的衰落，村民自治整合功能的弱化和村民共同体意识的下降，村民自治服务功能的缺失和村委会的行政化，村民自治管理功能的削弱和村庄秩序的失范。[④]

---

① 田家刚、王向：《关于农村劳动力外流对农村的负面影响及对策分析》，载《甘肃行政学院学报》，2004（2）。

② 卢福营：《农民流动：嵌入村民自治的新变量——浙江省奉化市庄家村调查》，载《华东师范大学学报》（社科版），1999（2）

③ 徐勇：《挣脱土地束缚之后的乡村困境及应对——农村人口流动与乡村治理的一项相关性分析》，载《华中师范大学学报》，2000（2）。

④ 李伟：《论人口流动对流出地农村村民自治的影响》，载《云南行政学院学报》，2005（2）。

谢志平撰文指出，农村人口流动有利于村民自治观念的形成与能力的养成，有利于村民自治组织获得相对于基层政权更大的独立性。同时也表现出有可能造成村治参政、议政水平、力度和影响下降以及自治组织权威流失；有可能给自治组织的财政收入带来负面影响，不利于权力在乡村的正当配置；也有可能使自治组织经济资源吸纳能力弱化，并导致权威弱化和自治地位的丧失等问题。①

任敏在分析流出精英与村庄稳定时指出，农村精英的流出促进了农村稳定。② 表现在：精英的流出给农村提供资金支持，引进技术与知识，传播现代观念，促使农村权威格局转变（流出精英在新的文化权威格局中扮演着领导者与排头兵的角色）和形成村庄精英整合（共同的外流经历可以在某种程度上有助于实现村庄精英资源的整合）等方面。同时也会影响农村的稳定，表现在：精英流出将影响农村长期经济效益，影响村民自治改革，影响农村组织建设，影响文化传统的承袭等。

郑传贵在研究流动人口处于政治参与边缘地位的社会后果时指出，由于种种原因，广大流动人口处在国家政治生活的边缘，享受不到应有的权利。如果流动人口的制度性政治参与的需求长期得不到满足，非制度性政治参与就将成为流动人口实现其利益要求的首要选择。而且这种非制度性参与表现得越频繁，对社会稳定的影响就越大。近年来，流动人口的非制度性政治参与日渐增多，许多地方出现流动人口的群体性突发事件、集体抗议游行和城市居民与外来人口的摩擦性冲突等。另外，当发生劳资纠纷时，许多流动人口不是求助于法律或劳动仲裁，而是通过暴力胁迫甚至绑架等非法手段来维护自己的权益。这种非制度性政治参与，已严重破坏了法律

① 谢志平：《当代中国农村人口流动：村民自治制度发展的新变量》，载《内蒙古社会科学》（汉文版），2003（11）。

② 任敏：《精英流出与农村稳定》，载《甘肃理论学刊》，2003（5）。

的严肃性，威胁到社会的稳定和社会整合程度，必须引起人们的重视。①

宋林飞撰文指出，对于流动农民工来说，城市移民首先是地理区位上的流动，这是短期内可以实现的，一方面他们带着流出地的农村文化价值，另一方面，他们又需要融入流入地的城市文化，这二者不可避免地会发生文化冲突，具体可以概括为以下三个方面：一是结合紧密，以家庭和社区为纽带的乡村文化与更加注重个人奋斗、更加注重竞争的城市文化的冲突；二是重视情谊的乡村文化与讨价还价的市场经济理性文化的冲突；三是平等的乡村文化与歧视性的城市亚文化的冲突。同时作者指出，农民工进城打工后，打破了城乡二元结构，但没有真正地转变二元结构，可以说形成了三元结构“农民—农民工—市民”，这种三元结构对于“农民—市民”的二元结构来说是一种进步，但这种进步应该是过渡性的，否则又会造成新的不平等。②

赵延东、王奋宇在研究城乡流动人口的经济地位获得及决定因素时指出，从社会学的角度来看，这群非正式的劳动力移民却起着对旧有秩序“解构”的先导作用，其不仅有助于打破“户籍”这种长期以来制约中国农民社会流动的制度，而且还能产生积极的社会文化后果，使他们传统的乡村生活方式尽早地纳入到现代性的轨道上来，并因此产生强大的辐射效应，从而为整个农民的市民化铺平道路。③

---

① 郑传贵：《流动人口政治参与边缘性的社会学研究》，载《南京人口管理干部学院学报》，2004 年 20 卷第 3 期。

② 宋林飞：《城市移民的文化矛盾与社会安全》，载《江苏社会科学》，2005（5）。

③ 赵延东、王奋宇：《城乡流动人口的经济地位获得及决定因素》，载《中国社会科学文摘》，2002（6）。

钱雪飞在分析农民城乡流动与农村社会结构时认为，农民流动对农村社会结构变迁有八大影响：一是在一定程度上缓解了流出地农村的人地矛盾，提高了土地的实际人均拥有量，有利于留守农民收入的提高；二是改变流出地农村社会的人口结构及家庭结构；三是使流出地农村社会的人和家庭的收入等方面出现社会分化；四是增强了农民的现代性；五是流动农民中的部分返乡创业，给农村社会带来了新的结构元素，是农村社会向工业化、城镇化发展的重要动力源；六是进一步推动了农村社会生活方式的城市化；七是进一步推动了农村社会从封闭性走向开放性；八是造就了新的社区精英，并对流出地农村的政治秩序产生较为深远的影响。[①]

章辉美在分析农民社会流动对农村现代化的影响时认为，乡村社会流动为社会变迁和经济发展做出了历史贡献，[②] 主要表现在以下几个方面：①促进了农民身份的转换，转换是通过两种途径实现的，即就地转换和易地转换；②为城市建设、城市经济发展、城市居民生活质量的提高做出了巨大贡献；③对全社会劳动生产率的提高做出了很大贡献；④正在进一步打破城乡二元经济结构的壁垒。

龚维斌以安徽无为县的调查资料为基础指出，劳动力外出就业对当地农村既有经济影响，又有社会影响，这些影响通过个人、家庭和社会三个层面表现出来，随着外出劳动力就业层次和收入的提高，影响力逐步加大。它促进了农村社会的正向变迁，是农村经济发展的动力和基础。劳动力外出就业所引起的变化表明传统农村社会的同质性减弱、异质性增强，标志着农民与农村社会正在真正地

① 钱雪飞：《农民城乡流动与农村社会结构》，载《江西社会科学》，2005（2）。

② 章辉美：《农民社会流动对农村现代化影响探讨》，载《求索》，2002（6）。

向现代化迈进。①

凡此方面对乡村社会流动影响的研究各有侧重，分别从经济、政治、文化和社会等方面进行了关注，特别是以学术理性思考对乡村社会流动的负面影响给予了特别关注。

（3）有关社会流动的动力和影响因素研究。在宏观层面上，原有的计划经济体制下形成的城乡二元壁垒的松动以及农业生产比较收益低下的状况是劳动力流动的前提条件和推动因素，而城市提供的就业机会和城市不同于农村的现代化生活方式是吸引劳动力流动的拉力。在微观层面，研究者们从流动者流动行为所表现出来的差异、个人生活历程和体验的角度来解释影响外出的因素，如寻求就业、增加收入。

邹新树在分析农民工向城市流动的动因时从农村推力、农村拉力、城市推力、城市拉力四个维度进行了分析，② 他指出，农村拉力由收入、家庭结构和社会关系、生理和心理、政策制度四种力量构成，农村推力包括家庭生产生活推力、家庭结构和社会关系推力、发展机会和生活环境推力和当地政府推力等，城市拉力主要由城市预期收入、家庭结构和社会关系、发展机会和生活环境等构成，城市推力包括政策制度推力、进城就业成本推力、相对经济社会地位推力和就业门槛推力。劳动力在城乡之间的流动是上述四种力量共同作用的结果。

龚维斌认为，20 世纪 80 年代以来，我国社会流动机制发生了深刻的变化，人们由原来主要通过国家政策性安排转向通过市场竞

① 龚维斌：《我国社会流动机制：变迁与问题》，载《中国社会科学院研究生院学报》，2004（4）。

② 邹新树：《农民工向城市流动的动因："推—拉"理论的现实解读》，载《农村经济》，2005（10）。

争来实现社会流动。[①] 人们在社会流动过程中自致性因素的作用增多，先赋性因素的作用减弱。从合理的社会流动的角度看，我国社会流动仍然存在诸多问题。经济发展提供的职业岗位相对不足，造成相当一部分人实现社会流动的愿望难以实现；一些人在改革中向下社会流动；制度安排带来的先赋性以及类似先赋性因素对社会流动的作用仍然很强；非制度性因素独特地影响着人们的社会流动。这些问题一方面体现出社会流动机制向市场化迈进的过渡性和阶段性，另一方面又表现出很强的“中国特色”社会转型的结构性和文化性。

王毅杰、童星通过对南京市务工经商的流动农民的社会支持网分析，并与天津城市、农村居民的社会网比较后指出：流动农民社会支持网规模小、紧密度高、趋同性强、异质性低。[②] 在流动农民的社会支持网中，同样是居住在城市的持有农村户口的流动农民超过60%，因而尽管其社会生活场所发生了变化，但并没有从根本上改变其以血缘、地缘关系这些原有社会关系为纽带的社会网络的边界。与农村居民的关系构成相比，流动农民的地缘（邻居、老乡）作用下降，亲属即强关系作用变化不大；而与城市居民的关系构成相比，业缘力量不突出，亲属力量突出；朋友关系即中间性关系力量稍弱于亲属力量，并开始突出。

王春光认为，社会关系网络成为农民工得以流动的主要机制，有助于农民工获得信息、经济和精神的支持和帮助，但是却难以使他们实现更大的社会地位的“跃升”和提高，这也是农民工大多

① 龚维斌：《我国社会流动机制：变迁与问题》，载《中国社会科学院研究生院学报》，2004（4）。

② 王毅杰、童星：《流动农民社会支持网探析》，载《社会学研究》，2004（2）。

停留在水平流动上的一个主要原因。①

此外，还有学者从流动的背景，流动中的回流问题，流动产生的养老、儿童、犯罪问题及女性等特殊群体的流动进行了研究，并提出了独到的见解，在此不作逐一列解。

就已有的研究来看，笔者认为主要存在以下问题或不足：

一是对乡村社会流动后果系统的研究比较缺乏。研究者多从单一的学科视角进行了研究，系统的、多科性的比较研究还有待加强。

二是对乡村社会流动的后果缺乏纵向发展的研究，特别是对近年来出现的新情况、新问题关注不够。

三是宏观研究多，微观具体研究少。研究者多从全国经济社会发展的经验来分析社会流动及其后果，而对具体的乡村社会流动的个案研究重视不够，造就了许多大道理和普遍情况，“具体问题具体分析”的不多。

四是对西北少数民族这一特殊的区域所发生的乡村社会流动的研究更为稀少，对其特殊的流动后果与我国乡村社会流动的普遍后果的比较研究、对策建议还很不够，以至于当地政府对此认识不足，更谈不上自觉纠偏、积极矫正了。

为此，本研究将以此为重点，做进一步的尝试性研究，以期有所突破，弥补上述研究的不足。

① 王春光：《新生代农村流动人口的社会认同与城乡融合的关系》，载《社会学研究》，2001（3）。

第二章　西北少数民族地区的乡村社会流动

乡村社会流动的途径主要有招工、参军、考学和劳动力外出打工等，当前，西北少数民族地区乡村社区的社会流动最主要是劳动力的流动，包括外出务工、经商，总体上属于水平流动，伴随有少许向上的垂直流动。这种社会流动发生的背景、影响因素和特点以及流动渠道，同全国的乡村社会流动相比，既有共性的一面，更有个性的成分。

一、西北少数民族地区乡村社会流动发生的背景

（一）宏观背景分析

陆学艺在研究中国当代社会流动时，将新中国成立 50 多年以来中国的社会流动分为两个阶段。[①] 1949—1977 年为第一个阶段，这一阶段社会流动发生的重要背景是第一次重大制度变革。这次变革的核心是在马克思列宁主义思想的指导下，以苏联的社会主义制

---

① 陆学艺：《当代中国的社会流动》，33～34 页，北京，社会科学文献出版社，2004。

度模式为借鉴，建立了一套新的政治经济体制。在经济上，突出地表现为以公有制取代私有制、高度中央集权的计划经济体制取代市场经济体制、国家主导的重工业优先发展工业化战略成为国家经济发展的主导战略。在这种格局下，新的制度安排、政策规定以及受其规制的经济体系，对人们获得社会地位产生了特殊的影响，整个社会阶级阶层结构在宏观上简化为主要由工人阶级、农民阶级和干部（知识分子）组成的“两个阶级、一个阶层”的构造。人们的经济地位在很大程度上取决于他们在国家分配体制中所处的位置。1955年6月，中华人民共和国国务院通过了《关于建立经常户口登记制度的指示》，标志着我国开始实行以城乡分割为代价的严格的户籍制度，传统的城乡自然流动被堵死了。由于受国家宏观经济制度的控制，农村经济实行“队为基础、三级所有”的人民公社体制，“一大二公”和半军事化的管理，特别是户籍隔离制度的实施，农村社会流动几乎长期处于停滞状态。1978年以来是新中国成立以来社会流动的第二个阶段。这一阶段社会流动发生的重要背景是第二次重大制度变革。这次变革发生在1978年中共十一届三中全会之后，动力源自改革开放，方向是实现经济体制由计划经济向市场经济转轨。这次变革的经济特征体现在：逐步地改变了经济资源的配置机制，国家越来越多地把经济资源的控制权让渡给社会或市场；削弱了传统高度中央集权的再分配体制对人们的控制力，增加了社会的自由度；调整了发展战略和经济结构，扩大了就业空间，改变了职业结构；扩大了社会经济差距，推动了社会分化等。

从20世纪70年代末到90年代中期，体制改革引发了大规模社会阶层的结构变动和社会流动。社会结构的松动率先是从农村的土地承包经营、家庭联产责任制实施开始的，农业的发展和富余劳动力的产生，以及受城市比较利益优势的驱动，农民纷纷向城市和发达地区转移，由此引发了全国性大规模的社会流动，也有研究者称之为“打工潮”或“民工潮”。所以改革开放后第一波大规模的社会流动是从农村开始的，第二波才是从社会底层开始出现的社会流动，第三波则是从公有制内部涌动的诸如“下海”、“孔雀东南飞”式的社会流动。[①] 体制改革也就成为社会流动的主要动力。

体制改革的深入推进，多层次、全方位对外开放局面的形成，也促使中国社会越来越开放。事实证明，开放性社会比封闭性社会的社会流动率更高，流动要更加频繁。20 世纪 90 年代以后，我国社会流动的流量和流速都非常的惊人，1992—1993 年，我国劳动力转移规模分别达到 1800 万人和 3600 万人，到 20 世纪 90 年代中后期，每年约有 8000 万人到 1.2 亿人的流动人口在城乡间流动。[②] 据国家统计局第二次全国农业普查的数据显示，2006 年，农村外出从业劳动力达 13181 万人，占到农村劳动力资源总量（53100 万人）的 24.82%强。李春玲认为，我国新一轮社会流动的结构动因可以表现在六个方面[③]：一是城市化和产业及职业结构升级而出现的大量的可获得的社会位置空缺。二是生育率下降，尤其是不同阶层的生育率差距扩大，造成了相对地位较高的社会位置存在越来越多的空缺。严格的生育制度使处于社会中上层人的生育数量受到严格控制，而社会发展产生的许多社会上层位置需要由出身较低阶层的人来填补。三是代际可继承的社会位置大大减少，带有明显赞助性流动色彩的接班顶替制度已经大面积废止，上升和下降的流动空间扩大。四是限制流动的制度性因素减少，户籍制、身份制、单位制等制度方面的松动使越来越多的人可以享有选择职业的自由。五是大众化教育

---

① 彭拥军：《高等教育与农村社会流动》，54 页，北京，中国人民大学出版社，2007。

② 李全喜、赵玲：《社会转型以来农民流动的特点与趋势》，载《北华大学学报》（社会科学版），2008 年第 9 卷第 1 期。

③ 李春玲：《社会结构变迁中的城镇社会流动》，载《社会学研究》，1997（5）。

体系的确立并迅速发展、膨胀，使越来越多来自下层阶层的个人可以通过接受教育实现向上流动。六是工业化的劳动模式促进了社会的等级分化，这种等级分化结构有利于刺激人们的上升流动欲望。

当前，虽然我国总体上社会流动已经变得越来越常规，越来越频繁，但是，依据陆学艺等人的研究，公正、合理、开放的现代社会流动模式尚未最终形成。① 因为中国还处在由传统农业社会向现代工业社会、从计划体制向社会主义市场经济体制转变的进程中，在这种双重背景下的社会流动，同样表现出了相当的复杂性和过渡性。一方面，业绩和能力等后致性因素对于人们获得社会地位起着越来越重要的作用，职业地位正在取代政治地位，一种现代社会流动模式正在形成；另一方面，制度和政策安排在社会流动中的作用仍然比较显著，有时甚至起到了决定性作用。如计划经济时代遗留下来的户籍制度、人事制度、劳动就业制度等还未能彻底完成转型，对社会流动的阻隔造成流动渠道不能顺畅运行。总体上，当代中国社会流动同样显示出了与社会转型和体制转轨相似的"过渡"特征。

（二）微观背景分析

宏观大背景的变化，既为西北少数民族地区的进一步发展提供了契机，同时也给该地区的发展带来了严峻的挑战。随着改革开放政策的推行，中国的经济管理体制、资源配置方式、经济发展战略等都作了重大调整，国家区域政策也由过去的平衡发展战略转向"效率优先、兼顾公平"的非均衡发展战略，经济开发的区域重点由内地转向了沿海，资源空间配置方式由单一的计划配置转向市场配置。这样，西北少数民族地区的经济发展遇到了严重的困难。虽

① 陆学艺：《当代中国的社会流动》，13页，北京，社会科学文献出版社，2004。

然在新中国成立后60多年，特别是改革开放的30多年中，国家的大力扶持，加上各民族人民的艰苦奋斗，西北少数民族地区的经济发展取得了长足的进步和极大的发展，表现在经济总量逐渐加大、总体实力显著增强、产业结构趋向合理、市场经济体制初步建立、人们生活水平明显提高、贫困人口大幅度减少等多方面。但是，由于西北少数民族地区地理区位和产业结构的特点，决定了在全国市场上，西北少数民族地区处于不利的竞争地位，资金技术等生产要素投入不足、有效的制度供给不足、经济结构不合理、经济运行效率低下、基础设施落后等问题的凸显，制约着该地区经济的快速、高效发展。与东部地区比较而言，这是西北少数民族地区的特殊性，也是该地区乡村社会流动发生的重要背景。

1. 地处西北中心，自然地理环境自成一体

西北少数民族地区按照自然生态环境和民族分布，又可划分为甘青宁地区和新疆地区两大部分。[①] 甘青宁三省（区）地处西北地区中心，由于自然与历史的诸多原因，其自然环境、人文环境自成一体，“经济发展水平相近并有着较为密切的联系，政治方面呈紧密联系、相互影响之状态”[②]。这一区域内总面积为122.58万平方公里，占西北地区（陕甘宁青新）总面积的39.59%，县以上的民族自治地方包括宁夏回族自治区和甘肃及青海的8个自治州和14个自治县。这一地区位于我国西北，区内山峦众多，其东有陇山，隔山与陕西相接；西有阿尔金山脉，隔山与新疆相望；北有龙山、合黎山、龙首山、贺兰山，隔山与内蒙古相望；南有唐古拉山脉，隔山与西藏为邻。群山环抱的甘青宁三省区有一条黄河将三省区的政治、经济、文化中心连接在一起，却与周围各省区的政治、经

① 宋蜀华：《中国民族概论》，529页，北京，中央民族大学出版社，2001。

② 王劲：《甘宁青民国人物》，4页，兰州，兰州大学出版社，1995。

济、文化中心隔山相望，距离遥远。① 甘青宁少数民族地区主要分布在青藏高原、黄土高原和宁夏平原，除宁夏平原的自然地理条件较好外，其余地区自然条件都比较差。

2. 多民族分布，多元文化共生

据2000年人口普查的数据显示，甘青宁地区的少数民族人口达6311962人，占这一地区总人口的17.8%，其中青海和宁夏的人口所占比例分别达到46.0%和35.6%。我国56个民族成分在这一地区都有分布，其中回、藏、保安、撒拉、蒙古、东乡、裕固、哈萨克、土、满10个民族的人口都在2000人以上，且已形成大小不一的聚居区，是甘青宁地区的主要少数民族。从分布情况来看，回族在各省均有分布，其中青海占17%，甘肃占20%，宁夏占41%；藏族主要分布在青海和甘肃，其中青海占80%，甘肃占20%；其他少数民族中，东乡、保安、裕固3个民族为甘肃世居的少数民族，土族、撒拉族为青海世居的少数民族。② 从宗教信仰来看，甘青宁地区少数民族主要信仰的是伊斯兰教和藏传佛教，从而形成伊斯兰教文化圈、藏传佛教文化圈和儒家文化圈互动、共生的文化发展格局。其中信仰伊斯兰教的有回、东乡、保安、撒拉、哈萨克5个民族，人口数占到这一地区少数民族总人口的69.3%，信仰藏传佛教的有藏、蒙古、土、裕固4个民族，人口数占到这一地区少数民族总人口的29.6%。许多少数民族全民信教，日常生活及行为受宗教的影响较大。

3. 生态环境脆弱，严重制约经济发展

西北少数民族地区生态环境比较脆弱，使得农牧业生产条件很

---

① 骆桂花：《甘青宁回族女性传统社会文化变迁研究》，32页，北京，民族出版社，2007。

② 李育红：《西北少数民族地区社会结构转型研究》，40~41页，北京，民族出版社，2008。

恶劣，严重制约着西北少数民族地区经济的发展。农业是三大产业中受自然生态环境影响最大的产业，自然生态环境的优劣直接影响到农业生产的效率。该地区脆弱的自然生态环境表现在四个方面。首先，荒漠化、沙化程度严重。整个西北五省区，沙漠、戈壁面积达87万平方公里，占西北地区总面积的28%，占全国沙漠、戈壁总面积的68%，且荒漠化速度不断加快，由20世纪70年代的每年新增1500平方公里发展到现在的每年新增2400平方公里，吞食了大量的绿洲农业和优良牧场。其次，高原地带沟壑交错，坡地、山地多，川塬谷地少，旱地多，水地少，土地利用率低。旱地占全区宜农土地面积的96.3%，使农牧业生产难以实现持续、稳定的增产、增收。再次，林地资源少，森林覆盖率更低，植被覆盖度差，水土流失严重。西北少数民族地区的林地面积占全区土地总面积的3.86%，森林覆盖面积占全国总量的7.61%，森林覆盖面积平均只有1.81%，低于全国平均水平11个百分点。① 植被的人为破坏和逐步减少，森林覆盖率低，造成水源涵养能力减弱，致使该区域水土流失非常严重。据统计，宁夏回族自治区水土流失面积占总面积的46%，甘肃省水土流失面积占总面积的38%。整个黄土高原总面积为64万平方公里，其中水土流失区域面积为43万平方公里，占黄土高原总面积的67%以上，黄土高原每年流失到黄河的泥沙多达16108吨。② 最后，气候变化无常，降水量少，且分布不均匀，恶劣天气发生频繁。甘青宁地区除甘肃东部和宁夏南部一隅属东南季风区边缘地带外，基本上属于温带大陆性高原干旱气候，具有温差大、降水量少、无霜期短等气候特点。据有关部门测算，整个西北少数民族地区平均年降水量为2117.5亿立方米，仅

① 王宗礼等：《西北农牧民政治行为研究》，25～26页，兰州，甘肃人民出版社，1995。

② 同①，26页。

占全国年降水量的11.8%。有限的降水量还分布很不均衡，“三年两头旱，五年一大旱”就是这一现象的真实写照。天气的变化无常严重制约着农牧业的生产，20世纪80年代中期的调查显示，青海省每年的牲畜死亡率为5%，达100万头左右，如遇雪灾等恶劣天气，牲畜死亡率会更高。

4. 农牧业生产基础薄弱，结构调整缓慢，从业群体素质不高

西北少数民族地区农牧业生产的特点首先是基础设施薄弱，生产条件落后，生产力水平低。西北少数民族地区的农牧业生产受自然环境的影响大，长期以来，造成生产基础薄弱，条件落后，致使生产水平很低。具体体现在水利灌溉设施不足，有效灌溉面积少，其中机电灌溉面积仅占全国的14.7%。生产技术装备落后，机械化作业水平低，农业机械的总动力仅占全国的20.6%。这样的生产条件也就决定了该地区生产力的水平不高。20世纪90年代，粮食作物的平均亩产量为240多公斤，大量干旱地区的农田产量只有50~100公斤，产出率低得惊人。

其次，西北少数民族地区农牧业生产群体整体素质低。西北少数民族地区除省会城市外，绝大部分地区的人口文化素质较低，文盲、半文盲的比例高，农牧业从业群体的整体素质更低，文盲、半文盲的比例更高。2000年第五次全国人口普查的统计资料显示，保安族的文盲率为43.62%，位列文盲率最高的前三位之中，文盲率最高的是东乡族，文盲率为51.46%，而同期全国的平均值为7.21%。[①] 撒拉族农村地区不识字或识字很少的人口所占的比例很高，小学以上文化程度的人口仅占总人口的23.04%，不识字人口比例高达76.96%。[②]

① 据第五次人口普查数据计算，计算办法为上学人口数/人口总数。

② 中国人口较少民族发展研究丛书编委会：《中国人口较少民族经济和社会发展调查报告》，365页，北京，民族出版社，2007。

三是农业结构调整缓慢，影响经济发展。农业中粮食作物的种植比重较大，经济作物的种植比重较小，使得农业结构呈现出一种严重单一化的特点，农民增收极为困难，面对外来竞争，这种单一的农业生产将处于极为不利的境地，农业收入水平自然不高。因自然地理条件的限制，西北少数民族地区多以小麦、油菜、马铃薯、玉米种植为主，相比之下，马铃薯的经济效益最为可观，如遇风调雨顺的年份，山地马铃薯亩产3000余公斤，按每公斤均价0.3元，每亩收入可达900元。可是，马铃薯的种植一是没有产量保证，二是往往丰产不丰收，农业收入靠种植业很难有所突破。养殖业的发展也不容乐观，因国家实施退耕还林还草工程，养羊只能圈养，发展规模受限，加之饲料价格上涨等因素，很多农民家庭养殖业发展不起来，形成不了规模生产。

5. 工业化水平低，产业结构不合理

工业化和城镇化是现代化的两个显著标志，新中国成立后，我国一直把工业化的建设作为城市建设的重要任务，逐步形成了工业化的城市和农业化的乡村格局。改革开放以来，我国农村经济发展中的一个突出变化就是农村工业化的兴起。以乡镇企业为主体的农村工业化的推进，打破了计划经济时代城乡、工农二元隔离的格局，逐步探索出了一条城乡经济一体化协调发展之路。在这样的大背景之下，西北少数民族地区乡村工业也有了较大发展。1980—1992年，西北少数民族地区农村非农产业占经济总产值的比重由19.98%提高到了40.98%，农村劳动力中非农产业的比重由4%提高到16.68%。[①] 但是，西北少数民族地区农村经济基础薄弱，积淀厚重的传统农耕经济对商品化、市场化因素形成很强的抑制力量，因而西北少数民族地区各省农村工业化的起步远远落后于东部

① 周述实：《重建西北经济的支撑点》，20页，兰州，兰州大学出版社，2001。

地区，发展速度也显著落后于全国和东部。

宁夏回族自治区 2000 年三大产业的比重为 1∶2.0∶1.8；甘肃省 2003 年三大产业的比重为 1∶2.6∶1.9；青海省 2003 年三大产业比重为 1∶4∶3.5；而 2003 年全国三大产业比重为 1∶3.6∶2.3。三省区三产的发展相比较而言，青海省的第二、三产业的发展速度最快，较全国的水平要高，但其总产值较小（2003 年仅为 390.21，位于全国倒数第二位），甘肃次之，宁夏最差，都低于全国的平均水平。2003 年，甘肃省的第一产业在全国所在的比重要高出第二产业 0.39 个百分点，高出第三产业 0.2 个百分点（见表 2－1）。可见，产业结构的不合理性仍很突出，第一产业比重太大，第二三产业发展不够。

表 2－1　2003 年甘肃国民经济主要指标占全国比重

指　标	全国（亿元）	甘肃（亿元）	甘肃省占全国的比重（%）
国内生产总值	117311	1304.60	1.11
第一产业	17092	236.61	1.38
第二产业	61274	607.62	0.99
第三产业	38944	460.37	1.18

数据来源：《甘肃年鉴 2004》，中国统计出版社，2004。

6. 贫困发生率高，贫困程度深

西部大开发战略的实施，推动了甘青宁地区的经济发展，也使这一地区的经济实力不断增强，人们生活水平不断提高。但总体上，这一地区还处在全国经济发展的后列。2006 年，甘青宁的国内生产总值在全国 31 个省市的排名分列倒数第五、三、二位。与同处西北民族地区的新疆相比，明显落后（见表2-2）。从而形成了西部大开发中的一种区域现象——“小西北”（甘青宁）区域经济发展严重滞后的问题。甘青宁地区贫困发生率高，分别为14%、12.6%和11.5%，大大高于全国4.6%的平均水平；[①] 贫困面大，三省仅国家级贫困县就有66个，甘肃省临夏回族自治州下辖的7县1市中除临夏市之外都是贫困县。农村的贫困面更大，以我国农村人均纯收入200元人民币为贫困线计算，宁夏回族自治区确定的98个贫困乡、597个贫困村，贫困人口139.8万人，占全区人口的24.1%。[②] 宁夏回族自治区人口的贫困类型以“生存型”为主，脱贫难度大，如遇自然灾害，返贫率很高。

表2-2 甘青宁2006年经济发展水平

	国内生产总值（亿元）	全国排名	地方财政收入（亿元）
甘　肃	2276.70	27	141.22
青　海	710.76	29	42.28
宁　夏	641.58	30	61.36
新　疆	3045.26	25	219.46
全　国	231053.14		18303.58

数据来源：《中国统计年鉴2007》，中国统计出版社，2007。

① 把多勋、平惠敏：《制度变迁与东西部农村发展比较研究》，36页，兰州，甘肃人民出版社，2002。

② 骆桂花：《甘青宁回族女性传统社会文化变迁研究》，42页，北京，民族出版社，2007。

二、西北少数民族地区乡村社会流动的影响因素

社会学认为，导致每一个社会个体或群体享有不同社会阶层地位，发生社会流动的原因，除了宏观结构——制度因素外，还有自身拥有的社会资源以及运作这些资源的能力和效果。虽然当前的社会流动大背景已经形成，但是能否产生社会流动，还要受制于制度政策等外部因素和农民自身素质等内在因素的影响。功能主义大师帕森斯在深入考察人们社会行动的各个要素时，将一个行动单元分解为以下要素：第一个要素是行动的目标，即行动者希望达到的预期状态。第二个要素是状态，即行动者置身其中、影响其实现目标的那些环境因素。状态要素又包括手段，指环境状态中行动者可以控制和利用的那些促成其实现目标的工具性要素；条件，指状态中行动者无法控制和改变的那些阻碍其实现目标的客观要素。第三个要素是规范取向。所谓规范指行动者在确立目标、选择手段、克服障碍时所遵循的社会标准。合乎规范的范围就叫做规范取向。[①] 作为一个社会成员，他要实现社会流动这一目标，环境因素的影响十分重要，这些因素中有其可以控制和利用的，也有其不可控制和改变的。有学者将这些影响人们社会流动和获得一定社会地位的相关因素称之为社会流动机制[②]，认为，制度性安排与代际传承作为先赋因素交织地影响着人们社会地位的获得；

① 转引自贾春增：《外国社会学史》（修订本），220页，北京，中国人民大学出版社，2000。

② 陆学艺：《当代中国社会流动》，180～181页，北京，社会科学文献出版社，2004。

教育资本与政治资本作为后致性因素支撑着人们的地位提升[①]。笔者认为，影响西北少数民族地区乡村社会流动的因素主要有制度因素、政策因素、经济因素、社会因素及自身的因素几方面。

（一）制度因素

制度作为社会群体的基本行为规范和管理准则，对微观和中观行为主体构成约束。社会流动也是这样，也必须遵守基本的行为规范和在一定的制度框架内运行，如果制度发生了变化，则决策和行为的动因与结果也会发生变化。从这个意义上讲，制度的影响是普遍的、根本的和深远的。

以户籍（口）制度为核心的城乡二元社会体制是影响我国，特别是西北少数民族地区乡村社会流动的重要因素。刘应杰在分析中国城乡二元社会结构模式形成时认为，户口管理制度提供了分离条件，统购统销制度提供了交换条件，人民公社制度提供了稳定条件，城市就业和社会保障提供了稳定条件，这四个条件缺一不可，共同构成了中国城乡二元社会结构的充分且必要的条件（见图2－1）。[②]

在中国，户籍是一份合法居留的证明文件，可以分为农业家庭户和非农业家庭户，它根据户主的就业性质把人口的居留地确定下来。在一定意义上讲，它有一种将人口固定下来，限制流动的作用。户口使得农民这一明显带有职业特征的名称成为一种身份象征。户籍制度及由此延伸发展来的粮油供应制度、就业制度和社会保障制度结合在一起，共同构成了中国二元户籍制度的全

① 陆学艺：《当代中国社会流动》，208～209页，北京，社会科学文献出版社，2004。

② 刘应杰：《中国城乡关系演变的历史分析》，载《当代中国史研究》，1996（2）。

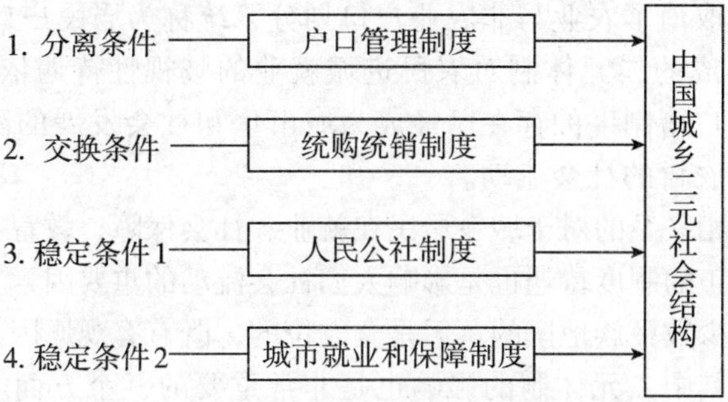

图2－1　中国城乡二元社会结构分析模型

部内容，造成中国社会“城乡分治，一国两策”的格局。这一制度的设计旨在阻止农村人口向城市的自然迁移。有学者一言以蔽之，指出，户籍制度自其诞生之日起，就对农业户口人群的职业流动存在着负面影响。拥有非农业户口的那些人，自其出生起就比出生于农村的那些人拥有更多升迁的机会；而出生于农村的社会成员，就被国家制度限制在农村。更为严重的是，户籍制度对社会成员的影响，并不是“终身而及”的，而是通过家庭关系，传递到下一代，不仅影响了人们的福利待遇，而且还严重影响着人们初职地位获得、教育资本积累、现职地位的提升。[①] 客观地说，户籍制度在当时社会物资匮乏、供应不足的情况下，对于减小城市供给压力起到了积极作用。而在社会主义市场经济体制初步完善之后就要求在城乡之间建立一种自由的市场流通机制，户籍制度越来越不适应经济的发展和社会的需要。最近几年，虽然某些地区的户籍制度有所松动，甚至取消了城市和农村户口的区别（目前已有河北、辽宁等12个省区市相继统一了城乡户口登

① 陆学艺：《当代中国社会流动》，208页，北京，社会科学文献出版社，2004。

记制度，取消了农业与非农业户口划分，统称为居民户口[①])，但是由此形成的二元体制对农民进城就业的歧视性待遇依然存在。现阶段，户籍制度的存在已经成为城市化和社会发展的障碍，严重阻碍了农村的社会流动。

与此相联系的对于城乡居民在就业、社会保障、教育、医疗等方面不公正的制度待遇也是影响人们社会流动的重要因素。

西北少数民族地区的落后是全方位的，既有客观原因，也有主观因素。其中二元体制的影响也是非常重要的一个方面。长期以来，观念陈旧落后，二元思维和管理刚性使得该地区城市化速度缓慢，城乡互动缺乏，社会流动阻碍重重，农村人口和城市人口的比例失调。青海省在2000—2005年，全省人口城镇化率上升近5个百分点，农村人口相应减少了近5个百分点。但是，2005年乡村人口比重仍然在60%以上，高于全国56.1%的平均水平（见表2-3）。

表2-3　2000—2005年青海省城乡人口发展变化情况

年份	年末总人口（万人）	城镇		乡村	
		人口数(万人)	比重(%)	人口数(万人)	比重(%)
2000	517	180	34.76	338	65.24
2001	523	190	36.32	333	63.68
2002	529	199	37.70	329	62.30
2003	534	204	38.18	330	61.82
2004	539	208	38.53	331	61.47
2005	543	213	39.25	330	60.75

数据来源：根据《中国统计年鉴》2000—2005年数据整理。

① 百灵网，www.beelink.com，2008-12-13。

甘肃省在2000—2005年，全省农村人口减少了6个百分点，2005年乡村人口比重高达69.98%，比全国平均水平高近14个百分点，比全国城镇化率最高的上海市高出58.68%（见表2-4）。宁夏回族自治区的情况稍好一些，2006年的农村人口比例为57%，但也比全国的平均水平高。

表2-4　2000—2005年甘肃省城乡人口发展变化情况

年份	年末总人口（万人）	城镇		乡村	
		人口数（万人）	比重（%）	人口数（万人）	比重（%）
2000	2556.89	613.91	24.01	1942.98	75.99
2001	2575.24	631.19	24.51	1944.05	75.49
2002	2592.58	673.03	25.96	1919.55	74.04
2003	2603.34	712.79	27.38	1890.55	72.62
2004	2618.78	749.23	28.61	1869.55	71.39
2005	2594.36	778.83	30.02	1815.53	69.98

数据来源：根据《中国统计年鉴》2000—2005年数据整理。

（二）政策因素

与制度的影响相比较，政策是党和政府在较短时期内制定的具体策略，其影响时间相对较短，变动性较大。当前，对西北少数民族地区乡村社会流动影响较大的政策主要有西部大开发战略、新农村建设政策以及党和国家对于劳动力转移制定的一系列政策措施。

西部大开发战略的实施。西部大开发战略是国家按照“两个大局”的发展思路，实施梯度发展战略的第三步战略计划，政策的设计旨在缩小东西部差距，用东部发展的优势来带动西部发展。1999 年 11 月，中央经济工作会议敲定对西部进行大开发的战略决策，内容包括关系西部地区开发全局的重点工程：加快基础设施建设；加强生态环境保护和建设；积极调整产业结构，加强农业基础，调整和优化农业结构，增加农民收入；合理开发和保护资源，促进资源优势转化为经济优势；加快工业调整、改组和改造步伐；大力发展旅游等第三产业；发展科技和教育，加快人才培养等。2000 年，西部大开发迈出实质性步伐，新开工了“十大工程”，即宁西铁路、渝怀铁路、西部公路建设、西部机场建设、重庆轻轨、涩北—西宁—兰州输气管线、青海 30 万吨钾肥工程、西部退耕还林还草工程、西部高校基础设施建设、四川紫坪铺水利枢纽等。这些工程的实施一方面极大地改善了西部地区的基础设施，另一方面也吸纳了很多西部农村劳动力就业，成为了社会流动的新渠道，许多农民在自己家门口实施的工程项目中从事非农产业，为自己的家庭收入增加了新的来源和补充，改善了经济收入状况。在广大的西部农村中，2000 年开始实施的开发战略之一就是退耕还林、还草工程，根据国家的安排，加大天然林保护工程的实施力度，同时采取“退耕还林（草）、封山绿化、以粮代赈、个体承包”的政策措施，由国家无偿向农民提供粮食和苗木，对陡坡耕地有计划、分步骤地退耕还林还草，使其在人工和自然的双重修复下，再造西部秀美山川，解决西部日益恶化的生态环境问题。根据相关政策的要求，对于退耕的农户给予相应的补偿，补偿标准为每亩地每年给予 200 斤的粮食补偿和 200 元的货币补偿。这一政策的实施，使许多农民的种植面积缩小，农业上的人力投入减少了，相对剩余的劳动力开始自然向外寻求就业，加速了该地区的乡村社会流动。

2005 年，党的十六届五中全会作出了加快社会主义新农村建设的决定，提出实施以“生产发展、生活宽裕、乡风文明、村容整洁、管理民主”为内容的新农村建设战略。建设社会主义新农村是我国现代化进程中的重大历史任务，是统筹城乡发展和以工促农、以城带乡的基本途径，是缩小城乡差距、扩大农村市场需求的根本出路，是解决“三农”问题、全面建设小康社会的重大战略举措。这一政策的实施对于西北少数民族地区加强农村基础设施建设、加快农村经济社会发展和农民增收带来新的机遇。这也进一步拓宽了乡村社会流动的渠道，营造了良好的社会流动环境。

国家对于劳动力转移的具体政策，直接影响了农村社会流动的合理有序进行。自党的十六大以来，党和国家的许多重要会议都对农民的社会流动问题进行了专门研究，制定了较为切实有效的政策和措施，逐步形成了促进农村社会流动的基本思路，即按照“公平对待，合理引导，加强管理，完善服务”的方针，以及“户口管理为基础，治安管理为重点，劳动管理为辅助，其他管理为配套”的原则，在各级党委统一领导下，实行“政府牵头，公安为主，各方参与，统一管理”的模式，由被动控制型管理向主动服务型管理转变，重心下移，重点在基层，管理权限下放到乡镇、街道，从而形成“上面有人抓、中间有人管、下边有人干”的多元化管理的组织体系，有效地保障了农村社会流动的合理有序进行。西北少数民族地区也因地制宜地制定了相应的政策和实施办法。如，甘肃省在2008年下发了《关于启动六大行动、促进农民增收的实施意见》，“六大行动”包括特色优势产业提升行动、草食畜牧业发展行动、农村二三产业推进行动、农村人力资源开发行动、扶贫开发水平提高行动、强农惠农保障行动。其中农村二三产业推进行动、农村人力资源开发行动对于乡村社会流动将起到直接的推动作用。临夏州也专门制定了《关于加强农村劳动力转移培训工作安排的意见》，并由相关部门牵头签订劳动与社会保障目标责任书，具体落实劳务工作，临夏县还出台了《赴闽劳务输出工作意见》，合政县出台了《关于开展劳务培训技术转移工作实施方案》

等。这些具体的政策将有力地促进民族地区劳务经济的快速、健康发展，也有利于农村有序的社会流动。

(三) 经济因素

原劳动部的一项调查，农民工外出打工的原因中，“务农挣钱太少”、“挣钱补贴家用”、“挣钱盖房成亲”、“挣钱还债”这四项与经济收入直接相关的选项所占比重之和达到了61.8%，[①] 远高于其他类型的选项。可见，经济利益是造成乡村社会流动的首要因素。而各种经济因素的影响性质可以从农村和城市两个角度来讨论。

一是落后的农村经济推动农民外出，成为乡村社会流动的主要推力。在西北少数民族地区，农业生产效益低下，农民单靠种地收入微薄，农产品成本增加和农民负担加重影响了农民收入，农村非农产业发展不足，大批农村劳动力无法实现就地转移，国家对农业的投入不足弱化了农业生产对劳动力的消化吸收能力等经济因素促使农民外出流动。虽然一直以来，我国各级政府对农村投入了大量人力、物力和财力进行农业基本建设，取得了显著成绩。但从20世纪80年代开始，国家财政用于农业的支出占财政支出总额之比不断下降也是不争的事实：1980—1989年为9.9%，1989—1993年为9.9%，1994—1999年为9.1%，1999—2003年为7.6%。国家对农业投入长期不足，导致农业基础设施陈旧，农业科技力量薄弱，也降低了农业对劳动力的吸纳能力。[②] 据笔者2008年对甘青两省外出劳动力的调查显示，72.4%的被访者认为，农村收入水平太低、没

① 原劳动部农村劳动力就业与流动研究课题组：《中国农村劳动力就业与流动研究报告》，167页，北京，中国劳动出版社，1999。

② 张晶晶：《农民工流动的影响因素研究》（硕士学位论文），8页，南京师范大学，2007。

有挣钱的机会是促使其外出的主要因素，也有38.2%的被访者认为，农村缺乏更好发展机会是其外出的动因（见表2－5、2－6）。

表2－5　农村收入水平太低，没有挣钱机会是否为影响农民外出务工的因素

	频　数	百分比	有效百分比	累计百分比
是	685	72.4	72.4	72.4
否	256	27.1	27.1	99.5
缺　失	5	0.5	0.5	100.0
总　计	946	100.0	100.0	

数据来源：根据笔者2008年甘青问卷调查数据整理。

表2－6　农村缺乏更好的发展机会是否为影响农民外出务工的因素

	频　数	百分比	有效百分比	累计百分比
是	361	38.2	38.2	38.2
否	580	61.3	61.3	99.5
缺　失	5	0.5	0.5	100.0
总　计	946	100.0	100.0	

数据来源：根据笔者2008年甘青问卷调查数据整理。

二是发达地区和城市经济高收入水平吸引农民流入，成为乡村社会流动的重要拉力。发达地区和城市收入水平高、劳动力的需求大，就业可能性高是吸引农民向城市流动最重要的原因。美国著名的发展经济学家托达罗认为，农村劳动力向城市迁移主要是受到城乡预期收入的影响。2006年，我国城镇居民家庭人均可支配收入为11759.5元，农村居民家庭人均可支配收入为3587.0元，城市是农村的3.28倍。2006年，甘青宁三省的农村居民家庭人均纯收入分别为

2134.05元、2358.37元、2760.14元，比全国平均水平的3587.04元分别低1452.99元、1228.67元、826.9元，在全国的排名分别为倒数二、五、八名。据笔者2008年对甘青两省外出劳动力的调查显示，63.1%的被访者认为，城市收入高、生活好是其外出的主要动因。

（四）社会因素

农民工进城务工的社会保障机制不健全，维权机构缺失，中国城乡户籍制度的不统一，使得外出务工人员的职业转换并没有带来相应身份的转换。不管他们从事何种职业，身份依然是农民，是城市中的暂住人口，遭遇着各种不公正待遇，无法享受城镇居民的各种福利，生存于城市的边缘，是城市中的弱势群体。农民工为城市的发展做出了杰出的贡献，可仅仅因为他们的身份是农民，就被排除在社会保障范围之外。一旦他们遭遇到失业，便不得不重新回归农村，依靠家庭提供生存保障。社会保障的缺位，使得务工人员生存面临着极大的危机，在相当大的程度上影响了农村劳动力的转移。

（五）自身的因素

现代社会培育劳动力的有效途径主要是两条：学校教育和职业技能教育。由于国家对农村和城市教育经费投入百分比的不同，中国的乡村教育水平与城镇的教育水平相比还存在相当大的差距。因此，要想获得农村经济的长足发展，必须加大地方财政投入。但是随着中央财政调拨力度的加大以及农业税的取消，地方财政面临困难，无力加大对乡村教育的投入，所以农村的教育经费主要由农民自己来承担。这无形中加大了农民的负担，造成农村义务教育的“不义务”。由于教育负担重，一些边远贫困地区的农家子弟因无力缴纳学费而辍学，文化素质相对于城市来讲处于一个较低的水平线上。从职业技能教育来说，由于农村缺少专门的职业教育机构，使得外出的农村务工人员缺少专门的职业技能，因此，外出务工人员在和城镇居民竞争同样就业岗位的时候就处于一种极为不利的境地，无法进入高层次职业，而只能从事一些体力消耗大、环境差及待遇低的行业。近年来随着外出务工人员的增多，年轻化的倾向越来越明显，也就是说，家庭负担最重的中年务工人员，由于其文化和技能水平偏低，面临着更大的失业风险。面对上述状况，政府应该加大对农村教育的投入，大力发展农村职业技能教育，提高流动劳动力的技能水平，增强其就业竞争力。

三、西北少数民族地区乡村社会流动的主要特征

对于我国现阶段农村社会流动的特点，有研究从社会层面和个体层面相结合的角度提出了比较准确的概括。[①] 首先，职业流动与身份转化不同步。表现在目前不少农民通过就地或异地流动，所从事的主要生产活动已不再是农业生产，其经济来源也不再依靠农业生产活动，即实现了职业的流动和转变，但他们的身份依然是农民。“农民工”的称谓就反映了这种不同步性。其次，绝大部分农民的社会流动具有暂时性与不彻底性。表现在不少农民虽然其主要职业和经济来源已不是农业，但始终不能完全脱离土地，农业生产成了他们的第二职业，并以此作为承担流动过程中万一出现市场风险的保障。如 2008 年下半年，因受全球金融危机的影响，许多农民在流入地生产规模缩减、就业无保证的情况下，纷纷回乡，继续从事农业生产。这种不彻底性既是一种无奈的选择，也是农民应对

① 李守进：《农村社会学》，123～125 页，北京，高等教育出版社，2000。

与城市、流入地不平等博弈的权宜之计。再次，流动过程中亲缘、地缘等关系发挥着重要作用。现阶段我国劳动力市场发育不完全，特别是在农民流出地因经济落后、信息不畅、信息来源欠缺的情况下，传统社会中的“差序格局”依然影响着人们的流动行为，亲缘、地缘关系就成了劳动力供给方（农民）和劳动力需求方（用工者）最初联系的纽带。最后，不少农民流动的目的性与流动趋向的盲目性并存。尽管农民对流动的目的地和流动单位不能确定，但是他们的流动目的是非常明确的，就是要通过流动，获得比原来更好的经济收入。

西北少数民族地区的乡村社会流动同样具有上述共性，但是与其微观的流动背景和特殊的影响因素相联系，西北少数民族地区的乡村社会流动也呈现了其个性的一面，主要有以下一些特点。

1. 流动的经济取向性突出

马克斯·韦伯认为，一个行为，只要当它根据其所认为的意向，以设法满足对有用效益的欲望为取向时，就应该叫做“以经济为取向”。① 西北少数民族地区农村社会流动的经济取向渗透到社会流动产生的动因（动力和原因）、流动目标的确立及实现路径的各个方面。在流动的动因中，经济利益驱动是第一位的原因，事实上，目前大量在城市里谋生的青年农民，主要目的是赚取比农村更高的工资，还谈不上享受城市文明。在笔者2008年对甘青宁少数民族地区所做的问卷调查中，“您认为下列哪些是影响您外出的因素?”问题的设计旨在了解该地区社会成员产生社会流动的动因及流动的目标，答案涉及“农村收入水平太低，没有挣钱机会”、“农村缺乏更好发展的机会”、“外面见世面”、“城市收入高”、

① ［德］马克斯·韦伯著，林荣远译:《经济与社会（上）》，85页，北京，商务印书馆，1997。

"农村太穷，生活太苦"、"别人都出来的，受别人影响"、"家乡封闭保守，思想不解放"、"农村税费过重"、"城市生活条件好"、"家乡学习条件差、受教育机会少"、"村干部作风恶劣"、"当地人际关系复杂、难处"、"想外出多生孩子"、"呆在家里没事干"和"不愿意干农业"等15个方面。其中"农村收入水平太低，没有挣钱机会"和"城市收入高"直接反映了流动的经济取向，结果显示，这两个因素分别排在第一和第三位。

2. 流动使社会成员的经济地位优先改善

从流动的后果来看，最直接反映出发生社会流动的社会成员其社会经济地位得到了优先改善，家庭收入水平提高了，对于西北少数民族地区地方财政收入的贡献力增强。统计表明，近几年，临夏回族自治州每年输转劳动力30万人（次）以上。2007年，全州共输转劳动力55.25万人（次），同比增长14.6%，劳务收入达15.59亿元，同比增长57%，劳务收入占农民人均纯收入三分之一以上。2007年，东乡县农民人均纯收入1058元，从劳务产业中人均收入268.7元，占25.4%。2008年4月，输转劳动力24.5万人，劳务收入达2.67亿元。2004年，宁夏全区劳务输出51.7万人，劳务收入达25.5亿元。[①]

3. 人口流向变动不大

就流动的地域去向和分布来看，向东部地区流动的比例不断提高，但区域内的"县外省内"仍是流动的主要地域分布类型。

如表2－7所示，甘肃省农村劳动力转移地域去向主要还是转向西部地区，而向东部地区转移的比例也呈增长态势，2003—2006年，甘肃省转移到东部地区的劳动力比例提高了14.1个百分点。

① 王锋：《宁夏城市化进程中的流动人口对社会经济发展的影响及其对策研究》，载《西北人口》，2006（3）。

表2-7　甘肃省农村劳动力转移地域构成情况统计表

单位:%

地域去向	2003年	2004年	2005年	2006年
流向东部地区	17.86	17.18	24.57	31.96
流向中部地区	3.57	3.24	5.67	4.83
流向西部地区（包括省内转移）	78.57	79.58	69.61	62.93
合　计	100.00	100.00	100.00	100.00

资料来源：根据《甘肃年鉴》2003—2006年数据整理。

表2-8　被调查者流向分布表

	频　数	百分比（%）	有效百分比（%）	累计百分比（%）
乡　内	84	8.9	8.9	8.9
乡外县内	175	18.5	18.5	27.4
县外省内	463	48.9	48.9	76.3
省　外	214	22.6	22.6	98.9
缺　失	10	1.1	1.1	100.0
合　计	946	100.0	100.0	

数据来源：根据笔者2008年甘青问卷调查数据整理。

表2-8是笔者2008年在甘青宁三省区所作的调查问卷统计的结果之一，表中的数据显示，在所调查的样本中，48.9%的样本的流动类型为“县外省内”，居第一位，其次是向省外流动，所占比例达22.6%。有学者按流动人口的迁移距离划分，将人口流动分

近邻流动、中程流动和远程流动。[1] 近邻流动是指人口在县内或市内各乡、镇、区之间的流动，中程流动是指人口在省内跨县、跨市的流动，远程流动是指人口的省际流动。按此种分类，西北少数民族地区社会流动的流向类型主要以近邻流动和中程流动为主，远程流动的比例逐步提升。王锋对宁夏劳动力流向的研究也印证了这一特点。[2] 宁夏劳务输出人员流向以省内为主。2004 年，全区劳务输出人员在省内务工的为 41.4 万人，占劳务输出人员总量的 80.1%。其中，在乡内的 5.7 万人，占 11.1%；在乡外县内的 16.9 万人，占 32.7%；在县外省内的 18.8 万人，占 36.3%。在外省务工的为 10.3 万人，占 19.9%。其中，在东部的 2.4 万人，占输出省外人员总量的 22.9%；中部的为 0.2 万人，占 2.3%；西部的为 7.7 万人，占 74.8%。输出省外人员遍布全国内地各省、市、自治区，相对比较集中的依次为新疆、内蒙古、甘肃、陕西、北京、广东、福建、上海等地。还有少量劳务人员在国外务工经商。

4. 流动的劳动力所从事的职业多为知识、技术含量较低的“3D”（Dirty，Difficult and Dangerous，即脏、累、险）行业

概括起来说，我国乡村劳动力转移主要有以下几种方式：一是就地向农村二三产业转移，主要是向乡镇企业、民营企业转移；二是进城打工就业；三是向城镇迁移，成为市民。[3] 就职业去向而言，20 世纪 80 年代，我国乡村劳动力在产业间转移的主要方式是离土不离乡，以到乡镇企业从事非农职业为主，进城打工的村民以

---

① 叶裕民、黄壬侠：《中国流动人口特征与城市化政策研究》，载《中国人民大学学报》，2004（2）。

② 王锋：《宁夏城市化进程中的流动人口对社会经济发展的影响及其对策研究》，载《西北人口》，2006（3）。

③ 张神根：《建国以来党的农村劳动力转移政策演变及其特点》，载《中国井冈山干部学院学报》，2006，2（1）。

建筑业、当保姆为主。而90年代，由乡村向城市、由内地向沿海的地区间劳动力转移加快了速度，村民外出所从事的工作已经涉及城市二、三产业的上百种行业。就甘肃省农村劳动力转移行业去向来看，主要是第三产业，2003—2006年各年的比例分别为71.55%、66.58%、53.45%和50.87%。向第二产业转移的比例呈现逐年增长趋势，2003—2006年各年比例分别为28.45%、33.42%、45.39%和47.38%（见表2-9）。

王锋的研究也表明，宁夏劳动力外出多从事二、三产业。[①] 2004年，宁夏劳务输出人员中从事第一产业的有3.1万人，占5.9%；从事第二产业的有26.7万人，占51.7%，其中从事建筑业的占第二产业从业人数的62.8%，制造业占24.7%，采掘业占10.9%；从事第三产业的有21.9万人，占42.4%，其中从事交通运输、仓储及邮电通信业的占第三产业从业人数的24.8%、从事住宿和餐饮业的占23.1%、从事批发零售贸易业的占21.2%、从事居民服务和其他服务业的占18.8%。劳务输出人员近95%从事二、三产业。

因受教育水平不高等因素影响，西北少数民族地区外出务工人员从事的多为科技含量低、报酬水平不高的工作，有学者调查后将其概括为三种类型：抡大锤、开面馆子和收购旧家具等。[②] 也有学者称其就业的是“3D”行业，即脏（Dirty）、累（Difficult）、险（Danger）。笔者的调查也证实了西北少数民族地区外出务工人员的工作状况，开饭馆、保安、建筑工人、保姆、酒店服务人员及帮人干农活的比例占到51.9%，见表2-10。当然，他们外出务工的收入水平也普遍不高，59.6%的被调查者月均收入不足400元（见表2-11）。

① 王锋：《宁夏城市化进程中的流动人口对社会经济发展的影响及其对策研究》，载《西北人口》，2006（3）。

② 马天龙：《东乡族农村劳动力转移特点及其思考》，载《西北民族大学学报》，2004（1）。

表 2－9　甘肃省农村劳动力转移行业构成情况统计表

单位:%

行业构成	2003 年	2004 年	2005 年	2006 年
转移到第二产业就业的劳动力	28.45	33.42	45.39	47.38
采矿业	1.41	6.06	5.31	4.76
制造业	19.15	58.33	33.49	31.17
电力煤气及水的生产供应业	1.97	1.51	1.85	1.95
建筑业	5.92	34.09	59.35	62.12
转移到第三产业就业的劳动力	71.55	66.58	53.45	50.87
交通运输、仓储及邮电通讯业	7.89	13.69	13.73	12.90
批发和零售贸易业	10.70	17.87	13.73	11.09
住宿和餐饮业	8.45	5.32	19.61	20.16
居民服务和其他服务业	6.76	14.45	18.43	21.17
教　育	14.93	16.35	9.21	10.89
卫生、社会保障和社会福利业	5.07	5.70	4.12	4.03
文化、体育和娱乐业	1.13	2.66	2.94	1.21
其　他	16.62	23.95	18.23	18.55
合　计	100.00	100.00	100.00	100.00

数据来源：根据《甘肃年鉴》2003—2006 年数据整理。。

表 2－10　被调查者目前所从事工作情况统计表

	频　数	百分比（%）	有效百分比（%）	累计百分比（%）
开饭馆	88	9.3	9.3	9.3
当保安	21	2.2	2.2	11.5

续表

	频　数	百分比（%）	有效百分比（%）	累计百分比（%）
建筑工人	202	21.4	21.4	32.9
当保姆	29	3.1	3.1	35.9
跑生意经商	132	14.0	14.0	49.9
工厂当工人	80	8.5	8.5	58.4
酒店当服务员	107	11.3	11.3	69.7
帮人干农活	44	4.7	4.7	74.3
其　他	159	16.8	16.8	91.1
缺　失	84	8.9	8.9	100.0
总　计	946	100.0	100.0	

数据来源：根据笔者2008年甘青问卷调查数据整理。

表2-11　被调查者外出务工年收入情况统计表

	频　数（%）	百分比（%）	有效百分比（%）	累计百分比（%）
2000元以下	257	27.2	27.2	27.2
2000~5000元	307	32.5	32.5	59.6
5000~8000元	198	20.9	20.9	80.5
8000~11000元	92	9.7	9.7	90.3
11000元以上	79	8.4	8.4	98.6
缺　失	13	1.4	1.4	100.0
总　计	946	100.0	100.0	

数据来源：根据笔者2008年甘青问卷调查数据整理。

这种低端的劳动的循环，不仅不利于流入地的工业化和现代化，对流出地的发展也产生负面影响。在笔者 2008 年对甘青宁所做的田野调查中，经常会听到这样的声音：“不上学了呆在家里别人笑话，到外面即便挣不上钱了，也可以见见世面”；“我就是因为不想干农活才出去，干农活别人瞧不起”；“儿子书念不进去了，就跟个人去打工”。笔者认为，并非外出务工经商的都是农业剩余劳动力，只是在这些少数民族地区已形成了一种“外出文化”，加之对非农业的“围城”效应和盲目从众，使得近年来甘青宁少数民族地区社会流动量大。

5. 社会流动的规模日益扩大化

我国真正的“民工潮”兴起于 1989 年，1992—1993 年，我国劳动力转移规模分别达到 1800 万和 3600 万人，到 20 世纪 90 年代中后期，每年约有 8000 万~1.2 亿的流动人口在城乡间流动。[①] 据国家统计局第二次全国农业普查的数据显示，2006 年，农村外出从业劳动力 13181 万人，占到农村劳动力资源总量（53100 万人）的 24.82%强。其中，西部地区外出从业劳动力 4035 万人，占到西部地区农村劳动力资源总量（15142 万人）的 26.65%，比全国平均水平高出 1.83 个百分点。据宁夏回族自治区统计局抽样调查结果显示：2004 年宁夏全区劳务输出 51.7 万人，其中输出时间在 6 个月以上的 34.3 万人。[②] 从全区 5 个市劳务输出数量看，有 3 个市超过 10 万人，其中最多的固原市为 16.3 万人，最少的是石嘴山市，为 5.3 万人。从全区各市县看，有 5 个县劳务输出超过 3 万人，其中最多的西吉县为 5.2 万人（见表2-12）。

---

① 李全喜、赵玲：《社会转型以来农民流动的特点与趋势》，载《北华大学学报》（社会科学版），2008，9（1）。

② 王治刚：《2004 年宁夏回族自治区人口统计资料》，12 页，宁夏公安厅，2004。

表 2-12 2004 年宁夏回族自治区劳务输出人数及收入状况①

地　区	劳务输出人数（万人）	劳务总收入（亿元）
全　区	51.7	25.5
川　区	27.4	16.0
山　区	24.3	9.5
银川市	11.7	6.3
石嘴山市	5.2	4.1
吴忠市	9.9	5.0
固原市	16.2	5.5
中卫市	8.7	4.6

笔者调查的甘肃省临夏州近年的劳动力外出流动与全国的趋势一样，也呈现了明显的增长之势，2003—2006 年累计输转劳动力 153.42 万人次，年均增长 10.2%。②

6. 社会流动机制的自主化

所谓社会流动机制，指的是决定人们在其社会中获得一定地位和现实社会流动的主要背景、条件、动力和路径的某种组合作用。③ 当前，先赋性因素在人们社会流动中的作用日趋弱化，后致性因素的作用日益明显。也就是说，个人获得其社会地位和实现社会流动的机会，更多地取决于个人的能力和努力。对于西北少数民族地区的村民来说，家庭背景、人力资本投资、工作资历的积累、

① 王治刚：《2004 年宁夏回族自治区人口统计资料》，宁夏公安厅，2004。

② 临夏州劳务工作办公室提供的数据。

③ 陆学艺：《当代中国社会流动》，24 页，北京，社会科学文献出版社，2004。

受雇于好单位等因素——现在制度安排所设置的常规社会流动路径并不是重要的，更重要的可能是社会网络、机遇、冒险、大胆、钻制度空子等非常规因素。过去人们习惯于国家安排，现在则主要通过市场自主择业，现在就业“不找市长找市场”。

7. 社会流动的动因日趋理性化

过多的农业劳动力剩余、较高的非农业预期收入、过多的耕地、过低的农业纯收入等四大因素，构成了（笔者注：西北少数民族社区）农业劳动者流往城镇（或乡村）非农业的合力。[①] 乡村社会流动已经历当初的“盲流”阶段，外出多了许多理性思考和谨慎对待的成分。在甘肃省临夏回族自治州发放的600份问卷调查显示，外出务工的首要原因是农村太穷，占51.2%，外出挣钱成了第一位目的；其次是见世面、学技术，所占比例分别为22.3%和21.3%；当然也有一些村民，特别是年轻人，不愿意干农活，闲着也是闲着，想到外面转转。

8. 社会流动后果的复杂化

大规模的社会流动，给流入地和流出地的经济社会发展带来了复杂的社会影响。一方面是改善了村民的经济收入和生活水平，实现了劳动力资源的优化配置等，另一方面也由此产生了流入地的社会治安和稳定、流出地的社会发展、村庄整合等问题，这将在随后的分析中详细论述。

① 周林刚：《家庭对农业劳动力流动作用的多因素分析——对甘肃省东乡族苜叶里社区的调查》，载《西北民族研究》，2003（3）。

第三章　西北少数民族地区乡村社会流动的经济后果

持续不断的社会流动，既是西北少数民族地区城乡改革、产业经济结构调整的结果，也是城乡改革纵深化、产业经济结构调整不断优化的动力。同时，乡村社会流动也是农民增收的新渠道和主渠道。西北少数民族地区乡村社会流动的经济动力在于收入差距，包括城乡之间的收入差距、农业和非农业之间的收入差距以及不同地区之间的收入差距等。大多数流动的村民最初的目标是实现经济地位的改变，即实现上升流动，由温饱型的生活转化为小康型的生活。

乡村社会成员社会流动产生的影响与作用就其地域范围而言，有流出地和流入地之分。乡村社会流动对于流入地和流出地产生了双重影响，即正向后果和负向后果，而且这种影响往往是相伴而生的，带有鲜明的互生性。对此，我们应该辩证地加以分析。

一、乡村社会流动流出地的经济生产特点及影响因素

乡村社会流动发生的流出地主要是农村地区和欠发达地区。农村是相对于城市而言的地区，社会学在研究社区时，将其作为社区重要的一种类型。相比较城市社区而言，农村社区主要有以下特

征：以从事农业的居民为主形成聚居区，具有广阔的地域、人口密度低，对自然环境的依存性更强，血缘关系浓厚、人际关系较密切，社会组织、社会制度比较简单，社区文化多具有地方特色，生活节奏缓慢，而其中以农业生产为主业是农村社区最主要的特征。农业生产，无论是传统式的或现代型的，都存在着不同于工业生产的重要特点，表现为：生产的极大分散性，生产过程的极度随机性，用工的不确定性，生产成效的难预料性或不稳定性以及农业生产要求因地制宜地进行主动、灵活的决策等。① 正因为如此，我国在新中国成立之后很长一段时间，极力限制农业劳动力向并不发展的工业流动，形成了延续至今的城乡二元体制。但是，农业人口并未对此制度在短时间内产生流动冲击，这当然与国家严格的制度控制有关，也与农业经济的这种“弹性”生产密切联系。农业生产的从业人员可多可少，生产成效的表现与生产过程并不完全同步，生产投入与产出比例不能与工业生产同日而语。直到改革开放，实行了家庭联产承包责任制以后，农业的生产效率才普遍受到重视，大大提高，进而释放出了大规模的剩余劳动力。

就西北少数民族地区来看，当前有两个重要的经济因素影响着乡村的社会流动。一方面，农牧业生产普遍实行了家庭联产承包责任制，包产到户。家庭联产承包责任制是对农业生产合作化制度的扬弃，适应了新的生产力发展要求，极大地调动了农业生产者的积极性，这已成为不争的事实。袁亚愚认为，其中的缘由主要是发挥了“户”的作用，释放了我国广大农村家庭的生产经营功能。② 西北少数民族地区在1980年前后分别完成了联产承包，分田到户，将生产经营的决策权落实到了家庭。这一制度性变迁，有助于农业

---

① 袁亚愚：《新修乡村社会学》，159～162页，成都，四川大学出版社，1998。

② 同①。

生产效益的提高，也催生了农业大批剩余劳动力，客观上促进了农村社会流动率的增长。另一方面，农业生产与非农业生产的比重发生了变化，相互补充。一直以来，农村的主要产业是农业。但是到了今天，这种观念和安排正在悄然发生着变化。在西北少数民族地区，经商和草根工业逐渐成为农村社会成员社会流动的重要影响变量，特别是许多少数民族，本来就有着经商和手工业生产的传统。如回族，经商的传统是与回族文化“重商”的意识相联系的。[①] 在20世纪六七十年代，全国打击小商小贩是一项政治任务——割资本主义的“尾巴”。改革开放后，随着政策的放宽，社会上刚刚透出一丝“商”的气息时，回族人的嗅觉似乎是最敏感的，他们最先长出了割不断的“尾巴”——做起了买卖。[②] 利用他们的传统优势，许多回民奔走于城乡之间、不同区域之间，对于社会发展而言，起到了沟通城乡经济、加快贸易流通的桥梁作用。尤其是在现代市场经济条件下，这种作用超过了历史上任何时候，对于活跃西北地区的市场经济，特别是两大经济带——青藏高原与黄土高原地区的市场经济，回族人发挥了开发、带动的主导作用。[③] 后来费孝通在考察这种现象之后，总结提出了所谓的“临夏模式”。对于这部分农村社会成员而言，他们在不放弃农业生产的同时，人尽其才，扬其所长，在提高经济收入的同时，也使他们的社会地位不断攀升。这些兼业者也就成了乡村社会流动的第一批成员，他们在成功地改变自己的同时，也对周围的农民形成强大的带动和示范效应，扩大了乡村社会流动的规模，也提高了流动率。

---

① 杨文炯：《互动 调试与重构——西北城市回族社区及其文化变迁研究》，581页，北京，民族出版社，2007。

② 同①。

③ 同①，584页。

草根工业是在我国二元体制阻隔之下，因农业生产效率的提高而产生的乡村剩余劳动力向城市转移受阻之时，在乡村成长起来的乡镇企业，它对于乡村工业化贡献力一度为国人瞩目，对它的研究纷至沓来。我国从20世纪80年代开始在农村发展乡镇企业，即拉开了农村工业化的序幕，开始了农业剩余劳动力向非农产业的转移。这是我国农民的一大创造，对我国经济发展具有深远意义，也有力地促进了我国农村工业化和城镇化进程。乡镇企业的发展极大地改变了我国长期存在的二元经济结构，打破了农村、农业、农民三位一体几千年传统的自然经济格局。截至1998年，我国乡镇工业企业完成增加值已达15037亿元，占全国工业增加值的47.3%，初步走出了一条符合国情的实现农村工业化的道路。乡镇企业的发展为农村创造了财富，赢得了积累，为农村城镇基础设施建设和各项事业的繁荣提供了强有力的物质保证。在乡镇企业发展的带动下，一大批小城镇迅速崛起，1997年，我国仅建制镇就发展到18402个，是1978年的5.5倍。更值得称道的是，乡镇企业的发展还吸纳了大量农村剩余劳动力就业，进一步拓宽了乡村社会流动的渠道。1998年，乡镇企业从业人员13501万人，占农村劳动力总数的28.4%，而1978年，乡镇企业从业人员仅为2878万人，占农村劳动力总数的9.9%。改革开放以来，乡镇企业已经解决了1亿多农村剩余劳动力的就业问题①。对于西北少数民族地区来说，农村草根工业的发展，一方面在当地解决了大批剩余劳动力非农就业，另一方面还使许多剩余劳动力异地转移，在东南沿海经济发达地区的乡镇企业非农就业。在全国乡镇企业快速发展和成长的大背景下，甘肃乡镇企业也经历了较快的增长，有研究表明，甘肃的乡镇企业数由1985年的12263个增加到1997年的201000个，总产值由

① 李菊英、张天新：《农民增收与乡镇企业发展》，载《农村经济》，2004（10）。

12.45 亿元增加到 1997 年的 840.74 亿元，乡镇企业从业人员由 1985 年的 41.95 万人增加到 1997 年的 225.85 万人，乡镇企业从业人员占二、三产业就业比重在 1997 年达到 38.63%。[①]

二、乡村社会流动对流出地产生的经济后果

就乡村社会流动对流出地产生影响的研究来看，一直有两种针锋相对的观点[②]。一种是所谓的“现代化理论”，强调乡村流动的积极意义，认为乡村社会成员的流出是城市化、现代化的一个重要环节，可以带动农村地区的发展，可以使外部的资金、技术、新观念传到农村，可以创造新的就业机会。另一种是所谓的“依附理论”（Dependency Theory），认为作为核心地带的大都市的发展，是建立在农村地区的不发展基础之上的，换言之，都市地区的发展是以对作为边缘地带的农村地区的剥夺为前提的。根据依附理论的观点，目前发达地区剥夺了不发达地区的剩余价值或经济剩余，它涉及的不仅仅是国与国之间的关系，也探讨了在一国之内不同区域发展的关系、发达地区和落后地区的关系。李强在研究中国外出农民工及其汇款行为时认为，上述两种观点在经济学理论上表现为均衡论和非均衡论之争。[③] 所谓“均衡论”认为，在市场经济条件下，一个国家的生产要素与商品是可以在各地区之间自由流动的，这种自由流动的结果是：该国家各地区的

① 韩剑萍、李秀萍：《甘肃乡镇企业发展的现状、问题分析与对策选择》，载《甘肃省经济管理干部学院学报》，2007，20（1）。

② 李强：《农民工与中国社会分层》，180～181 页，北京，社会科学文献出版社，2004。

③ 同②。

工资水平和利润率是会逐渐趋于平衡和均等的，这种演变的结果会促使各地区的经济发展十分均衡地上升。也就是说，否认在市场条件下城乡发展的不平衡性。所谓非均衡论则认为，市场的发展、农村劳动力的流动，最终带来的是"不均衡"。资本和劳动力从农村流入城市是"极化效应"，从城市流往农村是"涓流效应"。美国经济学家赫什曼认为，受到提高收益力量的驱动，劳动力与资本总是从边缘地区（农村）迅速地流入核心地区（城市），结果是强化了极化效应，进一步促进了核心区的发展。所以，非均衡论认为，在市场经济的作用下，极化效应总是处于支配地位。

笔者认为，对于社会流动对流出地产生的后果不能一言概之，而应作比较仔细的分析才符合客观事实，对此，我们的策略将是从正向和负向两个角度加以分析。

（一）正向后果

1. 对农村经济社会发展的正向后果

乡村社会流动的持续发生，特别是劳动力的流出，对于农村经济社会的发展起到了很大的推动作用，主要表现5个方面。

（1）推进了农村工业化和城镇化进程。工业化通常被定义为工业（特别是其中的制造业）或第二产业产值（或收入）在国民生产总值（或国民收入）中比重不断上升的过程，以及工业就业人数在总就业人数中比重不断上升的过程。工业发展是工业化的显著特征之一，但工业化并不能狭隘地仅仅理解为工业发展。因为工业化是现代化的核心内容，是传统农业社会向现代工业社会转变的过程。在这一过程中，工业发展绝不是孤立进行的，而总是与农业现代化和服务业发展相辅相成的，总是以贸易的发展、市场范围的扩大和产权交易制度的完善等为依托的。在工业化进程中，主要表现为工业生产量的快速增长、新兴部门大量出现、高新技术广泛应用、劳动生产率大幅提高、城镇化水平和国民消费层次全面提升。国际上衡量工业化程度，主要经济指标有四项：一是人均生产总值，人均 GDP 达到 1000 美元为初期阶段，人均 3000 美元为中期，人均 5000 美元为后期；二是工业化率，即工业增加值占全部生产总值的比重，工业化率达到 20% ~40% 为正在工业化初期，40% ~60% 为半工业化国家，60% 以上为工业化国家；三是三次产业结构和就业结构，一般工业化初期，三次产业结构为 12.7∶37.8∶49.5，就业结构为 15.9∶36.8∶47.3；四是城市化率，即为城镇常住人口占总人口的比重，一般工业化初期为 37% 以上，工业化国家则达到 65% 以上。

新中国的工业化进程始于 1953 年开始执行的国民经济发展第一个五年计划，中国并没有沿用其他国家一般采用的轻纺工业起步的工业化道路，而是采取了重化工业起步的超常规道路，实行“优先发展重工业”的战略。“赶超”的强烈意识是采取重化工业战略的基本动因，而苏联的发展模式又似乎提供了一个可供学习、借鉴的“榜样”。为了尽快实现“赶超”目标，采取了比苏联更加强化的强制性积累，试图在远比苏联落后的基础上跨越轻纺工业阶段而建立重化工业体系。在经济制度上，建立了高度集中的计划管理体制，创建了大量的国有企业，以保证能够通过高积累的方式集中大量建设资金，进行大规模的重化工业投资和建设。工业高度集中的计划管理体制迅速延伸到整个经济系统，从而形成了在中国运行了 30 多年的计划经济体制。就此意义上说，计划经济体制与重化工业起步的工业化战略存在着逻辑上的联系。尽管现在评价这一工业化思路的得失不能脱离时代背景，但是其缺陷和失误是明显的。自 20 世纪 70 年代末开始，我国的工业化思路进行了新的调整，特别引人瞩目的就是开始探寻农村工业化之路。

农村工业化的问题最早是在20世纪30年代为解决农村剩余劳动力转移问题而提出的，当时人们把它称作乡村工业、乡土工业、家庭工业，或者叫“副业”和“兼业”，即“在农闲基础上用来解决生计困难的工业”。[①] 而今天所说的农村工业化是指借助资金、土地、人力等资本要素使机械化生产在农村能够普遍实现，工业劳动人口在农村人口中占绝大比重，农民最终从土地中解放出来的工业化。[②] 今天，我国的农村工业化是由乡镇企业启动的。中国曾经构筑了偏重国有重工业的计划经济体制，选择了限制农村劳动力流向城市的二元经济发展模式，从而为农业剩余劳动力的就地转移、农村的工业化预留了足够的发展空间。当80年代初农业生产责任制在全国得以全面普及，当政府为解决长期以来被公社制度所掩盖的农业劳动力剩余问题而减少对农村的计划控制，鼓励农民兴办乡镇企业时，消费品严重短缺的市场，丰富廉价的劳动力供给，加上市场上几乎不存在竞争对手，从而迅速开创了乡镇企业异军突起、突飞猛进的崭新局面，开辟了实现中国工业化的第二条道路，即农村工业化道路。在某种意义上可以说，农村工业化的肇始是因为乡村社会流动的推力所致，当然乡村工业化反过来又促进了乡村社会流动。这种良性促动和循环，成为我国当前农村经济社会发展重要的推动力。据有关资料分析证明，在获得同样产值的前提下，工业城市所投入资金是乡镇企业投入资金的4.7倍，而乡镇企业提供的就业岗位是工业城市的1.9倍。[③] 这对我国实现现代化有着重要的意义。如果我们考虑一下乡镇企业起始的发展环境，就会对此有更

① 费孝通：《费孝通选集》，295页，天津，天津人民出版社，1988。

② 程怀儒：《农村工业化是解决中国农村剩余劳动力的主渠道》，载《甘肃社会科学》，2008（1）。

③ 杨艳威、聂应德：《“二元”经济结构与劳动力转移和乡镇企业发展》，载《甘肃农业》，2008（1）。

深刻的认识。当时，我国的二元体制十分“刚性”，城乡之间的互动很少，对于在乡村出生的社会成员来说，接触现代工业文明和享受城市生活的路径很窄，那些在现有制度设计（考学、参军、提干、招工等）之下无法通过生活流动实现非农化的社会成员只能子承父业，从事农业生产。但在我国人多地少、人地矛盾不断凸现的现实面前，不少农村的社会成员又不得不另辟蹊径，方能实现其生活理想。农村工业化的发展正好与此需求不谋而合。而且对于我国低水平的城市化和低能力的城市容纳不会造成冲击，“离土不离乡”的转移模式成为我国乡村社会流动的新方式。我们很难量化农村社会流动的推力对农村工业化的贡献力有多大，但可以肯定的是，它起了推波助澜的作用，提供了最初的动力。反过来，农村工业化对乡村社会流动也有非常大的促进作用，乡镇企业已经成为农民增收的重要来源和农村劳动力转移的重要途径。一组数字可以说明乡镇企业对乡村经济社会发展的重要作用：在“九五”期间，乡镇企业累计发放工资30978亿元，比“八五”时期增长了2.48倍；2000年，农民从乡镇企业获得的人均收入为760元，比“八五”期末的1995年增长60.5%，其收入比重亦由30%提高到34%；2002年，乡镇企业增加值已占我国国内生产总值的23.06%，乡镇企业的从业人员达13288万人，支付农民报酬人均已达860元。①

今天，相比东南沿海地区的农村工业，西北少数民族地区的农村工业还处于起步和发展阶段，但它对于当地经济发展的作用无疑是举足轻重的。乡镇企业在发展中也形成了独具特色的模式，如宁

① 陈美球等：《我国乡镇企业发展与农村城镇化进程》，载《江西农业大学学报》（社科版），2005，4（2）。

夏的“中卫模式”[①]、甘肃的“临夏模式”[②]。以甘肃省为例，虽然在进入20世纪90年代以后，由于国际国内市场结构的变化，使在技术、资金等方面处于弱势的乡镇企业在愈加激烈的竞争中逐渐失去市场，经济效益下降，总产值增速出现很大的波动，从而使其吸纳劳动力的能力更加有限，甚至产生了剩余（即第三重剩余），对区域城市化的作用弱化。但在1998—2003年间，乡镇企业的发展又开始逐步回升，虽然其速度和以前相比相对缓慢，但其对甘肃农村经济发展和农村城镇化的推动作用仍不容忽视。2003年，甘肃省有乡镇企业259235家，就业人数184.61万人，占全省二、三产业就业人数近30%的比重；乡镇企业增加值281.02亿元，占全省二、三产业增加值的26.3%；2003年，乡镇企业固定资产原值达到310.98亿元，总产值达1233.67亿元。[③]

城市化是由以农业为主的传统乡村社会向以工业和服务业为主的现代城市社会逐渐转变的历史过程。城市化，有的学者称之为城镇化、都市化。不同的学科从不同的角度对之有不同的解释，人口学把城市化定义为农村人口转化为城镇人口的过程。人口学界所说的城市化就是人口的城市化，指的是人口向城市地区集中或农业人

① 中卫模式是乡镇企业的村企互动模式，它的主要特点是：多形式搭建平台，引导更多的农产品加工、运销企业与基地农户实现对接，参与农业产业化经营；确立不同的村企互动方式；打造特色农产品品牌；打造枸杞产业链，枸杞渣滓循环利用。

② 依赖于商贸经济和以皮毛加工为主导产业的临夏模式，作为一种制度转型和区域工业化范式，是由市场机制、地理优势和民族文化相结合而产生的一种特殊的区域发展模式，其经济发展的轨迹没有被一般的产业结构演进规律所困扰，而是遵循地区比较优势，跨越三次产业的演进顺序，从农业的发展直接进入服务业和商贸业的发展，这是对经济发展进程的一种新的尝试。

③ 韩剑萍、李秀萍：《甘肃乡镇企业发展的现状、问题分析与对策选择》，载《甘肃省经济管理干部学院学报》，2007，20（1）。

口变为非农业人口的过程。从社会学的角度来说，城市化就是农村生活方式转化为城市生活方式的过程。经济学则从工业化的角度来定义城市化，即认为城市化就是农村经济转化为城市化大生产的过程。西北少数民族地区乡村社会流动的发生，主要是农村人口向城镇转移就业，使农村人口不断减少，从而提高了城市人口的比例，推动了我国的城市化进程。这种促进是两方面的，一是提高了流入地的城市化水平，这在下文专门论述；二是提高了流出地的城市化水平。从西北少数民族地区的农业人口比例的变化可以看出这种促进作用，从表 3－1 和表 3－2 中可以看出，2000—2006 年甘青宁的乡村人口分别减少了 7.08%、4.5% 和 10.57%，年均减少了近 1.2%、0.8% 和 1.8%，城镇人口比例则相应提高。虽然相比全国的平均水平还有不小的差距，但是这已经是该地区城市化率比较高的时期，而这一时期也正是乡村社会流动率比较高的时期。乡村社会流动包括外出打工、考学等主要途径，对于城市化水平的贡献力是显而易见的。

表 3－1　2000 年甘青宁人口的城乡构成情况

地区	2000 年末总人口（万人）	城镇人口		乡村人口	
		人口数（万人）	比　重（%）	人口数（万人）	比　重（%）
全国	126583	45844	36.22	80739	63.78
甘肃	2562	615	24.01	1947	75.99
青海	518	180	34.76	338	65.24
宁夏	562	182	32.43	380	67.57

数据来源：《中国统计年鉴 2001》，中国统计出版社，2001。

表 3－2　2006 年甘青宁人口的城乡构成情况

地区	2006 年末总人口（万人）	城镇人口		乡村人口	
		人口数（万人）	比重（%）	人口数（万人）	比重（%）
全国	131447.6	57705.5	43.9	73742.1	56.1
甘肃	2606	810.2	31.09	1795.8	68.91
青海	548	215.1	39.26	332.9	60.74
宁夏	604	259.7	43	344.3	57

数据来源：《中国统计年鉴 2007》，中国统计出版社，2007。

除了人口数字的变化，乡村社会流动还给当地乡村带来了新的生活方式，注入了强大的消费资金。在西北少数民族乡村社会流动的流出地，越来越多的社会成员思想观念日益解放，使用现代化的交通、通讯手段和生活设施，在城市购买住房，学习了先进的生产和管理技术，对当地的城市化进程有很大的促进作用。

（2）改善了农业收入结构。有研究表明，非农收入（特别是劳务报酬收入）在农村人口收入中所占的比重越来越大。1997 年以来，农民收入的增长主要来自于劳务报酬收入的增长，三年共增加 186 元。目前，农民收入大体由三部分构成：劳务报酬占 31.2%，种植业纯收入占 34.8%，其他家庭经营纯收入（28.5%）和财产性、转移性收入（5.5%）占 34%。[①] 2000—2006 年，从甘青宁三省区农村居民家庭人均纯收入来源的变动情况来看，工资性收入（主要包括外出务工收入、在本地企业和非企业组织中的劳

① 白南生、何宇鹏：《回乡还是进城》，见李培林主编：《农民工——中国进城农民工的经济社会分析》，21 页，北京，社会科学文献出版社，2003。

动收入等）所占的比重不断增加，甘肃省6年增加了5%，青海省增加了7%，宁夏回族自治区也增加了2%；相反，家庭经营收入（主要是农业收入，包括农林牧渔业、建筑运输批发零售等收入）的比重均有所下降，6年来，甘青宁三省区的降幅分别为10%、7%、5%（见表3-3）。这一时间段正好是甘青宁三省区大力输转农业剩余劳动力、乡村社会流动频繁的时期，通过劳动力流动，农村居民的家庭收入来源中非农收入增加，而这部分收入相对于农业收入来说，受自然环境的影响不大，被誉为“铁杆庄稼”收入。

西北少数民族地区乡村社会流动主要是通过外出务工经商实现的，和农业收入比较，务工经商的收入一般回报率较高，工资水平高，有比较优势。这也是自改革开放以来，尽管体制限制、政策阻碍，农村外出务工的人数仍然有增无减的重要拉力。仅劳务输出一项，就为地方财政赢得不少收入。目前，农村劳动力已成为宁夏回族自治区产业大军的主体，劳务收入占全区国内生产总值的6%以上。[①] 甘肃省临夏回族自治州2003年共输转劳动力31.22万人次，创收3.97亿元；2004年共输转劳动力34.519万人次，创收4.87亿元；2005年共输转劳动力39万人次，创收6.8亿元；2006年共输转劳动力48.2万人次，创收6.8亿元，所输转的劳动力人数占劳动力总数的46.9%；2007年共输转劳动力55.25万人次，劳务收入达15.59亿元，劳务收入占农民人均纯收入三分之一以上；2008年前4个月，输转劳动力24.5万人，劳务收入达2.67亿元。甘肃省甘南藏族自治州2007年输转劳动力12.65万人次，实现劳务收入2.82亿元，2008年输转劳动力11万人次，实现劳务收入3.6亿元。劳务输转已经成为当地政府增加农民收入的一条成本低、见效快、事半功倍的路子，被视为破解“三农”问题的“金钥匙”。

---

① 李东洲：《宁夏劳务经济发展趋势分析》，载《中共银川市委党校学报》，2007，9（2）。

表 3－3　甘青宁三省区 2000—2006 年农村居民家庭人均纯收入来源变动情况

省份	年份	纯收入	工资性收入		家庭经营纯收入		财产性收入		转移性收入	
			总数（元）	比重（%）	总数（元）	比重（%）	总数（元）	比重（%）	总数（元）	比重（%）
甘肃	2006	2134.05	637.37	30	1291.85	61	52.56	2	152.27	7
	2005	1979.88	586.71	30	1263.42	64	20.57	1	109.18	6
	2004	1852.22	527.58	28	1228.93	66	25.81	1	69.89	4
	2003	1673.05	488.73	29	1108.52	66	16.98	1	58.81	4
	2002	1590.30	447.41	28	1056.87	66	17.27	1	68.76	4
	2001	1508.61	405.99	27	1016.02	67	21.00	1	65.60	4
	2000	1428.68	355.03	25	1011.78	71	16.13	1	45.73	3
青海	2006	2358.37	653.30	28	1374.36	58	100.66	4	230.05	10
	2005	2151.46	560.52	26	1359.56	63	61.99	3	169.40	8
	2004	1957.65	460.90	24	1333.62	68	52.79	3	110.35	6
	2003	1794.13	454.06	25	1200.32	67	51.49	3	88.27	5

续表

省份	年份	纯收入	工资性收入		家庭经营纯收入		财产性收入		转移性收入	
			总数（元）	比重（%）	总数（元）	比重（%）	总数（元）	比重（%）	总数（元）	比重（%）
青海	2002	1668.94	401.51	24	1161.88	70	39.04	2	66.52	4
	2001	1557.32	351.34	23	1115.45	72	48.94	3	41.58	3
	2000	1490.49	312.30	21	1119.77	75	24.70	2	33.72	2
宁夏	2006	2760.14	823.09	30	1662.07	60	53.35	2	221.63	8
	2005	2508.89	702.10	28	1561.94	62	48.62	2	196.24	8
	2004	2320.05	618.37	27	1506.06	65	52.22	2	143.40	6
	2003	2043.30	592.30	29	1255.35	61	68.76	3	126.88	6
	2002	1917.36	526.68	27	1265.29	66	57.33	3	68.05	4
	2001	1823.05	527.63	29	1179.86	65	62.96	3	52.61	3
	2000	1724.30	484.02	28	1121.38	65	80.77	5	38.13	2

数据来源：根据《中国统计年鉴》2000—2006年数据计算整理。

(3) 缓减了人地矛盾，减轻了农村就业压力。国土资源部2004年度全国土地利用变更调查结果显示，我国人均耕地面积还在减少，已从上年的1.43亩减少到1.41亩。2004年，全国建设占用耕地217.6万亩，灾毁耕地94.9万亩，因农业结构调整减少耕地307.0万亩，生态退耕1099.3万亩，以上4项共减少耕地1718.8万亩。同期，土地整理复垦开发补充耕地518.4万亩。增减相抵，2004年全国耕地净减少1200.4万亩。国土资源部对用地变化情况进行分析后认为，生态退耕仍是耕地面积减少的主要因素。经实地调查，2004年度全国生态退耕还林1043.1万亩，还草55.8万亩，还湖0.4万亩。① 2005年度全国土地利用变更调查结果显示，我国人均耕地面积由2004年的1.41亩进一步减少到1.4亩，仅为世界平均水平的40%。② 相对于不断增长的人口来说，我国的耕地面积在逐年减少。人地矛盾将在今后一段时间内越来越突出，如何缓减矛盾是关系我国今后发展和稳定的重要问题。

西北少数民族地区虽然人均国土面积数量较大，根据2000年第五次人口普查数据，甘肃省人口密度为55.30人/平方公里，青海省人口密度为6.68人/平方公里，宁夏回族自治区人口密度为91.52人/平方公里，都比全国的平均值131人/平方公里要低很多。但是，这一地区山峦密布、沟壑丛生、荒漠化严重，宜农土地面积占土地总面积的比例较低。只有宁夏回族自治区具备发展农业的优越条件，人均耕地面积3.5亩，居全国第4位。2000年，甘肃省人均耕地面积2.17亩，青海省人均耕地面积仅1.51亩，都比较少。在笔者调查的少数民族聚居的地方，人均耕地面积更少，例如，甘肃省临夏州2002年人均耕地为1.27亩，且均为旱地，其下

---

① 载《光明日报》，2005年3月31日。

② http://www.sina.com.cn，2006年4月12日。

辖的广河县三甲集水家村2007年人均耕地仅0.86亩，沙家村人均耕地也只有0.87亩。耕地中的旱地生产条件较差，收入无保障。现行的土地承包政策的依据仍然是1979年实施家庭联产承包责任制时的情况，很多新生的农村社会成员没有再分得土地的机会。加之2000年以来，在西北少数民族地区普遍实施“一退两还”（退耕、还林、还草）政策，人地矛盾在这些地区日益严重。据笔者在宁夏南部山区固原市开城镇下青石村的调查，该村总耕地面积7717亩，水地仅占0.03%。2000年下达的退耕还林任务为2000亩，完成了1714亩，五分之一多的地就“退还”了，有些农户的地甚至都“退还”了，没耕地或耕地减少了，农业剩余劳动力就更多了。2011年，笔者在甘南藏族自治州合作市录豆昂村调查时了解到，该村靠近市区，有40户人家、168人（均为藏族），耕地1480多亩，现在已退耕1000多亩地。退耕以后，村里剩余的地基本都承包给别人种藏药了。无地可种的窘况迫使许多劳动力只能向外寻求就业机会，该村的村民们大多外出打工，主要去合作市，每人年均工资约3万元。

近年来，持续不断的社会流动为民族地区的农业和农村发展减轻了压力，首先表现在农业从业人员的减少，降低了乡村资源的紧张程度；其次，为新生的“三无”（无地、无业、无收入）劳动力开辟了寻求生存机会的新途径；再次，缓减了日益凸现的“三农”问题压力，为政府妥善解决“三农”问题争取了时间。临夏州2006全年共输出劳务人员39万人（次），同比增长11.5%，实现劳务收入6.8亿元，比2005年增长29.4%，[①] 为农村和农业发展注入了大量资金。笔者调查的宁夏固原市开城镇下青石村，16～59周岁的劳动力有527人，其中245人常年外出打工，占近一半的比例。既然总体上讲农村具有劳动力过剩而资金稀缺的特征，劳动力

① 樊怀玉主编：《甘肃年鉴2007》，北京，中国统计出版社，2007。

外流而资金回流的城乡资源流动对农村、农业的发展具有一定的促进作用。据临夏土桥镇负责劳务输出的工作人员介绍，前几年，村子里的矛盾、纠纷很多，需要由政府工作人员出面调解，很多家庭经济困难的村民也直接来找镇政府，镇政府工作繁重，经常要下去做工作、处理问题。近几年，能外出的人都外出了，村子里的矛盾、纠纷自然少多了，村民通过打工挣钱，经济条件有了很大程度的改善。在临夏等少数民族地区，一般在农闲时节很难见到年轻人。"年轻人呆在家里，一方面别人看不起，另一方面，村干部就主动来找你，组织你外出务工或参加培训，总之你得行动起来。"临夏县土桥镇的务工青年小 W 所说的情况就是如今当地的实际情况，抓劳务输出已成为村、镇干部的主要工作。

非农就业在短期内解决了因耕地减少而产生的村民生活来源减少的问题，很多外出流动的人逐渐脱离农业或将农业当做副业，这对于当地农民增收、缓减农业生产的压力起到了积极的作用。

（4）催生了一批农村经济精英。精英，在农村也叫"能人"。意大利社会学家 V. 帕累托的界定是：精英是具有特殊才能、在某个方面或某项活动中表现出杰出能力的人所组成的整体。① 从目前看，我国乡村精英的共同点是在乡村社会中能对本社区的全体或部分成员的思想和行为产生影响和作用，是本社区中拥有一定地位和支配能力的重要人物。② 董磊明认为，农村精英应该具有几个特征：拥有的资源（经济、权力或关系）较丰厚，个人能力较强（包括个人的知识、智慧、处世技巧等），具有一定影响力，其中

① ［法］莫里斯·迪韦尔热著，杨祖功、王大东译：《政治社会学》，147～148 页，北京，华夏出版社，1987。

② 孙秋云：《村民自治制度下少数民族乡村精英的心态与行为分析》，载《中南民族大学学报》（人文社科版），2004，24（3）。

拥有丰厚的资源是必要条件。[①] 项辉等人把乡村精英按其影响分为政治精英、经济精英和社会精英。他们认为，通过农村的改革，崛起了一大批经济能人，从而成为地方社区的经济精英；产生于人民公社行政体制下的政治精英，改革后仍然存在，但其主要身份已变为村庄利益的代理人和维护者；改革后乡村社会生活中产生了一定的权力空白，一些能影响和组织社会生活的人物开始在这一领域施展自己的身手，以提高自己的社会地位，成为农村的社会精英。[②] 经济精英是制度变迁的产物，同时也加速了制度变迁，推动着乡村社区的发展。笔者对当前西北欠发达地区的乡村经济精英的特性做过研究，发现他们具有年轻化、知识化的特点和肯吃苦、善经营等品质。[③] 乡村社区的经济精英是社区经济发展的内发动力之一，是社区致富的典型实例。他们对于"以经济建设为中心"制度的成功利用，赢得了社区认同和国家认同。他们的崛起，改变了和正在改变着社区政治、经济和社会资源的分配格局，从而打破了原有的社区权力结构。对于经济精英效应，我们应该客观地进行分析。既要看到经济精英对乡村社区建设的带动而发挥出的正面、积极效应，同时我们也不容忽视，在一些社区有经济精英操纵村民选举，控制社区资源，破坏社会稳定而产生的负面、消极效应的存在。经济精英的正面效应主要表现在他们不仅自己富裕起来了，还积极带动广大村民致富，有资料调查显示：50%的社区经济精英对村民致富起着带头和示范作用；23%的精英为村民发展经济出谋划策，所

---

① 董磊明：《传统与嬗变——集体企业改制后的苏南农村村级治理》，www. ccrs. org. cn（中国农村研究网）。

② 项辉、周俊麟：《乡村精英格局的历史演变及现状土地制度》，载《中共浙江省委党校学报》，2001（5）。

③ 张文政：《乡村社区权力结构与乡村发展》（硕士学位论文），35～38页，西北师范大学，2005。

谓的“点子公司”就是村民对他们中一些人的美称；18%的精英用他们自己的经济实力支持村办事业，扶持贫困和“五保户”；还有10%左右的精英通过推广实用技术的方式带动村民致富，如一些养殖和种植技术等。①

在调查中我们也发现，经济精英的带动路径主要有以下几个方面：①提供致富信息。经济精英一般头脑灵活，人际关系圈大，信息来源广，所以致富机遇就多。他们经常通过给社区内村民提供种植、经营方面的信息，帮助村民找到致富的门路。②直接吸纳、招募村民入伙，共同富裕。如招工进其经营的企业，或请村民作帮手等，然后付给薪水，解决村民由于失业而造成的贫困。③给经济拮据、资金周转困难的村民以资金支持，助其顺利展开再生产或度过诸如生病、子女上学、婚丧嫁娶等经济困境。④作为村民和商家的中间代理，推销农产品。经济精英因拥有一定的经济实力，可以组建一些代理场所、设施并引进外来商户，从而沟通村民与商家的联系，扮演双方经纪人的角色。⑤利用其影响力和号召力，集资支持社区公共事业，如兴建村校、医院或村路。⑥参与村民自治，通过合法的渠道进入社区政治精英队伍，以其经济上的权威和人格魅力带领村民致富。

不可否认，在农村经济精英身上也存在一些负面的社会影响，会产生负面效应。有调查显示：有近40%的村民认为农村精英垄断村中利益，如在土地承包或村办企业的承包中占便宜；近30%的村民认为有些农村精英有控制村组织的想法，主要表现为在村民选举中为自己或所亲近的人拉选票；还有20%的村民反映农村精英有

① 吕世辰、胡宇霞：《农村精英及其社会影响初探》，载《山西师大学报》（社科版），2003（1）。

包办村里事务和大户精英欺压小姓村民的现象。[①] 这些问题的存在，造成了包括经济精英在内的社区精英的威信下降，更有甚者会对社区秩序造成负面影响。在调查中我们也发现，在西部欠发达地区的乡村社区中，经济精英在整体贫困的社区中往往“鹤立鸡群”，政府和社区都对其比较重视，这容易使其滋生骄横习气。

经济精英的负面效应一般表现为：① 影响村务。转变为政治精英的经济精英，有的道德约束力差，利用职务便利，为自己谋利，损坏集体经济，借发展社区经济之名给社区带来累累负债；没有完成转变的经济精英，有的因不满于村民选举，对村干部不服气，借其经济优势与社区政治精英作对或操纵村民上访，扰乱正常的村治秩序。② 垄断资源，控制组织。有的经济精英借其先入为主的优势，垄断社区经济资源，阻挠其他村民介入，或控制村委会或乡政府，借助于他们的力量而成为“村霸”或地方恶势力。③“为富不仁”。有的经济精英富裕起来了不是带动社区发展，相反在社区内制造事端，破坏团结，惹是生非，欺压村民。④ 借“帮助”之名，放高利贷。有些村民因一时困难，银行贷款太多再贷不了时，就向这些经济精英求助。有的精英会以高于银行利息很多的“高息”作为借款条件，名为“帮助”，实为获取暴利。

在调查中我们也发现，近几年来，西北少数民族地区通过社会流动也产生了许多经济精英，他们利用自己的流动经验和积累的资金、技术，对当地经济发展产生了积极的影响。如，东乡县考勒乡的马有卜投资千万元建造的民族大厦，柳树乡阳洼村农民马吾德、马麦德各自投资百万元办的建材厂，都为当地解决了一部分剩余劳动力就业问题；东乡县河滩镇团结村农民韩启强搞建筑工程，吸纳当地群众300余人，并在施工过程中培训了大量技术人员，持证后

① 吕世辰、胡宇霞：《农村精英及其社会影响初探》，载《山西师大学报》（社科版），2003（1）。

的技术人员工资比普通工人高1倍多；临夏县刁祁乡的马海龙投资220万元创办了临夏县槐河冷冻清真食品有限公司，吸收剩余劳动力50多人，成为全县发展劳务经济的一大亮点。

仅2004年，临夏州外出务工人员398人返乡创业，创办了近400个经济实体。他们中的一些人还获得了省政府颁发的“返乡创业带头人”称号，如甘肃省弘业建筑公司董事长王世明、甘肃省永靖古典建筑公司总经理黄良俊等。他们在外创办企业的同时，用积累的资金到家乡投资，承包荒山，发展多种经营，吸引和安置更多的家乡人就近就业。

对于这部分先富起来的人，社会流动使他们改变了经济状况，反过来，他们又会带动更多的人实现社会流动。利用好他们的“经济带动效应”，将会对当地经济社会发展有更大地促进作用，形成良性循环，当然，也要抑制其负面效应的产生和作用。

（5）在人员、资金、技术流动的过程中，西北少数民族地区探索出了一些对农村经济发展有益的经验和有效的途径，这其中具有代表性的有“东乡手抓经济模式”、“拉面经济模式”以及“培训+基地的劳动力输出模式”等。

“东乡手抓”是一个与地理概念相联系的羊肉品牌，起始于甘肃省东乡族自治县东乡族的一种生活习惯。后经一些外出务工经商人员将其带出本地，在一些地方发展餐饮业，逐渐为人们所接受，在临夏、兰州及青海、宁夏、新疆等西北省区享有很高声誉，现已形成了一种品牌和产业链，成为该地区一种成功的非农经济发展模式。2004年11月，东乡县正式提出了注册“东乡手抓”证明商标的申请，经国家商标局受理、初审通过并进行公示后无任何异议，东乡县“东乡手抓”品牌管理协会于2007年7月28日正式获得“东乡手抓”证明商标所有权。与该品牌相联系的一个是地理概念——东乡县，一个是食品概念——羊肉。东乡族自治县位于甘肃中部，临夏州东北部，以东乡族发祥地和丝绸古道南路上的重要通道而闻名，是全国唯一的以东乡族为主体的少数民族自治县。自治县地处青藏高原和黄土高原过渡地带，境内山峦起伏，形如驼峰龟背，最高海拔2664米，最低海拔1735米，年均降水量350毫米，属温带半干旱气候，独特的水土、气候、地域等条件和民族宗教习俗，造就了东乡族群众家家户户养羊的传统，且喜食羊肉，尤其是东乡族男人一直保留有“吃平伙”的习惯，即在农闲时，一些人凑在一起，选一只膘肥肉好的羊，在羊主人家或茶饭做得好的人家，把羊宰了，整羊下锅，杂碎拌上调料上锅蒸，吃平伙的人就喝茶、吃油饼，等“发子”熟了，一人吃一碗，完了再把煮熟的羊肉按照羊的各个部位如脖子、肋条、前后腿、羊尾巴依次上盘，使餐桌上样样俱全；或按羊的全身部位分成若干份，每人一份，让其带回家，最后大家摊钱给主人。羊肉是东乡人餐桌上四季常见的食品，多吃羊肉能提高身体素质、预防疾病。特别是东乡羊肉具有色鲜、肉嫩、纤维脂肪含量适中，肉嫩而不膻、肥而不腻、味美可口等特点，经过几十年的发展，东乡“平伙”逐渐从东乡族农民餐桌走向了周边市场且演变出“东乡手抓”这一名吃，由于吃时喜爱用手抓吃羊肉，所以东乡羊肉就俗称为“东乡手抓”。在临夏州“打民族牌、走民营路”发展经济的思想指导下，“东乡手抓”特色品牌效应不断提高，市场链条不断延伸，吸纳农村剩余劳动力、增加农民收入等方面的效应越来越强。仅兰州市就有“忠华手抓大王”、“尕奴东乡手抓餐厅”、“天龙东乡手抓”、“大唐宫”等一大批以“东乡手抓羊肉”为特色产品的大型知名餐饮企业。据不完全统计，经营“东乡手抓”羊肉的民营企业达350多家，年产值超过2亿多元，就业人员近2万人，向外界打出了“东乡手抓”品牌，有力地带动了县域经济发展。①

---

① 中国养殖网 http：//www. chinabreed. com/market/sheep/2007/04/20070407114497. shtml，2007年4月7日。

拉面经济是以西北的牛羊肉资源、虫草等药材资源为主要原料，运用当地农村的富余劳动力，以独立经营为主要形式，在全国各大城市经营拉面生意的经济模式。拉面经济已经成为青海乃至西北乡村外出劳动力就业的成功模式。最早始于20世纪80年代初，以化隆回族自治县阿什努乡、加合乡的回族农民韩录、马乙卜拉、冶二买为代表的第一批不甘贫穷的农民，带着青海的牛羊肉，随同亲戚朋友率先来到厦门创业经营，开创了青海农民在东南沿海城市开办拉面馆的先河。后来，以他们为依托，很多化隆人也先后来到厦门经营拉面，到90年代末，在厦门的青海拉面馆达到100多家，从业人员700多人，年收入百万元，使化隆拉面在当地成为很有名气的一种快餐。90年代以后，青海化隆拉面开始向全国更多的城市发展。据2005年的统计，化隆人在近10年的时间里，在厦门、上海、广州、苏州、杭州、无锡、温州、宁波、北京、深圳等100多座城市开办了8000多家拉面馆，从业人员6万多人，年收入达到上亿元。化隆人经营拉面的成功对青海海东地区及西北其他地区的农民起到了强烈的示范和带动作用。自90年代以后，青海海东地区其他各县的农民，特别是循化的撒拉族农民和民和的回族农民也先后到东部的各大城市经营拉面生意。2000年以后，青海省民和、循化、平安、互助、乐都等县的少数民族群众也纷纷外出创业，经营拉面馆，在珠江三角洲、长江三角洲、京津唐地区及福建、山东等沿海省市发展势头迅猛。①

青海拉面经济模式具有以下特点：以青海的农畜产品为主要原料，以当地农村的富余劳动力为经营主体；经营者都是穆斯林群众，并且大多数人都是农村能人；拉面经济已初步形成产业链。拉面经济对当地经济社会发展的作用是很大的，它已成为增加农民收入、

① 鲁临琴、桑才让：《对青海海东地区穆斯林群众拉面经济的思考》，载《青海社会科学》，2006（4）。

摆脱贫困的重要途径，成为农村富余劳动力转移的重要渠道，成为解放思想、转变观念的主要推动力，也带动了相关产业的发展。①

“培训+基地”的劳动力输出模式。以前，西北少数民族地区乡村社会流动，特别是外出务工经商的组织相对比较差，流动的效果不好。究其原因，一是因为劳动力的素质太低，生产技能不适合现代企业和经济发展；二是流动的去向没保证，盲目性强。2005年以后，当地政府对此进行了调研后，开始反思并调整工作思路，在加大对农村流动劳动力培训力度的同时，通过政府与劳务需求单位签订合同，建立劳务输出基地，拓宽了流动的渠道，也稳定了流动的效果。社会流动呈现出了由昔日的零散性、季节性、苦力型低收入开始向有组织的常年性、技术性高收入转变。在培训方面，政府出资组织，力度不断加大，旨在增强外出劳动力的竞争力。如2007年临夏州共投入劳务经费1020万元，培训城乡劳动力14.46万人，同比增长81.3%。其中技能培训6.46万人，同比增长123.5%，培训就业率在90%以上。另据笔者调查，临夏州永靖县2005年投资450万元建成了集技能培训、现场实训、学员就业、住宿就餐为一体，占地面积3100平方米的县劳务培训中心，集中开设家政服务、牛肉拉面、建筑装饰、计算机应用等12个专业培训班。对贫困劳动力全部实行免费培训、免费提供住宿、免费提供职业技能鉴定、免费安排就业。2007年，整合各项资金129万元，先后举办培训班92期，培训劳动力1.8444万人次，其中技能培训1.1176万人次；输转5.96万人次，有组织输转2.296万人次，创劳务收入15571万元，人均2600元，占农民人均纯收入的40%。同时，临夏州下辖的各县先后在北京、上海、天津等地建立了保安和家政服务基地，在新疆建立了摘棉基地，在兰州建立了建筑基

① 鲁临琴、桑才让：《对青海海东地区穆斯林群众拉面经济的思考》，载《青海社会科学》，2006（4）。

地，在青海等地建立了筑路用工基地，在福建连江、晋江等地建立了服装、鞋业用工基地。截止到 2007 年底，已建立各类劳务基地 424 个（省内 223 个、省外 201 个），其中百人以上规模基地 146 个，福建连江清禄鞋业公司用工规模达到千人以上，常州清香源清真餐饮有限公司在周边地市有 8 个分店，直接或间接带动临夏籍务工人员 3000 人。在广州、上海、深圳、乌鲁木齐等城市设立了 34 个“临夏州劳务输出联络站”，站长由常年在外务工的致富能人或热心劳务工作的社会人士担任，联络站及时收集和发布劳务信息，提供就业指导，及时处理恶意拖欠和克扣农民工工资的违法行为，为农民工提供服务，维护合法权益。就业环境的改善、政府的有力组织促进了乡村社会流动有序、合理的进行。虽然目前政府的组织输转在乡村社会流动中所占的比重还十分有限，如临夏州每年组织输转的比例仅占 3.3%，大部分劳动力流动还是靠“老乡带老乡”、“能人带动”的方式进行，但是，这种机制一旦形成，就会对社会流动产生巨大的推动力。

除此之外，西北少数民族地区乡村社会流动已经积累了许多地域特色结合民族特色的诸多劳动力非农就业流动的发展经验，如笔者在调查中发现，甘肃省的临夏州已经树立了现代经营理念，积极发挥回藏贸易，重塑临夏“西部旱码头”的经济地位，打造青藏铁路线物流配送园区，打造中国穆斯林特需用品市场中心，沟通了以穆斯林民族的生活用品和藏族的生活用品为主要内容的少数民族特需用品的供需渠道，商贸产品既包括清真食品又包括藏族食品，还包括穆斯林民族和藏民族服装、生活饰品和文化用品，涵盖内容极其丰富。就他们的发展经验来看，主要有以下特点：① 适应乡村社会流动的发展趋势，因地制宜地开展劳动力的非农就业和转移。② 挖掘民族文化对经济发展和社会流动的促进潜力，结合民族地区乡村社会流动的特点，逐步形成有特色的劳动力流动路径。③ 政府不再袖手旁观，而是参与其中，推动乡村社会流动，减少农业就业人数，提高流动劳动力外出就业的竞争力。④ 把就地转移和异地转移结合起来，多种形式地输出农村剩余劳动力，实现劳动力的充分就业。⑤ 乡村社会流动的初级性决定了流动的经济目的的突出地位，增加经济收入成为这一阶段乡村社会流动的主动力。

2. 对农民和农民家庭的正向经济后果

（1）明显改善了家庭经济的收入状况。由乡村迁往城市的移民行动是处于社会底层或较低社会经济地位的农民们实现上升社会流动的重要途径，农村移民之所以能在重重阻力之下，坚持不懈地涌向城市，是因为他们在城市中有可能获得改变自身命运的机会——提高收入和谋求职业发展以改善原有的经济社会地位。据2001 年中央政研室、农业部农村固定观察点办公室做的一项有关农民收入状况的调查显示，最高收入组中外出劳务投工为 21.5%，而最低收入组中外出劳务投工仅占 12.0%。“在中部乡村，除了粮食生产外，打工已经成为当地农民增加收入的主要途径之一。”外出务工挣钱已成为广大群众的自觉行动。2006 年，临夏州输转劳动力达 48.2 万人次，为历年最高，特别是贫困山区、公路沿线的群众外出积极性更高，据调查，广河县祁家集镇，户均输出 1～2人。目前，农民人均纯收入中劳务收入所占的比重达三分之一左右，有些县（市）乡镇已达到一半或一半以上，广河县排子坪乡马家湾村、城关镇西关村更是高达 70%～80%。从劳动报酬看，外出务工人员中，普工月收入 800～1000 元，技工月收入 1000～1400 元，清真牛羊肉贩运者或冬虫夏草买卖者月收入在上万元。在福建连江清禄鞋业公司的务工人员，人均月工资在 1500 元左右，其中最高的达 2600 元。劳务经济具有“短”、“平”、“快”的特点，“一人打工，全家温饱”。[①] 大部分农民向外流动以后都能获得比从

① 杨庭军：《西部贫困地区劳务输出的崇拜、反思与超越》，载《湖南文理学院学报》（社会科学版），2006（5）。

事农业高的劳动收入，他们将这些收入的大部分寄回家里，成为家庭的经济支柱。农民工最大的贡献之一就是把资金直接投放到内地的贫困家庭中，这恰恰是政府官员和救济项目难以做到的。[①] 笔者在甘青两省所作的调查显示，被访者每年外出务工、经商的收入在2000～5000元的占32.5%，5000～8000元的占20.9%，8000～11000元的占9.7%。由此可见，外出务工、经商的收入还是相当可观的，已经不能和农业生产收入同日而语了。还有8.4%被访者的收入甚至在11000元以上，这个收入是他们从事农业生产从来不会有的。

笔者在宁夏南部山区固原乡村所作的调查也显示，因自然条件差，农业基础非常薄弱，耕地基本都是旱地，靠降雨灌溉，收入没有保障。收入好的年成，每亩小麦产量为200多公斤，差的年份仅有50公斤；每亩玉米的产量为1000斤左右，按照每户平均20亩地计算，农业年收入约5000～7000元，人均不足1000元。国家在2000年实施西部大开发战略，该地区推行退耕还林政策，每亩退耕还林地每年补助200斤粮，连续补助8年。这样就使许多农户的耕地面积减少，一些农户甚至全部耕地都退耕还林了。由于无地可种，许多农民选择了外出打工，每年的非农业收入一般在5000～10000元，与农业收入相比较，一是有保障，二是收入高。自2000年以来，下青石村的人均收入上了三个台阶：2000年人均收入1120元，2004年达到2080元，2007年达到了2160元。对人均收入增长贡献最大的是外出务工挣得的非农业收入，包括在西银高速公路工地务工的收入（西安至银川高速公路，从下青石村穿过，工程自2004年开始至2007年结束，历时三年）。

（2）提高了农民参与市场经济的能力。市场经济的首要规则是竞争，包括劳动力资源之间的竞争。通过向外的社会流动，西北少数民族地区的农村居民不断与外界环境发生互动，发现差

① 任敏：《流出精英与农村发展》，载《青年研究》，2003（4）。

距，学习先进，改进自我劣势，提高了参与市场经济的能力。许多村民在外打工几年后，有意识地把技术、经验、信息带回家乡，干个体。[①] 在调查中我们发现，农村先富起来的村民和经济带头人对当地经济发展具有一定的带动作用，宁夏固原开城镇下青石村的马某即是其中之一。

马某，54 岁，回族，高中文化程度，两个儿子、两个女儿均已成家。马某高中毕业后在村校当民办教师，1984 年因超生自动辞职。据他讲，从学校回来后，没有了每月 35 元的工资，经济陡然紧张。屋漏偏逢连阴雨，小儿子又生病住院，无奈之下，他变卖了家里唯一的经济动物——肉牛，以此为资本开始经商。第一次经商贩卖了 10 多只羊到甘肃平凉，赚得 60 元钱，比自己当教师时一月的工资还高，一月下来净赚了 2000 多元，心中更加坚定了经商的信念。1989 年，因其有文化且脑子灵活，被选为生产队长。恰逢当时修铁路占用他们队上的土地，他主要的工作就是帮助铁路上做好征地工作。正是当队长的经历，使他认识了铁路上的人，一来二往，他开始获得了一些铁路维修工程的活，凭此，他开始带领村上的村民干工程。承包工程彻底改变了他家的经济状况，每年的收入有 2~3 万元，重修了砖瓦房，还给小儿子买了出租车。

马某这样的村庄经济精英仅在下青石村就有 3 个，他们带动村民外出干工程项目，为村庄经济注入了活力，产生了较大的影响，他们也不断提高了自身参与市场经济的能力。由此可见，在农村，一方面可以依靠更高的人力资源禀赋和其他条件获得致富机会，另一方面也可能因为这种或那种原因陷入贫困，感受到经济地位相对

① 任敏：《流出精英与农村发展》，载《青年研究》，2003（4）。

下降的农户，同时看到外出打工所具有的改善收入状况的机会，因此有着较强的迁移动机。①

（3）增加了农民向上流动的机会。根据流动的方向，社会流动分为水平流动和垂直流动，垂直流动又可细分为向上的流动和向下的流动。向上的流动是指流入层次高于流出层次的社会流动。例如，由农民流动而成为农民工或工人，由经济地位较低的社会阶层流向经济地位较高的阶层的现象，都是一种向上的社会流动。社会学认为，影响人们获得社会地位的条件除了社会条件（包括制度条件和文化条件）之外，还有个人条件。在个人条件中，籍贯、出身、民族、年龄、体质等是先赋条件，而个人经过努力得到的诸如技术、知识、个人成就、工作经历等是自获条件。在传统社会，获得一定的社会地位，先赋条件起了决定作用，而现代职业地位的获得越来越依靠自获条件。② 随着西北少数民族地区社会流动的加剧，越来越多的乡村社会成员被卷入其中，他们通过向非农就业、向外流动，不仅实现了经济收入增长的目的，同时开阔了眼界，增长了见识，学习了先进的生产和管理技术，获得了向上流动的资本。笔者在甘青两省所作的调查显示，有 24.7% 的被访者认为，外出务工最大的收获是开阔了眼界，16.4% 的被访者认为外出务工最大的收获是学到了技术（见表3－4），这些改变，都会为其实现向上的社会流动增加砝码，增大机会。水往低处流，人往高处走，这是自然法则。处在社会相对较低层次的乡村社会成员的社会流动，一开始表现为空间上的流动，多数是一种水平方向的流动，但其愿望是能实现向上

① 蔡昉、都阳：《迁移的双重动机及其政策意义》，见李培林主编：《农民工——中国进城农民工的经济社会分析》，39 页，北京，社会科学文献出版社，2003。

② 郑杭生：《社会学概论新修》（第三版），243～244 页，北京，中国人民大学出版社，1998。

的垂直流动。许多乡村社会成员在发生职业的非农化流动后，首先直接改变的是经济收入状况和经济地位，经济是基础，有了发展的最初资本，他们对自己的未来就会有更加美好的勾画——在城市里购置房产，投资非农产业或进行个体经营，以保持其经济地位改变所带来的成果，最终能够在城市里享受现代文明，跳出农门。

表3－4　外出务工给造受访者所带来的最大收获

	频数	百分比（%）	有效百分比（%）	累计百分比（%）
挣了钱	352	37.2	37.2	37.2
开阔了眼界	234	24.7	24.7	61.9
学了技术	155	16.4	16.4	78.3
结识了朋友	47	5.0	5.0	83.3
其　他	42	4.4	4.4	87.7
缺　失	116	12.3	12.3	100.0
总　计	946	100.0	100.0	

数据来源：根据笔者2008年甘青问卷调查数据整理。

从笔者对甘青两省所作调查资料的分析来看，对于“对将来的打算”这一问题，44.0%的被访者选择了“挣上钱了回家创业”，他们对未来的期望是实现更大的地位改善，而不是小富即安；也有15.1%的被访者选择了“一定要在城里呆下，决不回农村”，表明他们对城市文明的渴望和一定要实现向上流动的决心。而且年龄越小，这种决心愈大，对这一选择，16～30岁被访者的比例高出30～40岁被访者4.5%，高出40～50岁被访者14.2%（见表3－5）。究其原因，年轻的流动者对于城市文明更加渴望，对社会变迁的认同程度和接受能力要高于年龄大的社会成员。

表3－5　不同年龄段受访者对未来的打算

对未来的计划 年龄	频数及比例	挣些钱后回家创业	干着看，没工作了就回家	一定要在城里呆下，决不回农村	其他	缺失	合计
16岁及以下	频　数	11	6	6	8	0	31
	所占比例（%）	35.5	19.4	19.4	25.8	0	100.0
16～30岁	频　数	218	84	88	68	7	465
	所占比例（%）	46.9	18.1	18.9	14.6	1.5	100.0
30～40岁	频　数	109	68	38	43	5	263
	所占比例（%）	41.4	25.9	14.4	16.3	1.9	100.0
40～50岁	频　数	53	43	6	25	0	127
	所占比例（%）	41.7	33.9	4.7	19.7	0	100.0
50～60岁	频　数	14	13	0	5	2	34
	所占比例（%）	41.2	38.2	0	14.7	5.9	100.0
60岁及以上	频　数	2	0	1	3	0	6
	所占比例（%）	33.3	0	16.7	50.0	0	100.0
缺失	频　数	8	4	4	2	0	18
	所占比例（%）	44.4	22.2	22.2	11.1	0	100.0
合计	频　数	415	218	143	154	14	944
	所占比例（%）	44.0	23.1	15.1	16.3	1.5	100.0

数据来源：根据笔者2008年甘青问卷调查数据整理。

（二）负向后果

上述分析，似乎给人们一种乡村社会流动“有百利而无一害”的感觉，这也是当前许多人持有的定势思维，作为研究，一分为二地看问题应该是基本的范式。我们的研究发现，乡村社会流动对于流出地经济的负向后果主要表现在四个方面。

1. 乡村资源的“内殖民化”使得经济分化进一步加剧

殖民主义（colonialism）是资本主义国家采取军事、政治和经济手段，占领、奴役和剥削弱小国家、民族和落后地区，将其变为殖民地、半殖民地的侵略政策。在资本主义发展的不同时期，殖民主义有不同的表现形式。在资本原始积累时期，大都采取赤裸裸的暴力手段，如武装占领、海外移民、海盗式的掠夺、欺诈性的贸易、血腥的奴隶买卖等。在自由资本主义时期，主要通过“自由贸易”形式，把不发达国家、民族和地区变成自己的商品市场、原料产地、投资场所以及廉价劳动力和雇佣兵的来源地。在帝国主义时期，除了采取上述各种手段外，资本输出成为剥削这些国家、民族和地区的主要形式。

曹锦清在一次讲话中提出关于中国转型的研究有主流和非主流两派观点，非主流派中的一派观点认为，既然中国不能实现全面的富裕，或者说全面小康，那么中国一部分人能够达到西方发达国家中产阶级的消费水平，而绝大部分人不可能。这样中国将走向一条所谓内殖民的道路，就是沿海来殖民中西部，城市来殖民乡村，就是把广大的农村当做一种资源，输入到城市，注入到沿海，这里包括土地上的产出，通过价格机制向城市转移财富。① 据统计，在1952—1989 年之间，中央政府利用国家工农业产品剪刀差从农业中

① 曹锦清：《中国农村转型：转向何方》，载《华中科技大学中国乡村治理研究中心三农研究》，2005（2）。

提取了9716.75亿元，加上农业税1215.86亿元，共达10932.61亿元，农业资金净流出量达7140.56亿元，即农业新创造价值的1/5被国家“抢”走了。另据国家计委有关研究人员的计算，工农业产品交换的价格“剪刀差”的绝对量从1952年以来长期呈上升趋势，除1959和1960年两个特殊年份之外，在1963年以前的十多年中，剪刀差的绝对量保持在100多亿元以下，此后到1977年这段时间里，剪刀差先后各有7年保持在100多亿元和200多亿元，1987年甚至超过了600多亿元。1952—1987年，剪刀差绝对量累计额达7912亿元。农业利润的外流使农民长期生活在较低的生活水平上，直到1978年，我国约有6.6亿人处在生活贫困线以下，人均年纯收入不足200元，约有七八亿农民的人均年纯收入不足300元，农村居民的恩格尔系数一直在65%以上，属于联合国粮农组织规定的绝对贫困之列。直到2001年，大概每年有1000亿元通过价格机制向城市转移。当然，反过来，2002年农副产品价格开始上升，就是城市的财富通过价格机制开始向农村转移，这也是使得农村情况有所好转的一个决定性因素，而政策调整是一个次要因素。

农村财富向城市的转移，除了前面所说的地面产出，还包括农民劳动力本身——人才和劳动力也向城市和经济发达地区输入。农村的整个教育不是为农村提供人才，农村的劳动力、农村家庭现在已经深刻地卷入了货币经济，他必须为买进而卖出，当自己的地面产出和家庭储蓄不足以通过卖出来从市场获得生活所需的时候，他们必须出卖自己的劳动力。在劳动力无限供给的条件下，劳动者工资10多年没有随着GDP的增长而增长，而劳动条件恶化、劳动时间延长将不可避免。所以，这也是通过剥夺农民的劳动力来向城市转移财富。

虽然用“内殖民化”一词来概括这种城市对农村、发达地区对欠发达地区的资源“掠夺”现象显得有些过激，但事实上这种农村资源向城市、欠发达地区的资源向发达地区集中和流失的现象的确值得重视。乡村社会流动的发生，对于缓减城乡、地区之间的收入客观上起了积极作用，通过流动，也使许多资金向乡村回流，有助于乡村和欠发达地区的发展。但是，在这一过程中，流出和回流的比例失衡，流出远远多于回流。许多从农村流出的劳动力多就业于劳动力密集型行业，工资虽比农业收入有比较优势，但在行业的利益分配中所占比例很小，且不稳定。加之工作环境恶劣，风险很高，仔细分析后我们会发现，情况往往与主流媒体所持的那种乐观态度并不吻合。就这些来之不易的很低的收入，也经常不能很好地得到保证，按期如数发放到流动者的手中。虽经国家三令五申，出台相关办法，但农民工和打工者以生命为代价讨薪的事件仍然时有发生。

这种乡村资源的“内殖民化”使得经济分化进一步加剧，表现在三个方面。

首先，与劳动力输入的城市相比，西北少数民族地区城乡人均收入差距不断增大。2000 年以后，我国城乡收入差距扩大之势加剧，2000 年为4026. 58 元，农村居民人均纯收入是城镇居民人均可支配收入的 35. 88%；2006 年差距达到 8172 元，农村居民人均纯收入是城镇居民人均可支配收入的 30. 5%（见表 3 – 6）。就甘青宁三省区的城乡居民收入比较来看，差距扩大之势也非常明显（见表 3 – 7）。

表 3 – 6　城乡居民收入比较情况

	1990 年	2000 年	2005 年	2006 年
城镇居民人均可支配收入（元）	1510. 16	6279. 98	10493. 00	11759. 00
农村居民人均纯收入（元）	686. 30	2253. 40	3255. 00	3587. 00
收入差距（元）	823. 86	4026. 58	7238. 00	8172. 00
农村占城市比例（%）	45. 45	35. 88	31. 02	30. 50

数据来源：《中国统计年鉴 2007》，中国统计出版社，2007。

表 3 – 7　甘青宁三省区城乡居民收入比较情况

省区	项目	2000 年	2003 年	2004 年	2005 年	2006 年
甘肃	城镇居民人均可支配收入（元）	4916. 25	6657. 24	7376. 74	8086. 82	8920. 59
	农村居民人均纯收入（元）	1428. 68	1673. 05	1852. 22	1979. 88	2134. 05
	收入差距（元）	3487. 57	4984. 19	5524. 52	6106. 94	6786. 54
	农村占城市比例（%）	29. 06	25. 13	25. 11	24. 48	23. 92
青海	城镇居民人均可支配收入（元）	5169. 96	6745. 32	7919. 67	8057. 85	9000. 35
	农村居民人均纯收入（元）	1490. 49	1794. 13	1957. 65	2151. 47	2358. 37
	收入差距（元）	3679. 47	4951. 19	5962. 02	5906. 39	6641. 98
	农村占城市比例（%）	28. 83	26. 60	24. 72	26. 70	26. 20
宁夏	城镇居民人均可支配收入（元）	4912. 4	6530. 48	7217. 87	8093. 64	9177. 26
	农村居民人均纯收入（元）	1724. 3	2043. 3	2320. 05	2508. 89	2760. 14
	收入差距（元）	3188. 10	4487. 18	4897. 82	5584. 76	6417. 12
	农村占城市比例（%）	35. 10	31. 29	32. 14	31. 00	30. 08

数据来源：根据《中国统计年鉴》2000—2006 年数据整理。

与劳动力输入地的农村经济社会发展相比，西北少数民族地区农村的相对弱势地位进一步显现，差距有不断拉大的趋势。虽然从纵向比较来看，2000 年以后，西北少数民族地区的农村经济状况改善明显，农民纯收入不断提高。但与东部发达地区相比，差距非但没有缩小，反而有扩大之势。我们以江苏省作为劳动力输入省份的代表计算，2000 年，甘青宁三省区与江苏省的农民纯收入差距分别为 2166.41 元、2104.60 元和 1870.79 元，分别占其 39.74%、41.46% 和 47.96%；2006 年，差距进一步拉大为 3679.18 元、3454.866 元和 3053.09 元，所占比例分别下降为 36.71%、40.57% 和 47.48%（见表 3-8）。

就流出劳动力的工资报酬来看，与当地居民的工资报酬是不能同日而语的。笔者 2008 年在甘青两省所作的调查显示，甘肃 80.5% 的被访者年收入低于 8000 元，以每个人一年外出 10 个月来计算，月收入不足 800 元，如果按半年的外出时间计算，也只有 1200 元的月收入。青海 59.6% 的被访者年收入还不足 5000 元，按此收入计算的月工资报酬就更低，仅为 500 元或低于 500 元。他们还要生活、消费，要支付一些转移成本，如管理费、路费等，真正能带回农村的资金就更少了。

表 3-8 甘青宁三省区与江苏省农民人均纯收入对比情况

省区	2000 年	2003 年	2004 年	2005 年	2006 年
江苏（元）	3595.09	4239.26	4753.85	5276.289	5813.23
甘肃（元）	1428.68	1673.05	1852.22	1979.879	2134.05
甘肃/江苏（%）	39.74	39.47	38.96	37.52	36.71
青海（元）	1490.49	1794.13	1957.65	2151.464	2358.37
青海/江苏（%）	41.46	42.32	41.18	40.78	40.57
宁夏（元）	1724.3	2043.3	2320.05	2508.887	2760.14
宁夏/江苏（%）	47.96	48.20	48.80	47.55	47.48

数据来源：根据《中国统计年鉴》2000—2006 年数据计算整理。

当然，这种经济分化的成因是多方面的，有低端劳动力自身的原因，这些将在下文中专门进行论述；也有社会分工的历史成因，更应看到其中的人为因素。在与城市、发达地区的经济博弈中，本地经济不发展，就业机会少；自身谋生技能差，无比较优势，西北少数民族地区流出的劳动力处于绝对的弱势地位。因此，我们看到的是即使被严重地卷入“内殖民化”，农村劳动力的社会流动并未停止，也不可能逆向发展。市场经济的竞争性无法取消，但其公平性应该得到张扬。我们要做的应当是尽力消除差距，争取同工同酬的平等待遇，为乡村社会流动创造更为宽松和有利的环境，推动城乡一体化、全国一盘棋的良性发展。

2. 低端劳动力的循环生产，造成西北少数民族地区乡村社会成员对提高人力资源素质的认识和行动之间有偏差

有研究表明，由于我国企业中大量低端劳动力存在，我国的人均制造业增加值不仅低于发达国家，也低于周边发展中国家。2000年，人均制造业增加值日本为6865美元，韩国为3434美元，马来西亚为1369美元，而中国仅为350美元。我国中高技术制造业发展缓慢，技术含量低。2000年，我国中高技术制造业增加值占GDP的57.3%，比日本低10.8个百分点，比印度也低1个百分点。工业竞争驱动力后劲不足，特别是大量的农民工存在于企业中，使得我国工业人力资源素质远低于世界平均水平。① 西北少数民族地区乡村劳动力的素质普遍不高，文盲和半文盲的比例很高。笔者调查的甘肃临夏州临夏县全县有劳动力21万多人，其中具有高中及以上文化程度的有1.64万，占农村劳动力的8%；具有初中文化程度的有3058万人，占17%；小学文化程度的有10.87万人，占52%；文盲、半文盲的有4.91万人，占23%。这样的劳动

① 阳俊雄：《我国农村劳动力转移速度放慢》，载《中国国情国力》，2004（1）。

力素质结构现状在西北少数民族地区的乡村是很普遍的。当然，流出的劳动力一般是“农村精英”，素质相对较高，但还是属于低端的劳动力，文化水平不高，生产技能较差，创新能力不足。当前，因城市经济规模扩大，劳动密集型企业的纷纷建立，对劳动力的需求量很大，“以初级产品制造和加工为主的低度工业化过程，对劳动力文化素质要求只需要达到一个基本的标准就可以了，如果没有更为高昂的制度成本的限制，这些行业和部门的资本总会去追求边际效益更高的其他出处，而不会在人力资源的获取上付出更大的投资”[①]，所以，这些低端的劳动力在接受了一些基础技能培训后，就能被转移安置在工厂的流水线上。如临夏州临夏县的跨区劳动力输转，主要是为福建、江苏等鞋厂、服装厂、食品厂的生产流水线输送初级工。由于劳动力的知识水平低，工资水平也不高。凭借较低的工资报酬要求，他们才有就业的机会和可能。这似乎给其他希望流动的劳动力一种信息，只要你想去就可以实现。

低端的劳动力不仅使务工收入低，还使许多务工者遭受歧视。“我们一起干活的，有技术的人老板看得起，干的活轻松，工资还高；没有技术的人，老板正眼都不瞧我们，干的活累且多，工资还不行。我有些钱了，就想抓紧时间学门手艺。”笔者在下青石村调查时 MHY 如是说。由于受到尽快摆脱贫困的心理驱使，许多人即使意识到了他们再就业竞争中的劣势也未必专门去学习技术，许多村民都不愿意参加政府组织的免费技术培训。这就造成了西北少数民族地区乡村社会流动中“四多四少”问题，即自发性的多、规模性组织性的少，体力型的多、智能型的少，苦力型的多、技能型的少，数量多、质量少。许多外出务工者遍尝生活的艰辛，亲身体

① 刘精明：《现代化背景下中国农民的职业流动研究》，见李强主编：《农民工——中国进城农民工的经济社会分析》，81～82页，北京，社会科学文献出版社，2003。

验了没文化带来的苦果，使得支持自己孩子上学的决心更加坚定。但在实际行动上，他们除了给予孩子一定的经济支持外，并无其他实际的行动支持。在笔者调查中，经常听到村民们谈到孩子时说："书嘛他好好地不念，就让他大一些了跟上出去打工去。"产生这种认识上的偏差主要原因在于：①经济贫困是该地区农村社会成员面临的主要问题，短期内改变经济状况的迫切要求对改变人力资源素质现状的冲击很大，人们的行为"极值"地体现了"一切以经济为中心"。②当地的教育投入不足，教育水平不高，人们对利用教育这种流动机制获得较高经济社会地位的预期便不高。③与政府的引导不无关系。现在，西北少数民族地区的各级政府对劳务输出工作看得很重，无论从他们所喻的"铁杆庄稼"、"不冒烟的工厂"，还是"短、平、快"的经济，都可以透视出政府对此的重视程度。为此，各级政府都有相应的工作任务，有些地区还实行"一票否决制"，即完不成劳务输转任务，工作考核不合格。正是在这样的政策引导下，自上而下的干部都特别重视做好劳动力的输转工作，"你不出去，村干部、乡干部都不允许。""一个高中生考不上学了，自己还未决定补习不补习，村干部先来做你的工作，让你外出务工，好完成他们的劳务任务。"调查中村民们这样反映。

低端劳动力的循环生产，使西北少数民族地区的乡村人力资源流潜力不再，竞争力不足。

3. 劳务崇拜和唯经济利益意识强化，不利于乡村社会发展的整体推进

从政府部门来说，贫困地区的农村工作首先要解决的是脱贫致富。劳务输出正好充当了这一政策实施效益最显著的路径角色，政府工作的重点是抓好劳务输出，"输出一人，致富一家，输出一户，带动一片"，劳务经济成为这些地区政府部门的支柱产业。据调查，在西北少数民族地区，各级政府都成立了专门的劳务办公室，健全了机构，把农村转移就业率作为政府工作业绩的考核指

标，把发展劳务经济作为促进农民增收的一条重要途径，形成对劳务输出的崇拜。①

从农民工方面来说，因为他们看不到职业的稳定性，所以他们寻求报酬的最大化，也试图去寻找工资更高的工作，一旦找到一个工资更高的工作，他们就会毫不犹豫地离开原来的工作。② 笔者在调查中了解到，临夏县政府组织的劳务输出工作中，经常会遇到因工资收入太低弃政府组织输转的工厂和单位而去者，给政府的输转工作带来诸多不便和不应有的损失。③

L22，女，汉族，于2006年9月由临夏县组织前往福建泉州鸿星尔克鞋厂工作，当时政府宣传的保底工资是每月800元，工作业绩突出可以再加薪，转正后一般能拿到1200元的月薪。到厂工作1个月后，因不熟悉工作，她仅领到了800元工资，吃喝和看病花去300多元，剩余了不到500元。她觉得鞋厂工作太累，工资待遇比预想的差了很多，于是私下偷偷联系了两个同去者，在当地找了一份洗车的工作，不辞而别。洗车场的老板向她们承诺月薪1000元，管吃管住的优厚条件吸引了她们。她们在此工作了一个月，当她们去领工资时，老板找了种种理由和借口，拒绝立即兑现工资。她们感觉受到了欺骗，加之人生地不熟，只好又联系了临夏县劳务办的负责同志，请求回鞋厂工作。

---

① 杨庭军：《西部贫困地区劳务输出的崇拜、反思与超越》，载《湖南文理学院学报》（社会科学版），2006（5）。

② 陆学艺：《当代中国社会流动》，328页，北京，社会科学文献出版社，2004。

③ 根据双方合作协议，西北民族地区当地政府每成功输转一名劳动力（稳定工作三个月以上）可得到企业方补偿的全额的路费和培训费，该部分经费是由政府事先垫支的。

据劳务办的负责人介绍，像L22所经历的“跳槽”事件，他们会经常遇到。此类不守信的行为，不仅给其本人造成经济损失，也蚕食着地方政府与劳务基地之间的信任。究其原因，主要是巨大的经济利益崇拜和尽快摆脱经济窘境的心理造成的。据调查，有40.46%的人认为“外出务工考虑最多的是挣到更多的钱”。从贫困地区流动来的年轻农民，在流入地工作生活时，接触到的是先进的技术和管理，享受了现代化的城市生活，与其原来的生活环境和生活模式发生着最直接和最深刻的比较和碰撞。为了实现新的人生理想，最现实的问题就是要有较好的经济基础，如何挣到更多的钱成为他们首先要面对的问题。挣钱，多挣钱，村民都空前的现实，无利可图的事绝对不做。2003年，区上要给宁夏固原开城镇下青石村安装自来水，区上补助10万元，要求村里出劳力。本是件好事，可许多村民不满区上义务出工的要求，二队的村民硬是不干，该队安装自来水一事搁浅。现今，他们不得不到距村子4里地的村里取水吃。“观念跟不上，意识落后不说，还不愿意多出一份力，哪怕是有利于自己的好事都会被搅黄”，村干部也很无奈。因此而产生许多干群、群众之间的矛盾，甚至冲突，严重干扰了基层社会的协调发展。

4. 农业从业群体现状堪忧

近年来，经济学界对农村剩余劳动力转移研究的争论焦点之一就是对于剩余劳动力的界定和计算。

人才资源不断流失，农业从业群体现状不断恶化。据专家预测，西部地区12个省、自治区、直辖市每年农业人才资源流失愈千万人。有学者将西部民族地区的人才流失分为三次：第一次是农村知识分子“孔雀东南飞”，考学后在城市就业，不愿意回家乡，流失了一大批知识精英；第二次是农村里有知识、有头脑的精英外出，成了城市中的农民工；第三次就是当前呈汹涌之势的青壮年外出务工，使农村仅存的优势资源流失了。贫困地区农业资源的开发利用、农业技术的改良、农业基础设施建设、农业规模经营，都因人才流失而受到严重制约。农村劳动力的大量外流导致农业劳动力严重不足，极大地冲击了现存农业生产力。农村劳动力转移以青壮年劳力为主，据统计，在全国范围内，农村外出就业劳动力的年龄结构以18~35岁的青壮年为主，所占比例超过70%。西部贫困地区更为突出，在已转移的农村劳动力中，未满18岁的占3.5%，18~40岁的占81%，40岁以上的占15.5%，有些地方甚至出现整村整寨集体外出打工的现象。[①] 在农业生产仍然十分落后，农业生产率非常低下的情况下，劳动力仍是农业生产经营中的主要生产要素。许多农村农业的从业人员高龄化、弱势化，被称为“3860”部队（即以女人、老人为主要劳动力）。除农忙季节有部分“候鸟式”流动的农民回家帮助务农外，农村里一般很难见到青壮年劳动力。笔者在调查中经常会遇到接受调查者为留守的老人或小孩的困境，青壮年的劳动力几尽流出，若无特殊情况，如生病或处理家庭事务，几乎全部外出务工，很难找一个“当事人”了解情况。就是留守妇女也在农闲期间就近从事非农工作，以挣得一些非农收入。隔代共同生活的家庭、高龄化的农业生产队伍现状，使得农业技术推广受到了前所未有的冷遇，村民对于实现农业机械化的积极性普遍不高，农村村民自治参与度低，新农村建设的主体严重缺失。

三、乡村社会流动对流入地产生的经济后果

乡村社会流动从发生地域来看，主要是从农村向城市、从欠发

① 杨庭军：《西部贫困地区劳务输出的崇拜、反思与超越》，载《湖南文理学院学报》（社会科学版），2006（5）。

达地区向较发达地区的流动。西北少数民族地区的农村劳动力转移地域去向主要还是转向西部地区，而向东部地区转移的比例也呈增长态势。从笔者的调查资料来看，西北少数民族地区村民的就近流动是主要的流动方式，县内乡外的流动比例占45.2%，主要是在国家投资的一些工程项目，如高速公路、引水工程等项目从事非农工作。但是，近几年来，政府组织的劳务输转、能人带动、熟人带动或自发联系的远距离流动也不断增加，流入地不断增加，如新疆、福建、北京、浙江等经济相对比较发达、劳务紧缺地区成为劳动力流动的主要选择，流动比例占26.6%。

西北少数民族地区劳动力的流入地一般具有以下特征：

（1）经济发展水平比较高，收入水平也比较高，这样的流入地多为东部地区和城镇。与西部相比，东部位于改革开放的前沿，属于最先发展起来的地区，工业化程度较高，人们的生活水平提高较快。与乡村比较起来，城镇有比较优势，这不仅得益于城乡二元体制下对城镇建设的重点投入，而且得益于城镇集中了第二、三产业，较之农村的农业，有产业比较优势。

（2）劳动力相对不足，就业机会多。由于我国经济发展的提速，许多城镇大力投资，兴办企业，特别是东部沿海城市，由于外资的注入，兴办了许多劳动力密集的出口外向型企业，需要大量的工人，因此提供了许多就业岗位。另外，像新疆建设兵团、厂矿企业等流入地，主要是历史原因和生产的特殊性，季节性地需要大量劳动力，也提供了许多就业机会。

对于流入地的后果，从国际经验来看，“英国央行货币政策委员会（MPC）委员布兰奇福劳（David Blanchflower）声称，近期来自新欧盟国家的劳动力流入，令英国劳动力市场更加稳定和具有韧性，对英国经济有利。布兰奇福劳说，外来劳动力流入带动英国经济增长，为英国劳动力市场提供韧性，以防冲击。倾向温和货币政策的布兰奇福劳还指出，外来劳动力流入抵消了工资上涨引发的通胀压力。布兰奇福劳表示，外来劳动力流入短期内对英国经济有利，而且从长期利益角度考虑，人们将更加意识到工资上涨对通胀的压力。”①

以下主要讨论我国劳动力流入对城市和发达地区经济发展的影响，也将从正向和负向两个视角加以分析。

（一）正向后果分析

1. 提供了充足且廉价的劳动力

以广东省为例，农民工是改革开放30年来广东成功实现经济起飞的重要要素和基础。② 改革开放以来，市场化取向的开放型经济政策、外资流入以及俗称“农民工”的内地农业劳动力流入，是广东省经济多年来维持两位数增长的三大重要支柱。这些青壮年劳动力为广东提供了充裕的优质、低成本劳动力，形成了广东出口导向型制造业巨大的比较成本优势，低成本技术工人的聚集又吸引了更多的投资，在很大程度上帮助广东摆脱了市场经济快速发展过程中经常遇到的要素制约，在短短30年内迅速建成充满竞争力的强大的中国制造业基地，为遍布全球的“中国制造”奠定了重要基础。从历史上看，大规模的移民潮总是伴随着一个经济崛起的过程。农民工对广东过去的经济增长、社会发展做出了重大贡献。

不仅仅广东是这样，作为全国劳动力社会流动的流入地，城市和发达地区的经济发展都有这些流动者的贡献成分在内。这些流入地基于下列的需求，为大规模的农村劳动力提供了就业的广阔天地，同时也享受着他们辛勤劳动带来的好处。

（1）第三产业发展的需要。第三产业是英国经济学家费希尔

① 载中金在线，www.cnfol.com，2007年11月28日。

② 载《羊城晚报》，2009年2月5日A2版。

1935 年在《安全与进步的冲突》一书中首先提出来的，指除第一、二产业以外的其他行业（又称第三次产业）。根据国务院办公厅转发的国家统计局关于建立第三产业统计报告上对我国三次产业划分的意见，我国第三产业包括流通和服务两大部门，具体分为四个层次：一是流通部门——交通运输业、邮电通讯业、商业饮食业、物资供销和仓储业；二是为生产和生活服务的部门——金融业、保险业、地质普查业、房地产管理业、公用事业、居民服务业、旅游业、信息咨询服务业和各类技术服务业；三是为提高科学文化水平和居民素质服务的部门——教育、文化、广播、电视、科学研究、卫生、体育和社会福利事业；四是国家机关、政党机关、社会团体、警察、军队等，但在国内不计入第三产业产值和国民生产总值。由此可见，第三产业基本是一种服务性产业。

改革开放以来，中国国民经济保持快速增长，综合国力大大增强，社会生产力水平明显提高。在此期间，服务业得到了快速发展，其在国民经济中的重要性日益加强。特别是 1992 年《关于加快发展第三产业的决定》下发以来，我国服务业稳定发展，结构不断改善，就业岗位大幅度增加。按可比价格计算，我国服务业增加值从 1980 年的 966. 4 亿元增长到 2003 年的38885亿元，按可比价格计算，23 年间增长了 9. 5 倍，年均增长 10. 3%，高于同期国内生产总值的增长速度。服务业增加值占国内生产总值的比重也从 1979 的 21. 4% 提高到 2005 年的 40. 3%。2005 年，全国城镇投资中，第三产业投资42675亿元，全年服务业增加值为73395亿元，其中，批发零售餐饮业17119亿元、运输邮电业13805亿元、金融保险业 6188 亿元、房地产业 8125 亿元、其他服务业28158亿元。服务业对经济增长的贡献率达到 38. 8%。服务业的就业比重也不断上升，它已成为吸纳全社会新增劳动力和劳动力在产业间转移的主要渠道。服务业从业人员从 1978 年的 4890 万人猛增到 2005 年的

1.53 亿多人。①

以甘肃省为例，第三产业的从业人员逐年增长，2004 年第三产业的从业人数为 345.22 万人，为历年之最，其在从业总人数中的比例一度也达到了 22.70%（见表 3-9）。

表 3-9　甘肃省第三产业从业人员情况统计表

年　份	从业人员总数（万人）	从事第三产业人数（万人）	所占比例（%）
1990 年	1292.40	206.70	15.99
2000 年	1476.45	316.11	21.41
2001 年	1488.93	327.42	21.99
2002 年	1500.59	333.43	22.22
2003 年	1510.85	338.58	22.41
2004 年	1520.46	345.22	22.70
2005 年	1391.36	301.58	21.68
2006 年	1401.36	308.02	21.98

资料来源：《甘肃统计年鉴（2006 年）》，中国统计出版社，2007。

总体上看，2000 年以后，第三产业的从业人数所占比重虽有波动，但仍保持在 20% 以上。2000 年以来，农村转移的劳动力主要行业去向还是在第三产业，其所占比例占当年转移劳动力比例的 50% 以上，2003 年更是达到了 71.55%。在第三产业中，农村来的

① 中国网 www.china.com.cn，2008 年 12 月 10 日。

流动者在住宿和餐饮业中就业的比重较大，占转移劳动力的比例逐年提升，2003 年为 8.45%，2006 年翻了一番多，达到了 20.16%；转移劳动力在居民和其他服务业中所占的比重也呈现逐年上升的趋势（见表 3－10）。许多城市居民在农民工每年春节大批返乡后感觉到服务人员紧缺的主要原因，就是因为从农村转移出来的劳动力在服务行业中占了相当大的比例。一旦他们回乡，就业市场的用工自然紧缺了。

表 3－10　甘肃省农村劳动力转移行业构成情况

（单位：%）

指　标	2000 年	2001 年	2002 年	2003 年	2005 年	2006 年
当年转移的劳动力按行业分组	100.00	100.00	100.00	100.00	100.00	100.00
一、转移到第二产业就业的劳动力	45.33	36.41	40.25	28.45	45.39	47.38
1. 采矿业				1.41	5.31	4.76
2. 制造业				19.15	33.49	31.17
3. 电力、煤气及水的生产供应业				1.97	1.85	1.95
4. 建筑业				5.92	59.35	62.12
二、转移到第三产业就业的劳动力	54.67	63.59	59.75	71.55	53.45	50.87
1. 交通运输、仓储及邮电通讯业				7.89	13.73	12.90

续表

指　标	2000年	2001年	2002年	2003年	2005年	2006年
2. 商业、饮食服务业	30.69	22.05	23.73	19.15	33.34	31.25
批发和零售贸易业				10.70	13.73	11.09
住宿和餐饮业				8.45	19.61	20.16
3. 居民服务和其他服务业				6.76	18.43	21.17
4. 教育				14.93	9.21	10.89
5. 卫生、社会保障和社会福利业				5.07	4.12	4.03
6. 文化、体育和娱乐业				1.13	2.94	1.21
7. 其　他				16.62	18.23	18.55

资料来源：根据《甘肃年鉴》2000—2006年数据整理。

（2）兴办产业、企业发展的需要。东南沿海和城市因交通便利、产业群集中和生产条件优越等优势，吸引了大批国内外的投资商。像广东、浙江、江苏、福建等省，密布了许多劳动密集型和出口外向型的企业，它们也成为了劳动力流入的主要目的地。笔者在调查中了解到，甘肃省临夏州在福建连江、晋江等地的服装、鞋业工厂通过组织输出的劳动力渐成规模，并且很固定，福建连江清禄鞋业公司用工规模达到千人以上。

（3）城市就业中“结构性空位”需要农村劳动力填充。所谓“结构性空位”，实质上是指城市就业中，城市人都避而远之的工作岗位。农村剩余劳动力的流动填补了城镇地区的结构性劳动力缺失，为城镇建设做出了巨大的贡献。他们在城市大多从事建筑施工、搬运、装卸、修理、道路养护、清洁、废品回收、地摊卖菜等苦、脏、累、险、低报酬、城市人口不愿从事的工作，如表3－11所示，在上海市所调查的25223人中，从事重型体力活的比例很高。[①] 由此使城市的行业构成和就业结构趋于合理和完善。因此，他们为城市的全面发展和产业细化做出了默默的奉献。

表3－11　上海市外来人口行业分布统计表

行　业	人　数	行　业	人　数
建筑施工	8346	餐饮服务	1581
加　工	5028	摊　贩	1446
手工业	2158	家庭佣工	487
运　输	1565	农　业	1084
废旧物收购	200	投　资	47
其　他	3281	合　计	25223

此外，城市化进程加快，建筑业大发展，当地劳动力的成本过高，招工困难以及产业及生产结构调整，规模经营和季节性需求都对农村剩余劳动力产生了需求。

2. 促进了工业化和城市化的进程

从流入地的情况来看，大量农民工的存在，为我国工业化、城市化、现代化的建设提供了强大的动力。从经济学的角度讲，大量农民工的存在，为城镇工业化和现代化的推进准备了劳动力资源的蓄水池，加快了劳动力市场的发展，为市场经济的健康发展建立了

① 余红、丁骋骋：《中国农民工考察》，89页，北京，昆仑出版社，2004。

一个灵活的机制，特别是为劳动密集型产业的发展提供了条件。从农村流出的农民以其吃苦耐劳的精神抢占了建筑、饮食服务、环保、农副产品供应等行业，并占了绝对优势，完善了城市的服务功能。只要留意观察一下，经过改革开放30年的发展，目前农村流出的劳动力对流入地来说已经越来越不可或缺了。例如在南京市，安徽人专门卖肉，山东人卖蔬菜，河南人供应粮油，浙江人推销小商品，解决了城市几百万人的吃饭、吃菜与日常生活服务问题，省却了这一过去困扰政府多年的老大难问题。① 可以毫不夸张地说，如果失去外来劳动力，中国各大、中城市将会陷入“瘫痪”，城市的环境卫生将无人打扫，许多建筑工地将会停工，沿海绝大多数的乡镇企业将会关门，城市居民的生活将会变得很不方便。从1999年2月8日《北京日报》一篇题为“喝奶困难、用煤着急、家务恼人，春节外地人治了北京人!”的报道可以看出，农民在现代城市中具有不可或缺的作用，只不过过去是以一种隐性的形式存在着。② 2006年《国务院关于解决农民工问题的若干意见》称农民工是“我国改革开放和工业化、城市化进程中涌现的一支新型劳动大军，他们广泛分布在国民经济的各个行业，为城市繁荣、农村发展和国家现代化建设做出了重大贡献。”③ 根据第五次人口普查资料显示，农民工在第二产业从业人员中占58%，在第三产业从业人员中占52%，在加工制造业从业人员中占68%，在建筑业从业人员中占80%，④ 由此可见，外出打工求生的农民活跃在经济战

① 孔维军：《论农村流动人口对城乡二元经济结构的影响》，载《广西社会科学》，2001（1）。

② 同①。

③ 白南生：《城市化与农村劳动力流动》，见李强主编：《中国社会变迁30年》，115页，北京，中国社会科学文献出版社，2008。

④ 同③。

场的各条战线上，已经成为推进我国工业化和城市化建设一支不可缺少的重要力量。再者，大量农民工进入城市，形成了一个日益增长又相对稳定的城市人口群落，极大地推动了流入地的城市化进程。像珠三角这样的外来流动者集中的区域，其城市人口增长、城市规模扩张速度之快，公共设施改善程度之大，建设速度之高，可谓世所罕见。

3. 产生了大批的消费群体

农民工群体为流入地经济持续发展提供了重要的消费支持。农民工不仅形成了地区经济的供给能力，其日常生活和安家置业的需求也形成了一股巨大的消费力。农民工集中进入的地方，对住宅、食品、服装、日用品等物质产品，以及交通、教育、文化娱乐之类的服务产品的需求都大大提升，政府对公共产品的投入也不断增加，巨大的需求推动了经济的蓬勃发展。从这个角度说，农民工不仅在就业，同时也在创造工作机会。在全球经济不景气拖累外部需求下降的大环境下，稳定的本地需求将成为维持地区经济增长直接和现实的选择。

4. 冲击着城乡二元体制，促进了劳动力市场的发育

农村劳动力的频繁、持续流动，极大地冲击着城乡二元体制，对城乡不同的就业、福利及管理等二元制度提出了挑战，促进了劳动力市场的发育。首先，农村劳动力流入城市补充了城市劳动力的“不足”，他们拾遗补缺，为城市居民生活的方便、舒适做出了很大贡献；其次，具有更重要的意义是，农村劳动力进城降低了城市劳动力成本，提高了劳动生产率，增加了城市职工的流动性，对城市原有用工制度带来有利冲击，对全国劳动力市场的发育具有不可低估的作用。①

① 白南生：《城市化与农村劳动力流动》，见李强主编：《中国社会变迁30年》，115～116页，北京，中国社会科学文献出版社，2008。

（二）负向后果分析

1. 加大了就业压力

当前，大量农民的外出务工经商，既是一种推拉力作用的结果，也有从众心理作用的成分。在流入地形成了农村社会流动者、大学毕业生和城市待业居民等就业竞争群体，他们面对城市和流入地有限的就业岗位展开激烈的竞争。特别是在2008年以来的全球金融危机影响下，很多用工单位因生产规模缩减，开始考虑裁减员工，这对于农村流动劳动力来说就业压力会进一步加大，很多农村流动劳动力在竞争中缺乏有效的竞争力，不得不重新回到农村。习惯了非农就业生活，长期疏离农业使他们“重操旧业”时非常不适应，这一方面对他们来说造成了不必要的麻烦，另一方面也不利于农业生产的发展。

2. 持续的外出务工潮，某种程度上也强化了流动劳动力高的经济预期，经济整合难度加大

因近年来城市和各经济发达地方大力发展劳动力密集型工业，形成对劳动力大量需求的局面，农村外出劳动力对于工资收入水平的预期也在不断攀升。笔者在宁夏固原调查时了解到，近年来，赴新疆“拾棉”大军的工资要求逐年提高，2000年时为每公斤0.4元，当时主要是一些零散的、小规模的劳动力前往摘棉花，工资期望值不高。经过8年的提升，2008年的“拾棉”工资要求已涨为每公斤1.4元。面对日益上涨的劳动力成本，新疆维吾尔自治区政府与甘青宁各地方政府通过签订劳务协议，确定所谓官方价格，然后由当地政府负责组织劳力，进行有组织的输出。由于一些零散的农户用工所给的价格高于政府协议价，给即将输出的劳动力反馈的信息是政府欺骗他们，赚他们的人头钱，造成政府组织输转的工作很难开展，即使有一些组织前去的

劳动力也经常“流失”，给协议用工单位带来损失和不便，也极大的损伤了政府的威信，给政府有组织的劳务输转工作造成许多障碍。

西北少数民族地区农村社会流动的经济取向主要是改善经济收入状况，改变经济收入地位。事实上，目前大量在城市里谋生的青年农民，主要目的是赚取比农村更高的工资，还谈不上享受城市文明。许多经验和研究表明，乡村社会流动对于西北少数民族地区这样的欠发达地区最直接的后果是增加了农村经济收入，提高了乡村社会成员的收入水平，率先实现了其经济地位的改善。对于乡村社会、农业和农民而言，权衡乡村社会流动的经济后果，是利大于弊的。我们应该看到，随着乡村社会流动性的增加，越来越多的农村劳动力外出务工经商，缓减了农业和农村就业压力，促进了农村工业化和城市化水平的提高，也提高了农村劳动力参与市场经济的能力，逐步缩小了城乡收入差距。当然我们也应该清醒地认识到，乡村劳动力的外出流动，客观上造成了农业从业群体素质降低，人们经济利益意识趋强，经济整合难度加大等负向后果。如何引导乡村社会流动的合理发展，将是摆在我们面前紧迫而现实的任务。

第四章　西北少数民族地区乡村社会流动的政治后果

根据马克斯·韦伯三位一体的社会分层理论，社会阶层的划分有三重标准，即财富——经济标准、权力——政治标准以及声望——社会标准。西北少数民族地区乡村社会流动的经济后果是最显著的，体现为农业劳动力的职业非农化，经济收入状况在短期内有较大的改观，其在社会分层结构中的经济地位首先得到了提升。与此同时，社会流动对组织资源的占有状况也有很大的影响。社会流动影响人们的政治认知方式和结果，影响人们的政治参与方式和效果，也影响着社区权力结构和社会的政治稳定。了解权力资源占有的分化状况，也是探视社会流动和社会分层的重要视角。本章将对此作一初步分析。

一、乡村社会流动与政治文化

（一）政治文化

1. 政治文化的含义

1956 年 8 月，美国政治学界著名的行为主义学派代表人物阿尔蒙德在《政治学杂志》上发表的《比较政治体系》一文中，首次明确提出了“政治文化”的概念，他使用这一概念来分析比较各种不同的政治体系，认为政治文化是生活在具体的政治体系中的社会个体的一种特定的政治行为模式。1963 年，阿尔蒙德在与维巴合著的《公民文化》一书中，对“政治文化”概念作了更加准确、科学的定义，指出：“政治文化这个术语指的是专门化的政治导向——对于政治体系及其各个方面的态度和对于自我在这个体系中角色的态度”[①]。并认为“政治文化”的内涵应包括：①认知导向，即关于政治体系、政治体系的作用，这些作用的发挥者，政治体系的输入和输出等的知识和信念；②情感导向或关于政治体系、政治体系作用的认识及表现的感情；③评价导向，关于涉及到价值标准与信息、情感相组合的政治对象的判断和意义。[②] 一言以蔽之，阿尔蒙德和维巴认为政治文化是指政治态度，它的基本内容由政治认知、政治情感和政治评价（价值）三个部分构成。在阿尔蒙德定义的基础上，派伊（Lucian Pye）认为，政治文化是政治系统中存在的政治主观因素，包括一个社会的政治传统、政治意识、民族精神和气质、政治心理、个人价值观、公众舆论等，其作用在于赋予政治系统以价值取向，规范个人政治行为，使政治系统保持一致。维巴在分析政治文化的构成和作用时进一步指出，一个社会的政治文化由经验基础上形成的一系列信念、符号和价值所构成，它决定了人们行为的条件，为人们提供了参与政治的主观意向。

20 世纪 80 年代以来，我国政治学界的许多专家学者把视线投向了政治文化，他们对政治文化概念的界定大致形成了以下几种意见。[③]

---

① G. Almond and S. verba：Civic Culture，Princeton University Press，1963.

② 同①。

③ 刘晓春：《论政治文化概念的缘起与界定》，载《商丘师范学院学报》，2008，24（1）。

第一种意见：以朱日耀、公丕祥、孙正甲、万高等学者为代表，认为政治文化是一个应包括政治思想（理论）、政治制度、政治心理乃至政治行为模式等内容在内的内涵十分丰富的概念。如朱日耀认为应把中国的传统政治文化划分为支配和规范人的政治行为的政治思想、影响社会政治运行过程的政治心理及政治制度三个部分。公丕祥指出，政治文化乃是在一定社会物质生活条件作用下，民族、国家、阶级和集团所建构的政治规范、政治制度和体系以及人们关于政治现象的态度、感情、心理、习惯、价值观和学说理论的复合有机体。孙正甲则认为，政治文化概念一般可解释为政治体系中的意识形态领域以及意识形态的可操作领域，其中，前一领域可涵容政治心理、政治价值、政治意识等含强烈政治色彩的精神要素；而后一领域则可包括政治制度、政治过程、政治行为、政治表达方式等政治范畴。万高也指出，政治文化作为一种系统结构，包括实体性政治文化和观念性政治文化。实体性政治文化是以政治文化转化形态出现的政治制度，观念性政治文化包括政治心理、政治思想和政治价值。

第二种意见：以王沪宁、戚珩、刘泽华、葛荃等学者为代表，他们从与实体性的政治制度相对应的观念性的层面来理解政治文化的内涵，认为政治文化只应涵容政治思想（理论）与政治心理两个部分。如王沪宁认为，政治文化是政治活动中的一种主观意识领域。戚珩认为，政治文化是指人们通过政治社会化所获得的持久影响政治行为与社会政治倾向的政治思想意识、政治价值评价与政治心理习俗的总和。刘泽华、葛荃也认为，政治文化应该是政治思想、政治信仰、政治观念、政治价值标准、政治意识与政治心理的总和。毫无疑问，这些学者都是从政治思想（理论）和政治心理两个层面来揭示政治文化的内涵的。

第三种意见：以沈大德等人为代表，将政治文化放在一般意义上的社会文化层面来理解，认为政治文化是等同于包括伦理价值观和生活方式文化在内的社会文化。

第四种意见：以孙西克、张浚等人为代表，赞成美国行为主义学派对政治文化内涵的理解，认为政治文化是一个特定的概念，政治文化只研究“政治体系的心理方面”内容。如孙克西明确提出政治文化的研究应侧重于心理方面，不应包括行为模式和政治思想。张浚也认为，政治文化的研究应限定在政治体系中的居民对该系统的认识、情感及评价等心理活动。

第五种意见：以徐大同、高建等人为代表，支持苏联学者对政治文化概念的解读，将政治文化的内涵等同于政治思想（理论）或政治价值观念，指出，所谓政治文化，主要是指人们在长期的社会生活和实践中所形成的各种政治思想、理论、价值观念等的总积淀。

上述认识可以分为两大类，一类是广义的政治文化概念界定，一类则是从狭义上理解政治文化。笔者认为，对于政治文化的理解，狭义的概念界定较为准确和科学，界定政治文化概念的内涵应从政治思想（理论）和政治心理两个层面、两种维度来进行。政治文化就是在人们政治认知的基础上所形成的持久影响政治行为与社会政治倾向的政治思想意识、政治价值评价与政治心理习俗的总和。

2. 政治文化的结构

政治文化就是在政治认知的基础上形成的政治情感和政治价值的统一体。在日常生活中，政治文化一般以一定的政治认知或意识（awareness）、政治价值观念（values）、政治信仰（beliefs）、政治情感（feelings）、政治态度（attitudes）等形式表现出来。政治文化的结构主要包括三个基本部分：政治认知——政治文化的认知性成分，政治情感——政治文化的情感性成分，政治价值评价——政治文化的评价性成分。

政治认知是指人民对于政治组织、政治过程、政治角色、政治产品等方面的认识，它构成了人们对政治体系进行判断以及选择行为目标和行为方式的基础。政治情感是指对政治体系和政治活动的感情，它是人们在政治生活中对政治体系、政治系统活动或政治实践所持有的一种主观的评价。政治价值是指人们依据一套他们认为是正确和合理的准则、信条，或明确或含蓄地对政治体系进行价值判断，它主要包括政治价值观念和政治评价的心理过程两部分。

3. 传统政治文化的现代转型

毛寿龙比较准确地概括了中国传统政治文化的内容，认为中国传统政治文化的特质主要有：首先是重视伦理，体现在社会政治充满宗法血缘关系，实行家长式的统治，政治的好坏也由血缘伦理来判断；其次是社会政治秩序由礼来决定，礼是日常政治生活的重要内容；第三是重人治，轻法治；第四是有着强烈的人文精神，强调个人修养和个人追求，强调通过个人的努力来达到人格的完善；第五是民本趋向，强调民心向背是政治统治兴衰的关键；第六是强调内圣外王，强调一个人的修养，认为每个人的修养都好了，就能够达到天下大治。①

王宗礼等人依据阿尔蒙德和维巴对政治文化所区分的村民、臣民、参与者和公民四种类型，分析了西北农牧民的政治人格及其政治文化，认为西北农牧民中存在四种基本的政治人格：臣民人格、草民人格、牧民人格和公民人格。② 研究指出，西北农牧民的臣民人格的特征有：第一，比较注意他人和自己的修养，也比较注意对自己言行的约束，看重他人对自己的评价；第二，为人处事有一定

① 毛寿龙：《政治社会学》，123~126页，北京，中国社会科学出版社，2001。

② 王宗礼等：《西北农牧民政治行为研究》，63页，兰州，甘肃人民出版社，1995。

的主见和独立性，宽容他人，遵守法律，办事稳重可靠，不随波逐流；第三，具有这种人格的人普遍对政府及其官员有较高的期望，对政治参与表现出一种秩序性；第四，具有这种人格的人一般比较认同社会的改革和进步，有一定的进取意识和创新心理；第五，具有这种人格的人一般在村民中具有较高的威信和权利，对许多事情的影响力较大。草民人格的特征主要有：第一，不太注重修养，对人的行为意识缺乏基本的自我约束意识；第二，不太注重自己在群体中的位置，不太在乎别人的评价，也缺乏一种宽容心和知错心理；第三，独立性比较差，判断力失灵，具有法盲倾向；第四，政治意识差，对政府及其官员缺乏正确的期望，对政治基本上没有参与意识；第五，缺乏进取意识和创新心理，具有很强的安逸心态和保守退缩倾向。牧民人格的特征主要有：第一，强烈的宗教性；第二，内心保持善念的内在意识性；第三，和平与平等性；第四，顺从他人和服从政权的意识；第五，世俗法律意识不强，注重按教义做人，更乐于服从宗教法律的裁决；第六，注重自我修养；第七，比较关注国家政治生活和政策走向，但缺乏积极参与感。公民人格是作为具有现代性的社会成员的政治人格，具有五个重要特征：第一，具有十分强烈的个体独立性和自主性；第二，具有较高的利益性和权利意识；第三，具有较强的政治认知感和政治判断能力；第四，政治责任感强，有较强的政治能力；第五，政治组织化程度高，政治参与意识突出。①

一定的政治人格是由一定的政治文化型塑的，不同的政治人格体现了不同类型的政治文化。据此，笔者认为，在西北少数民族地区主要有四种类型的政治文化：臣民文化、草民文化、牧民文化和公民文化。不同政治人格的特点反映不同政治文化的特点。自 20

① 王宗礼等：《西北农牧民政治行为研究》，73～89 页，兰州，甘肃人民出版社，1995。

世纪80年代以来，无论是“离土不离乡”还是“离土又离乡”，乡村社会流动都改变了传统政治文化的乡村基础。一方面，流动意味着农民离开了曾经养育自己的土地，大多进入城市，从事非农产业，从而改变了政治文化产生的经济基础；另一方面，流动使农民脱离了原来的家庭生活，进入个体本位的城市社会，从而改变了政治文化产生的社会基础。由于赖以存在的基础发生了变动，从而流动的农民原有的政治文化随之发生变异。① 从总体上考量，乡村社会流动使得更多的农民有机会体验城市生活，已有的研究对此进行了深入的分析，表明流动对促使传统政治文化转型有着积极的意义。沃思就指出，城市改造着人性，城市生活特有的劳动分工和细密的职业划分，同时带来了全新的思想方法和全新的习俗姿态，这些新变化在不多几代人的时间内就使人们产生了巨大的改变。② 英克尔斯等人对6个发展中国家的研究也表明，来自不同文化的人，一旦置身于现代化的工业和其他现代环境中，会基本顺应这种环境，经历人格上的改变，产生出某些“共同性”的精神状态和行为活动方式，成为现代的个人。③ 上述研究主要是基于西方城市化和农民向城市流动的经验所做的分析。徐勇等人的分析指出，中国的乡村社会流动因流动农民自身条件的特殊性和进入城市后所从事的职业和社会生活经历的差异性，政治文化的变迁大致沿着三种不同的路径演化，形成三种截然不同的政治亚文化。④

首先是农民的流动有助于公民人格的形成和公民文化的生长。

---

① 徐勇、徐增阳：《流动中的乡村治理》，98页，北京，中国社会科学出版社，2003。

② ［美］帕克等：《农村社会学》，265页，北京，华夏出版社，1987。

③ ［美］英克尔斯：《人的现代化》，93页，成都，四川人民出版社，1985。

④ 徐勇、徐增阳：《流动中的乡村治理》，100~107页，北京，中国社会科学出版社，2003。

表现在政治认知水平的提高，政治参与意识的增强，对传统和权威的认识和评价发生了变化，不再盲目迷信。

其次是农民在流动中其政治文化并没有发生大的变化，而是表现为传统臣民文化的复制。在城市相对陌生的环境、激烈的市场竞争和不公正的待遇面前，流动的农民本能的反应就是依托乡村原有的血缘、地缘关系，来帮助他们在城市生存下来，这样他们就将乡村传统的社会结构在城市中复制了下来，也使他们保留了传统的臣民政治文化的许多成分，表现为对权威的敬重和对亲缘、地缘关系的经常利用。

再次，流动农民所发生的传统政治文化变迁并不是积极的，而是转化为消极因素。表现为一方面他们对正式权威不信任、不认同。例如笔者在甘青两省的调查资料显示，“在打工期间遇到困难你找谁商量”的选择中，34.9%的被访者选择找老乡商量，16.9%的被访者选择与家里人商量，还有20%的被访者选择和老板商量，因为很多老板就是他们的熟人和亲戚，找他们商量也是因为有传统的关系因素，比较信任。相反，只有14.1%的人选择找家乡政府和当地政府商量，体现了对正式权威的不信任、不认同(见表4-1)。

最后，是对于规则具有反叛意识，信奉“强权即真理”，在发生纠纷或冲突时，习惯于用暴力方式处理，缺乏妥协和协商精神。这在西北少数民族地区流动的乡村社会成员身上也经常表现出来，例如，在兰州的一些装修市场上，一些来自临夏的农民强占市场，划区经营，即他们活动的地方其他人不能进入，雇主只能用他们的人来干活，如果有人敢挑战他们的既得利益，通常就会受到暴力驱赶，甚至发生暴力事件。

西北少数民族地区乡村社会流动对政治文化的影响和后果，笔者主要从对流动者个体和流出地群体的政治认知、政治情感和政治价值评价三方面的影响进行具体分析。

表4-1　被访者在务工期间遇到困难时寻求帮助的对象

	频　数	百分比（%）	有效百分比（%）	累计百分比（%）
当地政府	106	11.2	11.2	11.2
家乡政府部门	27	2.9	2.9	14.1
老　乡	330	34.9	34.9	48.9
家里人	160	16.9	16.9	65.9
老　板	189	20.0	20.0	85.8
其　他	61	6.4	6.4	92.3
缺　失	73	7.7	7.7	100.0
总　计	946	100.0	100.0	

数据来源：根据笔者2008年调查数据整理。

（二）社会流动与政治认知

1. 政治认知的概念

政治认知是指公民对政治制度、组织、政策、政治首脑、政治体系的运行机制以及政治人的权利和义务的主观反映，它既是对政治现象、政治关系的反映，即政治事实认知，又是对政治现象与政治关系的评价性反映，即政治价值认知。[①] 政治认知就是政治主体对于政治生活中各种人物、事件、活动及其规律等方面的认识、判断和评价，即对各种政治现象的认识和理解。政治认知对于人们的政治行为具有基础意义，人们正是在政治认知的基础上实施政治行为，进行政治生活。人们政治认知的发展有利于社会政治文明和精神文

① 朱选华：《培育公民的政治意识是政治文明建设的基础》，载《宁波大学学报》（人文科学版），2005（3）。

明的进步，增进政治认知也是公民政治文化得以培育的认识途径。

2. 政治认知的途径和渠道

一般来说，政治认知程度同政治信息的来源渠道多寡是相互联系、相互促进的。人们的政治认知，也即获取政治信息的渠道有两条，一条是自上而下的权力灌输，包括利用教育、媒体宣传和干部传达等途径；另一条是自下而上的体验、总结，主要是人们通过政治参与，观察、分析、反思的结果。也可以依据信息获取渠道的性质，将政治认知的渠道分为正式渠道和非正式渠道。正式渠道，也叫正规渠道，通过它获取的信息来源有出处，传播信息失真率低，如政府文件、法律规定和书本知识等就是政治信息获取的正式渠道；非正式渠道，获取的信息出处不明，传播过程中信息失真率高，如口头传达。谣言就是一种典型的通过非正式渠道传播的信息，首先信息来源不清，其次在传播过程中往往对信息经过加工、歪曲，使信息片面化、简略化，接受者根据自己的信念和态度对原有信息添油加醋，再传播给其他人。政治认知的渠道还可以分为直接渠道和间接渠道等。

当前，我国政治信息传播渠道可以划分为三大类，人际传播、大众传播和组织传播。从农村的实际情况出发，人际传播主要是通过亲戚朋友来实现信息的传播；大众传播主要包括电视、广播、报纸、杂志、互联网等渠道；组织传播主要包括村里的公告、村领导、政府派出机构等渠道。农民的政治认知水平主要是指农民对政治事务的知晓程度。尽管农民接触国家政治的机会相对较少，但通过实际的政治参与可以增进政治认知，形成政治态度，影响政治取向。①

政治认知的程度在很大程度上取决于政治认知渠道的多寡与通畅程度，农村社会成员生活在封闭的社会环境，对外界事务了解很

① 郭正林：《农民政治认知与参与的定量研究》，载《浙江师范大学学报》（社会科学版），2004（5）。

少，缺乏接触和认识政治事务的机会和条件。因此，拓展和疏通政治信息渠道就成为提高农民政治认知水平的重要途径。当前，我国农民政治认知的基本途径有收看新闻、收听广播、村干部传达、阅读报纸、大伙闲聊等。郭正林的研究表明，电视新闻是农民获得政治信息的主渠道，综合百分比为26.1%；其次是阅读报纸，占14.5%；再次是收听广播，占10.5%，由此显示了大众传媒在农村社会的政治影响力。大伙闲聊、村干部的口头传达也是村民获得政治信息的来源渠道，但不再是政治信息传播的主要方式。在“其他”一项中，普法宣传、参与投票选举与村民议事会等，都是村民积累政治知识的方式（见表4－2）。

表4－2　被访者政治认知的信息渠道

农民获得政治信息的渠道	频　次	百分比（%）	综合百分比（%）
收看新闻	1750	78.9	26.1
收听广播	700	31.6	10.5
村干部传达	503	22.7	7.5
阅读报纸	969	43.7	14.5
大伙闲聊	589	26.6	8.8
其　他	2184	98.5	32.6
合　计	6695	301.8	100.0

说明：“百分比”是指在多项选择中该项目被选中的百分比；“综合百分比”是指以总频次（6695）为基数计算的各项被选中的百分比。

笔者2008年在甘青两省所作的调查显示，被访者中有22.3%的在工作之余喜欢看电视，其次是逛街（比例为12.5%）、找朋友聊天（比例为12.2%）、看报纸（比例为12.5%），还有8.9%的被访者在工作之余选择了去上网。从中我们可以推断，这些流动者获取信息和政治认知的主要渠道是看电视，也包括听收音机、看报纸甚至上网等大众传播媒介；除此之外，就是从与朋友的聊天中获取信息和进行政治认知。其中，上网、看报纸等政治认知渠道是需要有一定的文化水平作基础的，因为民族地区乡村社会成员的文化水平普遍不高，加之通过这两个渠道获取信息是需要支付一定的经济成本（支付上网费或报纸钱），所以，经此渠道获得政治认知的比例相对比较低。

表4－3　被访者外出务工期间的业余生活安排

	频　数	百分比	有效百分比	累计百分比
上　网	84	8.9	8.9	8.9
看报纸	93	9.8	9.8	18.7
逛　街	118	12.5	12.5	31.2
看电视	211	22.3	22.3	53.5
听收音机	67	7.1	7.1	60.6
找朋友聊天	115	12.2	12.2	72.7
其　他	133	14.1	14.1	86.8
缺　失	125	13.2	13.2	100.0
总　计	946	100.0	100.0	

数据来源：根据笔者2008年甘青问卷调查数据整理。

3. 社会流动对政治认知的影响

首先，从社会流动对参与其中的社会成员的政治认知影响来看，正向的后果是提高了他们的政治认知水平，具体表现为：他们对政治符号如国旗、国歌、国家领导人的知悉程度比较高；他们普遍关心国家大事，特别是关心国家对于农村和农民的政策。笔者在访谈中，当问及他们“你知道社会主义新农村建设吗”，51%的被访者表示“听说过”，32.4%的被访者表示“知道一些”，14.5%的被访者表示“比较了解”，只有2.1%的被访者表示“不知道”。对这种较高水平的认知，究其原因，徐勇等人认为是与在工厂等现代社会组织的工作经历、城市生活的潜移默化、大众传媒的耳濡目染以及经济地位的改善与提高密切相关。① 笔者认为，社会流动首先改变了他们的生活环境，从农村到城市的空间转换，从农业到非农业的职业转换，都伴随着一些生活方式的变化。在城市里面生活，相比较为封闭的农村，通过各种媒介接触政治符号的机会多了，渠道广了，信息量增加了，政治认知水平得以提高；其次，经常了解政治事件是其更好地获得生存机会的要求，流动者一方面关心国家对涉及他们利益的一些政策规定所作的调整，另一方面还要关心对自己家乡的政策变动，这关系到他未来的生活和家人的生活。所以，这部分群体整体上相对于“留守”在农村的社会成员政治认知水平提高了。其动力来源既有主动的成分，也由被动的成分。

社会流动对参与其中的流动者也有负向后果，主要表现在4个方面。①他们获得信息的渠道多了，各种信息之间的不一致性使得他们认知难度加大，特别是通过各种非正式渠道获取的信息，对其形成正确的政治认知干扰很大。②因为他们整天忙于生计，通过正式渠道获得政治认知的机会较少，且大多数人在主观上比较排斥，例如接受政策宣讲、专门培训、到报栏阅读报纸等机会都不多，所以，利用这些渠道使其得到真实信息很难，这也客观上造成一些流动者的政治认知偏差。③许多流动者自身文化素质不高，理解能力有限，通过阅读报纸、上网等渠道获得政治认知的可能性小，所

① 徐勇、徐增阳：《流动中的乡村治理》，101～102页，北京，中国社会科学出版社，2003。

以，经常通过“道听途说”获得信息，甚至歪曲信息，对于他们形成正确的政治认知不利，也不利于政治参与的有序进行。④与城市多元文化的接触，在提高其政治认知水平的同时，增加了认知的取舍难度，特别是一些反社会信息的诱惑，对其政治行为的负面影响很大，也会对正常的社会秩序构成威胁。

其次，从社会流动对流出地农村的政治认知的影响来看，也有正负两个向度的后果。正向后果主要是：①随着社会流动的流速加快、流量加大，越来越多的社会成员参与其中，实现了经济社会地位的变化，使得西北少数民族地区的农民对于政府当前的农村政策和社会改革的认同度提高；②越来越多的流出者通过通信、通电话或回流、回家，潜移默化地影响着自己家乡社会成员的政治认知，将他们在城市的所见所闻传播到了农村，提高了农村社会成员的政治认知水平；③因自己家庭有流动者外出，所以，农村家庭对获得外部信息非常重视，通过电视了解国家的相关政策，打电话了解亲人的生活情况，信息的渠道广了、顺畅了，主动获取信息的意识增强了，政治认知水平就会不断提高。

社会流动对流出地农村政治认知的负向后果主要表现在两个方面。①由于农村“留守”的社会成员多为老人、妇女和小孩，他们的文化程度更低，文盲率很高，这制约了他们的理解能力和政治认知水平的提高。有研究指出，在西北少数民族地区，受教育多的农牧民对政治符号的认知水平明显高于受教育少的农牧民，青年农牧民的政治认知水平明显高于老年农牧民，男性农牧民认知水平比女性平均高出近 13 个百分点。[①] 从对政治制度的认知来看，西北农牧民普遍缺乏对政治制度的基本知识，认知水平很低，他们根本上不了解我国政治制度的人民性，因而参与政治的主动性和自觉性

---

① 王宗礼等：《西北农牧民政治行为研究》，107 页，兰州，甘肃人民出版社，1995。

就受到了限制。[①] 虽然时隔十数年，但是这种政治认知的低水平状况并无大的改观，相反，随着一些“精英”的流出，他们总体的政治认知水平会不升反降。②因种种原因，外出者对政治认知形成的偏差会影响他们获得正确的政治认知，“如果他们在城里的负面感受大大超过正面感受，即使他们回到家乡（无论自愿或不自愿），他们的负面经历也会成为城市化顺利推进的一种障碍”[②]，从而在很大程度上对农牧民形成良好的政治情感和政治意向不利。

（三）社会流动与政治情感

1. 政治情感的含义

政治情感是指政治主体在政治生活中对政治体系、政治活动、政治事件和政治人物等方面所产生的内心体验和感受，是伴随人的政治认知过程所形成的对于各种政治客体的好恶之感、爱憎之感、美丑之感、亲疏之感、信疑之感等心理反应的统称。[③] 政治情感由政治情绪和政治感情两个心理层面构成，前一个层面处于较低的层次，具有波动性大、不甚稳定、不易控制的特点；后一个层面处于较高的层次，具有持续、稳定、较有理性、易于自我控制的特点。

政治情感是在政治认知的基础上形成的，对于形成政治态度起着决定性的作用，由于政治情感和政治意向具有完全的协调性，因此可以说，有什么样的政治情感就有什么样的政治态度。克特·W. 巴克指出，“态度扎根于感情之中，所以，可能变得很持久。

① 王宗礼等：《西北农牧民政治行为研究》，108～109页，兰州，甘肃人民出版社，1995。

② 白南生、何宇鹏：《回乡，还是进城?》，见李培林：《农民工——中国进城农民工经济社会分析》，27页，北京，社会科学文献出版社，2003。

③ 王浦劬：《政治学基础》，323页，北京，北京大学出版社，2005。

虽遭非难，人们仍倾向于支持自己的心理倾向。”①

2. 社会流动对政治情感的影响

在乡村社会流动频繁发生的背景下，人们对因流动而实现的经济收入状况改善感触最深切，对于国家当前实行的农村政策给予了很高的评价，并表示非常拥护国家的政策，有被访者说：“现在国家对农民的政策是最好的，只要你有能力，想干啥国家都支持你，让你致富奔小康”。可见，西北少数民族地区的农民对国家政策十分认同并积极支持。但是对一些不利于农村发展和农民利益的事情也显示出了极大的愤慨。流动使许多农村的社会成员开扩了眼界，增长了知识和经验，对一些不合理的事情能够勇敢地表达自己的观点和立场。例如，笔者在宁夏固原做调查时，据一位村干部讲，2007 年秋季，固原山区因雨水比较好，许多农民种了大面积的冬小麦。2008 年，市里将马铃薯作为种植和产业化的重点，要求公路沿线的山地都要种植马铃薯。这一任务下达到村里时，已经到了 4 月份，此时冬小麦即将成熟，可迫于上面的工作压力，村里要求村民必须改种，激起了许多村民的强烈反对。年末，当马铃薯收获的时候，政府又因环保达标的要求，关闭了许多“粉坊”（指加工马铃薯淀粉和粉条的工厂），马铃薯的收购市场萎缩了，销路不畅，马铃薯的价格自然下跌，有一些回家帮助收获马铃薯的外出农民，带头将装有马铃薯的农用车直接开到政府的办公楼前，要求政府出面解决马铃薯的销售问题。从这件事情我们可以看到，一方面，农民维护自身权益的意识有所提高；另一方面，对政府的要求能够客观审视，理性对待。农牧民对国家和政府情感变化的原因很复杂，政府的做法及其工作人员的工作方法都会影响到人们的政治情感，特别是一些失误，最容易伤害政府和人民、干部和群众的感情。

① 王宗礼等：《西北农牧民政治行为研究》，113 页，兰州，甘肃人民出版社，1995。

（四）社会流动与政治价值评价

1. 政治价值评价的含义

政治价值评价是指人们依据一套他们认为是正确和合理的准则、信条，或明确或含蓄地对政治体系进行价值判断。有学者称其为政治价值取向或价值判断。人们在政治认知的基础上形成一定的政治情感，并逐步稳定化为自己的一种政治观点、政治信念，据此，对政治事件、政治系统及政治人物进行衡量和评判。一种评价行为，核心的要件是标准的确定，政治价值评价的标准就是人们的政治观点和政治信念。政治观点是对国家政治生活的基本看法和意向，它直接反映了社会经济生活和生活方式的状况。① 社会成员都有自己对政治现象一系列基本的看法和意向，用来评价和指导自己的政治行为。政治信念是人们在认知的基础上确立的对某种思想或事务坚信不疑并身体力行的态度。信念也是人们认识、情感和意志的统一体。

2. 社会流动对政治价值评价的影响

社会流动扩大了乡村社会成员的生活和交际范围，增加了获取信息的渠道和机会，从而影响了他们的政治认知，也影响了他们的政治价值评价。这种影响体现在他们的政治价值评价特点中。

首先，评价标准多元化，带有明显的“转型”色彩。因为高度的社会流动性，乡村社会成员的生活空间不再是一个封闭的空间，信息媒体的增多，媒介多样化，电视、广播的普及，流出者和流入者的传播，都使得乡村不再是一个同质性很强的社会。特别是一些发生社会流动的社会成员生活的“两栖”特点，使他们更多地接触城市文明，感受城市生活方式，不断地与原有生活场域和习

① 王松、王邦佐：《政治学》，193 页，北京，高等教育出版社，1991。

惯进行着比较，进而发生着改变。这些变迁无不影响着乡村社会成员对政治生活和政治现象的看法和意向，也改变着他们的政治信念，体现着一种多元化的发展趋势，且带有明显的“转型”色彩，既有原来生活场域——乡村评价标准作用的成分，也有其工作场域——城市评价标准作用的成分；既有传统的评价，也有现代的评价；既有先进的评价标准，也有落后的评价标准等。

其次，评价结果的不一致性。因评价标准多元化并且经常发生变化，所以就同一件事情，人们的评价结果并不一致，同一个体的感受会随着时间、空间的变化而有所区别，不同个体会因生存状态和体验不同而有差异。例如，他们会在村干部在场的时候是一种评价，村干部不在场时持另外一种评价；和这一伙人在一起时附和他们的评价，转而又迎合下一伙人的评价；受过不公正待遇的人会对政治价值评价持否定态度，没有遇到挫折的人则趋向中立和肯定的评价。这是一种“生存逻辑”，也反映出乡村社会成员思想观念易变，利益多元化趋势明显的特点。笔者在甘肃省甘南藏族自治州卓尼县草岔沟村调查时，当问及“村民自治的情况”时，如有村主任陪同，村民的回答或碍于面子，或顾及村干部的“行政权威”，大多回答“都去参加选举，村干部的工作比较好”等；但在没有村干部陪同时，村民的评价多为：“村上的优惠政策等他们知道了，（村干部）早就把面、钱发给别人了，一般是（和村干部）关系好的”，“村上的选举是走过场，和乡上是一路子人”，“从来没开过村民代表大会”，“选举结果没有当场公布，要过上 3 到 5 天才公布”，等等。

西北少数民族地区乡村社会流动的发生，通过影响人们的政治认知、政治情感和政治价值评价，影响着政治文化的内容和对政治生活的作用方式和后果。就这种影响发生的领域来说，主要还是人们的心理和精神层面。心理和精神的东西一般内隐在人们身上，但它又会通过指导人们的行为外显出来。政治参与就是人们外显的重要政治行为，接下来，我们再通过它来考量社会流动的政治后果。

二、乡村社会流动与政治参与

（一）政治参与的含义

“第一个真正论及公民政治参与在实践和理论方面意义的近代理论家是托克威尔”①，不过，现代政治学中政治参与的概念是在第二次世界大战后西方学者首先开始使用的。对于政治参与含义的理解和认识，不同的学者有所不同，比较有代表性的看法主要有6种。②

（1）认为政治参与就是影响或试图影响利益分配的行为，这是最为广义的理解。

（2）认为政治参与是旨在影响国家或地方政府的行动或有组织的平民的行动。

（3）认为政治参与是个人或个人组成的集体有意或无意地反对或支持、改变或维护一个政府或团体的某些特征的一切行动（或不行动）。

（4）认为政治参与是在政治体制的各个层次中，意图直接或间接影响政治抉择的个别公民的一切自愿活动。

（5）认为政治参与是表示社会成员选择统治者以及直接或间接的在公共政策形成等方面的自愿活动。

（6）认为政治参与所指涉的是一般平民直接地、或多或少易于影响政府人事的选择，以及（或者）他们所采取行动而产生的法律后果。这种看法可以说是最狭义的理解。

借鉴上述有关政治参与的各种定义，笔者认为，政治参与主要

① ［美］安东尼·奥罗姆：《政治社会学》，上海，上海人民出版社，1989。
② 王浦劬：《政治学基础》，206～207页，北京，北京大学出版社，2005。

是普通公民通过各种方式影响党和政府及基层自治组织的决策和执行的活动。政治参与是普通公民的政治行为，这种行为受到政治文化的影响和左右。从前文的分析中我们可以看到，总体上，西北少数民族地区的政治文化呈现出由传统向现代，由臣民、草民和牧民文化向公民文化的转型，人们的政治参与意识普遍提高。但是，就具体的参与现状来分析，该地区人们政治参与分化严重，就流动者而言，也呈现出不同的参与特点。

（二）乡村社会流动背景下流动者的政治参与现状

1. 政治参与的边缘化

政治参与的边缘化是指外出农村流动人口既不能参与城市（生活工作所在地）的社会政治事务，又不愿回村参加农村（户口所在地）的事务（主要指村委会选举），处于两者之间的边缘状态。① 这种边缘地位主要表现在两个方面。一方面，农村外出流动者在家乡的参与主体地位“虚置”化。改革开放以来，随着国家权力触角的收缩，特别是在村一级的政治空间中，逐步还原了自治的状态，显著的标志就是实行村民自治，农民成为村民自治的主体。1998 年《村民委员会组织法》的颁布，更是为村民自治权利的落实奠定了法律基础，确定了村民在民主选举、民主决策、民主管理和民主监督等方面的权利。该法的实施极大地调动了村民参与的热情，一些地方村民选举的参选比例甚至超过 90%。② 但是，因乡村流动的频繁发生，在西北少数民族地区的许多乡村，流动的社

① 于书伟：《论农村流动人口的政治参与》（硕士学位论文），河南大学，2005。

② 徐勇、徐增阳：《流动中的乡村治理》，87 页，北京，中国社会科学出版社，2003。

会成员逐渐成为了当然的参与主体，成为实然的虚置主体。由于常年在外务工经商，使得他们成为农村政治活动中若即若离的边缘人。制度设计和实际参与存在很大的偏差。参与就意味着要离开工作回乡，这与他们外出务工经商的矛盾往往是不可调和的，在外比较可观的非农收入和来之不易的工作机会，加上政治参与要付出的误工费和路费等机会成本往往阻止了他们回家参与的脚步，即使村民选举这样较短时间的参与，他们也宁可选择放弃。

另一方面，在流入地，农村流出者被排斥在政治参与门槛之外。由于户籍制度等现行体制的制约，外出的农村流动人口难以进入城市参与管理。我们经常看到的是，城市管理者按照自己的管理逻辑，“单边”实行管理，外来者只能顺应他们的权威，难有机会“博弈”。笔者在2008年春节期间观察到，兰州市许多外来务工经商者流动的生意摊点经常就会被城管取缔。笔者非常同情他们，但爱莫能助，这样的管理很难有流动者参与的可能。按照现行的制度安排，村民在自己户口所在地的村进行村民选举，主张自己的民主参与的权利。在流入地，他们可以获得就业机会，甚至投资兴业的机会，但是没有选举等政治参与的机会。在一些“超级村庄”，外来人口是本村人口的几倍，甚至十几倍，经济发展在相当程度上得益于外来人口的参与和贡献，但对关系到村庄发展等政治事务，外来者是没有发言权和参与权的，村治参与呈封闭状态。① 据对湖南省长沙市439名农村流动者问卷调查结果显示，其中只有26人参加过社区选举，仅占调查总数的5.9%，而其余的农村流动人口因为“没有资格”未能参加选举。② 笔者于2008年7月在兰州盐滩

① 徐勇、徐增阳：《流动中的乡村治理》，92页，北京，中国社会科学出版社，2003。

② 邓秀华：《湖南农民工政治参与权益保障问题研究》，载《湖湘论坛》，2005（6）。

某村调查时发现，拥有该村户籍的人为520多人，外来在此就业者2000多人，很多人在此工作时间超过2年以上，却鲜有参与村务的机会。流动在城市和流入地又复制形成了新的“二元体制”，本地人和外来者所具有的政治参与权利的内容截然不同，这也使得流动者的参与呈现出了边缘化的特征。

2. 政治参与的极端化

政治参与形式的极端化是突破现存制度规范的行为，也是在社会正常参与渠道之外发生的活动。[①] 在农村流出者的政治参与过程中，他们渴望实现自身价值，希望获取自己应得的利益，但由于农村流动人口利益表达正常渠道的堵塞和利益代表机构的缺失、制度内参与成本过高，对政府极不信任等原因，当农村流动人口的权益受到侵害时，在很多情况下他们往往会诉诸抗议或暴力等极端的手段。据有关研究表明，城市几乎所有的农民工的就业权益都得不到很好的保障，侵害农民工就业权益的方式多种多样，概括起来大致有以下几种：①没收农民工的身份证，限制农民工的行动自由；②拖欠工资；③随意克扣、罚款；④蒙羞受辱，受到来自市民或老板等的歧视和辱骂等；⑤工伤事故不断，伤者的权益得不到有效保护；⑥农民工的居住环境非常恶劣，伙食条件差。[②]

在笔者的调查中，发现不少用工单位要求农民工先交出身份证，名义上是统一保管，实际上是防止他们跳槽。绝大部分用工单位不是按月给农民工工资，而是一年一结，或者是按工程项目结算。如农民工中途变更工作，基本上就拿不到工资。虽然2002年底，国务院专门下文要求用工单位不得拖欠农民工工资，可事实

---

① 吴月：《转型期农村流动人口政治参与的困境论析》，载《齐齐哈尔师范高等专科学校学报》，2007（5）。

② 景天魁：《社会公正的理论与政策》，129～130页，北京，社会科学文献出版社，2004。

上，许多农民外出打工靠熟人关系，工资也不可能要求按时发放，否则他们就很难找到那份工作。笔者2008年在甘青两省开展的问卷调查显示，工资结算的方式主要是按月结算，可仍有15.4%的是按年结算，6.9%的是按工程项目结算（见表4－4）。笔者曾经遇到一位村民请村支书帮助催要自己妻子前几个月务工工资的事情。因包工头是村支书的亲戚，也是经村支书介绍其妻才有这个工作机会，所以这位村民遇到村支书了就央求其帮忙问问。村支书答复他说："别急嘛，人家都是工程结束才付工钱的。"在当地，农民外出务工的工资按工程项目结算很平常，也就意味着拿到工资的时间起码滞后于干活的时间。

表4－4　务工收入的结算方式统计

	频　数	百分比（%）	有效百分比（%）	累计百分比（%）
按天结	85	9.0	9.0	9.0
按月结	540	57.1	57.1	66.1
按季度结	98	10.4	10.4	76.4
年终结	146	15.4	15.4	91.9
按工程项目结	65	6.9	6.9	98.7
缺　失	12	1.3	1.3	100.0
合　计	960	100.0	100.0	

数据来源：根据笔者2008年甘青问卷调查数据整理。

笔者2008年在甘青两省的调查问卷也显示，在被访的对象中，有47%的人遇到过工资被拖欠的情况，其中被拖欠1次、2次、3次、4次、5次、6次及以上的比例分别为17.3%、11.2%、2.6%、0.8%、0.4%、4.4%（见表4－5）。事实上，拖欠工资的比例可能比这还要高，因为调查中还有18.9%的样本对此问题并未回答。

这些侵害外出就业农民权益的行为，往往就成为农民工极端化政治参与的导火索。极端方式的政治参与往往是非法的或是无序的，对社会的危害极大。根据新浪网的报道："没有人能准确统计出，每年发生在珠三角的大小罢工事件到底有多少起。广东省总工会提供的数据是每年一万多起，另一说法则是每年两万多起。统计显示，2005 年 1—7 月份，广东省劳动部门处理过的群体性突发事件达 540 宗，涉及人数 5.73 万人。比上年同期分别增加了 15.4% 和 17.7%。"①

表 4－5　务工期间工资被拖欠情况统计

	频　数	百分比（%）	有效百分比（%）	累计百分比（%）
0　次	417	44.1	44.1	44.1
1　次	164	17.3	17.3	61.5
2　次	106	11.2	11.2	72.7
3　次	25	2.6	2.6	75.3
4　次	8	0.8	0.8	76.2
5　次	4	0.4	0.4	76.6
6 次及以上	42	4.4	4.4	81.1
缺　失	180	18.9	18.9	100.0
合　计	946	100.0	100.0	

数据来源：根据笔者 2008 年甘青问卷调查数据整理。

值得管理者和政策制定者注意的是，随着农村流动者公民权利

① 程刚、何磊、董伟：珠三角农民工生存状况调查，http：//www.sina.com.cn，2004 年 12 月 31 日。

意识的增强，进而其政治需求升高时，一旦这种需求无法实现，张力就会积累并有爆发的极大的可能性。

3. 政治参与的冷漠化

从古至今，中国传统的臣民政治文化是一种拜权主义的文化，这种文化适于“安土重迁”、“安分守己”等流动性很小的小农经济，提倡恪守“庶民不预政务”的本分。这种文化的影响力极为深远，特别是在信息和各种知识相对封闭的农村更是如此，它导致普通群众无意或根本不愿介入政治，对国家大政漠不关心，认为参与政事不是平民百姓的本分，那自有政府官员谋之；对村务更不关心，当村干部的补贴没有集体经济发达地方高，且远不如外出打工收入多，在经济利益驱使下青壮年劳动力选择了外出，这势必导致村民对村务的政治冷漠。据调查，有60%以上的农村流动人口没有参加原籍的村委会选举，村民选举时从不回来，由户代表委托投票，正如2009年笔者调研时甘南藏族自治州临潭县草岔沟村藏族老支书所说，“娃娃们在外面打工着呢（其大儿子带领着村里30多个壮劳力常年在内蒙古打工），投票基本上由我包办了”。有三分之二的人对当村干部表示“无所谓”和“不想当”；在城里，80%多的农村流动者没有参与所在社区的选举，在遇到困难时寻求帮助的对象绝大多数是朋友、老乡或家人、亲戚，而极少寻求政府或法院等机关的帮助。[①]

笔者2008年对甘青两省的调查资料显示，55.2%的被访者在问及“如果让你当村干部，你会怎么考虑”时，选择了“不愿意”和“当与不当无所谓”，体现出了对于政治参与的极大冷漠（见表4－6）。流动者一方面参与意识在不断的提高，另一方面又遭遇更多参与无门和“不经济”的矛盾，造就了他们这种“二律背反”

① 吴再发、黄秀玲：《农民工政治参与：路在何方?》，http//www. qzagri. gov. cn/xwdetail. asp。

的实际参与状况。究其原因可能是多方面的，既有客观的阻碍，也有主观的原因。

表 4-6　对担任村干部的态度

	频数	百分比（%）	有效百分比（%）	累计百分比（%）
愿意，可以拿工资	194	20.5	20.5	20.5
愿意，为大家服务，有无报酬无所谓	208	22.0	22.0	42.5
不愿意，干不了	140	14.8	14.8	57.3
不愿意，得罪人且耽误挣钱	179	18.9	18.9	76.2
当与不当无所谓	203	21.5	21.5	97.7
缺　失	22	2.3	2.3	100.0
合　计	946	100.0	100.0	

数据来源：根据笔者 2008 年甘青问卷调查数据整理。

（三）农村流动者政治参与矛盾的分析

农村流动者政治参与矛盾的存在并非偶然，究其缘由主要有客观和主观两方面的因素。

1. 从客观方面来看，当前有关农村流动者政治参与的制度有一定的缺陷，实际操作过程中有许多亟待改进的地方

首先，农村流动者合法的和制度化的政治参与需要现有的制度和法律的保障，而我国现有的制度和法规赋予农村流动者的政治参与权利缺乏有效的制度保障。现有的一些制度和规定在某些

地方甚至构成了对农村流动者行使其政治参与权利的障碍，如，我国宪法规定中华人民共和国年满18岁的公民都有选举权和被选举权等权利，但我国的选举法又规定“居民、农民、个体工商户在户口所在地的居民委员会、村民委员会、村民小组登记”，“人与户口不在一地的，由本人在取得户口所在地的选民资格后，在现居住地登记为选民”。公民的选民资格是和户籍紧密联系在一起的，户籍与政治、经济、文化教育等很多权利挂钩，被赋予了太多的“附加值”。[①] 这就意味着农村流动者要回乡参加选举以行使自己神圣的权利，然而现实却是农村流动人口要么委托家人代为投票，要么放弃，为参加选举而自费返乡，对于农村流动者来说，既不方便也不实际。村民自治是对本村村民所设计的自我管理、自我教育和自我服务的制度，是建立在户籍制度基础上的制度设计，没有户籍就意味着不能参与流入地、工作地的村民选举和管理事务，这种限制是得到国家制度层面上的支持的，所以具有了合法性。[②] 除此之外，我国的选举法还规定按户籍人口数量确定代表名额，这与一些城市和村庄的现有规模极不相称。现有城市和某些流入人口较多的村庄，流动人口大大超过了常住人口，而有限的代表名额很难有机会落到农村流动者头上。这样，农村流动者的政治参与实际上几乎处于虚置状态。

2. 从主观方面来看，农村流动者自身政治参与意识薄弱，政治参与能力尚显不足

首先，农村流动者深受农村小农意识影响，现代公民意识不强。亨廷顿等人认为，“在发展中国家，个人流动将导致社会一经

---

① 吴月：《转型期农村流动人口政治参与的困境论析》，载《齐齐哈尔师范高等专科学校学报》，2007（5）。

② 徐勇、徐增阳：《流动中的乡村治理》，93页，北京，中国社会科学出版社，2003。

济地位的提高，从而带来更高水平的政治参与。”① 在我国，我们看到的是另一番景象，农村流动者进入城市和发达地区后，虽然职业已经实现了非农化，但是其社会身份还是农民，其经济收入有了很大的改观，但是这并没有带来他们社会地位的显著提升，也没有出现政治参与水平的相应提高。实际状况是，绝大部分农村流动者在流入地以体制外的方式生存，社会地位极其低下，流入地对外来者的经济上“利用”、政治上“拒斥”等做法，也强化了外来者的“过客”心态，这种“过路人”的心理使他们对流入地和单位没有认同感、归属感，缺乏主人翁意识，难以产生现代意义上的公民政治参与。

其次，农村流动者缺乏群体利益的认同与自觉，政治效能感较弱。政治效能感是公民对自己政治参与行为影响力的主观评价。② 政治参与的主动性与人们对参与的效能感有关。③ 一般来讲，政治效能感与公民的参与行为是呈现正相关的关系。对选民而言，政治效能感是指选民对自己参与投票能否关系到选举结果的主观推测，即选民对投票功效的评价。如果选民“所面临的选择没有什么重大差异”以及“所作所为无足轻重，不能有效改变结果”，④ 选民是很容易放弃选举的。如果在选举等政治参与活动中，人们对自己所投的一票看得非常重要时，他往往会积极去投票，甚至不计较投票成本；相反，如果他发现自己的一票无足轻重时，他就对自己所投的一票很不在乎，甚至根本不去投票，从而表现出对政治利益的

---

① ［美］塞缪尔.P. 亨廷顿、琼·M. 纳尔逊著，汪晓寿译：《难以抉择——发展中国家的政治参与》，87 页，北京，华夏出版社，1988。

② 徐勇、徐增阳：《流动中的乡村治理》，88 页，北京，中国社会科学出版社，2003。

③ 同①。

④ ［美］罗伯特.A. 达尔著，吴勇译：《现代政治分析》，134 ~ 135 页，上海，上海译文出版社，1987。

争取较为冷漠的态度。笔者2008年对甘青两省的调查资料显示，22.5%的受访者在被问及“如果让你当村干部，你会怎么考虑”时，认为“当与不当无所谓”，他们对自己的政治生活看得无所谓，自然对选举也不感兴趣。还有许多流动者认为，村民选举都是上面定好了的事，自己投票与否没什么关系。

最后，农村流动者缺乏必要的政治参与知识和技能。一般来说，公民的文化程度和能力与政治参与行为有很大的相关性，受过良好教育的公民有较高的认知技能，政治兴趣高，维护自身利益的意识和政治责任感较强。农村流动者的文化水平总体比较低，据国内一些学者抽样调查，目前农村流动者中初中文化程度占被调查对象的50.7%，小学文化程度和文盲占22.7%，高中及高中以上文化水平的占26.6%。[①] 正如列宁所指出的，“文盲是站在政治之外的，必须先教他们识字。不识字就不能有政治，不识字就只能有流言蜚语、传闻偏见，而没有政治”。[②] 农村流动者的文化水平和能力严重影响了他们对政治的认知和政治参与的广度和深度。

（四）乡村社会流动对流出地政治参与的影响

作为乡村社会流动的流出地，许多农村因“精英”的流失，留守者的弱势化，以村民自治为代表的村民政治参与也受到了很大的冲击，表现在民主选举参选率不高，民主决策质量不高，民主管理主体萎缩，民主监督能力削弱等方面。

总之，作为社会转型和结构变迁的产物，农村流动者在今后一个相当长的时期内仍将持续增加。如何应对乡村社会流动给政治参

① 黄辉祥：《村委会选举：农民工的参与现状与原因分析——以武汉市为例》，载《中国农村观察》，2003（1）。

② 列宁：《列宁选集》，第4卷，590页，北京，人民出版社，1995。

与带来的困境，将关系到社会稳定和政治发展，应该受到重视。

三、乡村社会流动与村民自治

（一）村民自治制度

1. 村民自治制度的发展历程

村民自治制度发端于20世纪80年代初期，并在80年代中后期伴随着人民公社体制的解体而迅速普及，成为具有中国特色的乡村基层民主制度和乡村治理的一种有效方式。

20世纪80年代初，人民公社的部分权力开始从乡村退出，社会治安、公共设施、社会福利、土地管理、水利管理等社会职能的承担主体缺失，一些地方基层组织体系处于瘫痪状态，乡村社会面临公共产品供给的缺乏和旧管理体制解体造成的“权力真空”问题，一种新的群众性自治组织在时代的呼唤和乡村自发创造之下促成，并率先在广西宜州市屏南乡尝试，产生了新中国第一个由村民选举产生的村民委员会——宜州市屏南乡果作村村民委员会。作为当选的村委会主任，韦焕能于1980年7月14日同85户村民一道制定了一份村规民约、封山公约，实行村务民主管理，取得了很好的效果。这一新事物的出现，得到了党和政府的高度重视，并派了调查组实地调查总结，予以了肯定，在1982年修改宪法时把“村民委员会”这一组织形式写进了宪法，明确规定了村民委员会的性质和任务，确立了村民委员会是群众性自治组织的法律地位。自此至1987年是村民自治制度的探索阶段。

1987年召开的第六届人大常委会第三十三次会议审议通过的《村民委员会组织法（试行）》，为村民自治制度提供了法律保障，标志着村民自治制度进入了发展阶段。尽管这部法律是试行法，但由于其立法原则和基本精神具有前瞻性，符合农村改革和发展的需要，受到广大农民的热烈欢迎，得到了有效的贯彻执行。加之民政部组织开展了全国范围内的村民自治示范活动，村民自治开始进入制度化运作阶段。1990 年以来，全国广泛开展了村级选举的示范活动。1992 年底，各省都实行了农村基层选举。截止到 1997 年底，全国 60% 以上的乡村社区建立了村民自治制度，大多数进行了两届甚至四届选举。

1998 年是我国村民自治制度走向成熟化的转折年，已经实行了 10 年的试行法宣布废止，经第九届人大常委会第五次会议通过的新的《村民委员会组织法》于同年 11 月 4 日正式颁布实施。目前，村民自治制度已在全国乡村社区普遍实行，选举的民主化、规范化程度不断提高。从 1998 年至今，全国 31 个省、自治区、直辖市全部按照“新法”的要求，组织进行了新一轮的换届选举工作，涉及 70 多万个村委会和近 6 亿乡村社区居民。全国 80% 以上的村民委员会建立了村民会议、村民代表会议和村务公开制度，制定了村民自治章程和村规民约，村民自治正在向广度和深度发展。

2. 村民自治制度的有效性

从上述的发展历程中不难发现，正是迎合了乡村社区的发展需要，村民自治制度蕴藏的促进乡村社区经济社会发展和民主政治进步的作用正逐步显现出来。

（1）村民自治制度的出现和发展，表明了中国乡村社会结构的重大变化，预示着中国社会一次转型的开始。民主选举将使各类精英，尤其是经济精英走上村级领导岗位，转变为村治政治精英，逐渐地改变了乡村原有的较为单一的政治权力精英结构。此外，乡村社区的独立性与组织能力亦逐渐得以培育和发展，社区中的各种社会力量与民间性的组织也不断地产生和增加。总之，村民自治为以经济精英为主的社区精英分子的产生提供了一个制度性的条件，为乡村社会转型提供了政治支撑。①

(2) 村民自治能在一定范围内缓和一些社会冲突，有助于营造社会公平、公正的氛围和建立和谐的社会关系。不管是民主选举、民主管理还是民主监督，均给村民提供了参与社区治理的机会和制度保障，也使村民有了和权力精英围绕权力进行博弈的平台。由于突出了治理的自主性，村民将以往对村治政治精英的敌对立场进行了调整，对选出来代表村民的精英从心理和行为上大力支持，而政治精英对村民的意见和建议也会更加重视。良性的互动有利于良好的社区秩序和社会关系的建立，减少了许多因误解或信息不对称造成的矛盾。

(3) 村民自治制度的实施有助于培育乡村社区居民的公民意识，实现基层民主。在政府推行村民自治制度之初，许多乡村和村民不以为然，认为只是国家对乡村"换汤不换药"的一种管理方式改变。随着制度实施的规范、深入，村民看到自治的真实价值和好处，所以参与的热情提高了。在南方的许多乡村，村民选举竞争十分激烈，失去已久的公共精神再次被唤醒。

(二) 社会流动背景下的乡村自治政治参与

改革开放消解了以革命的全能主义政治为火车头的现代性和国家对村庄地方性传统所实施的强制性改造，随着经济与社会结构方面的村庄再造，村庄社会传统的时空观和时空设置逐渐得以恢复，而依靠革命注入的政治化仪式时空因为相对超离于村庄的生活时

① 叶富春：《村民自治的历程、意义与问题》，载《哈尔滨学院学报》(社科版)，2003 (5)。

空，或者退出场域，或者表现出与村庄的时空设置若即若离。[①] 在这一大背景下，西北少数民族地区伴随着社会流动性的增强，村民的政治参与也呈现出了理性化和本真的原貌。

当前村民的政治参与主要是以民主选举、民主决策、民主管理和民主监督等四项民主为主要内容的自治参与，其目的在于落实村民自治制度，构建自我管理、自我服务、自我教育的村民社区。当前村民政治参与的显著特征是：

1. 参与方式的多样化

与泛政治化时空中单一的群众大会的参与方式不同，去政治化时空中，大规模的群众集会少了，夜夜召集的政治学习集会取消了，留给村民更多的自由时空供其安排。这些减少和“取消”并不意味着政治参与不需要了，相反，政治参与作为民主政治的重要内容又以新的方式表现和表达着。

现阶段政治参与有制度性和非制度性之分，制度性政治参与的主要形式是选举和投票，如县乡人大代表选举、村民代表选举、村委会选举、党支部选举、党支部候选人推选投票等。制度性参与还包括参加村民会议，听取及表决村委会工作报告，与各级干部联系和接触。非制度参与则包括集体上访告状，依法或依政策抗争，公共场所的群体骚乱以及对乡村基层干部的报复性攻击等。研究表明，当代中国农民的政治参与不再是单纯的服从性参与，开始从过去的政治卷入转变为具有权利主张的政治参与形态，由此，当代中国农民政治参与呈现出制度性、权利性和自主性等多重特性。[②]

---

① 吴毅：《村治变迁中的权威与秩序》，335页，北京，中国社会科学出版社，2002。

② 郭正林：《当代中国农民政治参与的程度、动机及社会效应》，载《社会学研究》，2003（3）。

2. 参与的程度因利益驱使程度不同而有所区别

大部分学者肯定，农民经济主体地位的确立及寻求经济利益保护的机制是农民政治参与的基本动力和动机。[①] 徐勇认为，支配和影响村民选举的因素主要是利益机制，而驱动村民政治参与的利益，既包括集体公利、小团体共利，也包括个人私利。[②] 根据笔者2008年在兰州市东湾村和临夏县尹王村的调查，当村民被问及“你愿意出任村干部吗”时，有将近62%的村民选择“不愿意”，其原因主要有“年龄太大，不适合”、“文化水平差，当不好”、“当干部惹人，不想与人争”等，而当问及“如果村民选你当村干部你愿意吗”，51%的村民却选择了“愿意”，看似矛盾，但从“为什么”的回答中就会找到答案。表面上是因为“大家选你是看得起你，你怎能让大家失望”，实际上则在于“当村干部当然好了”，利益是关键。当前，在西北少数民族地区，村干部的工资已普遍由县财政统筹开支，能够稳定、按时发出，对于收入来源单一、不确定性较大的乡村，村民对此也比较看重。另外，出任村干部可以优先获得相关信息，在乡村社会资本相对缺乏的地方，也是积累社会资本的重要途径。一些村干部的亲属优先被推荐转干、招工已不是什么特例。对于“你认为村务应该公开”的问题，将近89%的村民都选择“应该公开”，其原因主要是：“大家的血汗钱，怎么花下了要让大家知道”。同样的问题在东湾村的关注程度较尹王村高，究其原因，主要是因为东湾村的公共经济要多一些，涉及公共利益的管理和使用时，村民的参与度较高，反之，则参与度较低。何包钢、郎友兴的研究发现，经济发达村村民选举要比经济落

---

① 郭正林：《当代中国农民政治参与的程度、动机及社会效应》，载《社会学研究》，2003（3）。

② 徐勇：《利益与体制：民主选举背后的变数分析，见《徐勇自选集》，武汉，华中理工大学出版社，1999。

后村村民选举的竞争程度高，村民对投票回报或选举的误工补贴的期望是村民高参选率的重要原因。① 在我们的调查中，同样反映出了这样的规律。2004 年底举行的东湾村第五届村民换届选举时，到投票点投票的村民达 1027 人，占应参加选举总人数（1080 人）的 95%。社区给村民参加选举的误工补贴费是 50 元，成为村民积极参与的强大动力。

3. 参与的自觉性与责任性

以往人们一直认为民主和经济发展程度之间存在着相关性，即经济水平越高，民主政治空间越大。"一个国家越富裕，它准许民主的可能性就越多，从亚里士多德到现在，人们一直认为，只有在富裕社会，即生活在现实贫困线中的公民相对较少的社会，才能出现这样一种局面：大批民众理智地参与政治，培养必要的自我约束，以避免盲从不负责任煽动的呼吁。一个分化成大多数贫困民众和少数显贵的社会，要么导致寡头统治（少数上层分子的独裁统治），要么导致暴政（有民众为基础理论的独裁统治）。"② 这表明村民政治参与和经济发展有密切的关系，经济发展水平高，村民政治参与的自觉性和责任性强，反之则弱，但在中国的村级民主政治参与中并非如此。首先突破旧的选举方式，创造"海选"模式的吉林省梨树县，并不是经济文化发展程度最高的地区。另外，在笔者所调查的经济文化发展程度不高的甘肃乡村，实行"海选"的社区已经达到 76%，这个数据高于经济文化发展程度较高的广东省。可见，经济发展只是村民政治参与自觉性和责任性的一个影响因素，而非决定性条件，影响其高低的变量是包括受教育程度、民

① 何包钢、郎友兴：《寻找民主与权威的平衡》，163～165 页，武汉，华中师范大学出版社，2002。

② ［美］西摩·马丁·李普塞特著，张绍宗译：《政治人——政治的社会基础》，27 页，上海，上海人民出版社，1997。

主传统、民主能力等多方面因素的集合。

4. 村民政治参与和政府介入的互动性

村民自治是农民的创造，是村民政治参与的结果，但其推广却是由政府自上而下领导、示范与普及使然。政府在此过程中决定着制定什么样的游戏规则和制定多少制度实施资源。村民政治参与的机会、程度又受到政府的干预。政府的介入公允地来说在一定程度上可以避开经济发展这一条件因素对政治参与及制度实施的制约，从而变更政治关系和政治结构，促使村民随着传统社会向现代社会转变而成为民主的积极参与者。但实践也表明，政府介入并不一定都会带来村民自治质量的提高和村民政治参与的积极合理取向，大量事实证明，政府对村民自治的介入和干预是普遍存在的，而干预的动机和结果之间的距离，干预的各种结果之间的巨大差异，使政府干预与村民自治之间的关系极为复杂，很难做出是非好坏的简单价值判断。由于村党支部不但保持建制，而且是村级组织的中心；由于村委会的合法性虽然来自于选举，但实际上这种合法性一般仍需接受乡政府的指导、政府介入，甚至是干预才能真正获得，等等，可以认为，我国乡村自治组织的自治空间还是比较有限的，国家仍然能够掌握对绝大多数乡村社区和村民的控制权①。

（三）社会流动对村民自治的影响

目前学界在研究社会流动对村民自治的影响时，一般区分流出地和流入地进行分析，如贺雪峰分析人口流动对村级治理的影响

① 郭正林：《当代中国农民政治参与的程度、动机及社会效应》，载《社会学研究》，2003（3）。

时，就是这样进行的。[①] 但根据已有的研究和笔者的调查来看，人口流动对流出地农村基层民主建设产生的负面影响要比对流入地村庄的负面影响大得多。[②] 所以本节主要关注社会流动对流出地的村级治理的影响。

村级治理在当前农村主要是以村民自治为表征的民主化治理行为，其内容为“四个民主”，即民主选举、民主决策、民主管理和民主监督。

1. 社会流动对民主选举的冲击

当前农村流动性的增强，使得村民选举的主体发生变动。农业与非农产业比较收益差距的拉大使农作物种植业几乎成为“最不经济”的产业，失去了劳动收益的边际弹性。与此同时，城市的发展（特别是服务业、建筑业的兴起）和市民子弟的“贵族化”（不愿再干脏、苦、累、重的工作）以及城乡之间制度化壁垒的松动为农民进城提供了大量的“机会收益”。马克思认为，人们奋斗所争取的一切都同他们的利益有关[③]，没有任何人有任何权利阻止农民追逐经济利益的权利[④]。许多外出的流动者“生活的面向”不再以农村为主，即使那些“候鸟式”、呈“钟摆”一样的流动者，也期望能永久实现非农化。这种现象对村民选举造成的直接后果主要表现在5个方面。①村庄中大批精英流失，可供选举的高水平的村委会候选人大大减少，选择余地不大，如我们调查的下青石村村委会主任和党支部书记由一个人兼任，这种情况在西北少数民族地

---

① 贺雪峰：《论人口流动对村级治理的影响》，载《学海》，2002（1）。

② 同①。

③ 马克思：《马克思恩格斯全集》（第一卷），82页，北京，人民出版社，1956。

④ 王中人：《当代中国城乡人口流动与农村村民自治问题研究》，载《中共成都市委党校学报》，2002（3）。

区的其他乡村也经常发生。②参选率不高，很多外出流动者对选举的政治效能感不强，即因选举结果与自己关系不大，或认为选举的结果不公正，或因为回家参加选举成本太高，所以要么委托家人代选，要么干脆就放弃选举权利。③外出务工经商者对家乡的公共生活信息一般所知非常有限，一方面，由于时空阻隔，他们很难获得村里公共生活的详细信息；另一方面，他们因流动常常处于高度的不确定性状态，流动者中相当一部分人没有电话，甚至没有固定住址、邮箱，联系也不方便，村委会很难将信息传递给他们，所以对他们来说，信息不对称，选举的意义也不大，参选的积极性自然也不高。④一些外出流动者凭借流动获得较多的经济资源，拉帮结派，大行"卖官鬻爵"的做法，干预选举。如浙江义乌市廿三里镇华溪村当选主任虞某经营制笔生意多年而发家致富，2002 年 1 月 18 日村民正式选举前一天，虞某在村里公开贴出用大红纸写就的"承诺书"："本人这次参加竞选村主任，向全村村民承诺，若能如愿当选，愿资助 10 万元，其中 2 万归老年协会，8 万用于清理村里垃圾。如本人违背承诺，可随时罢免。"1 月 18 日，在第一轮竞选时处于劣势的虞某当选新一届村委会主任。事后，虞某直言不讳地说自己的当选跟捐资 10 万元有很大的关系。"我一直在外面做生意，村上很多人都不认识我。我公开贴出 10 万元的捐资承诺，说实在一点，就想多争取几张票。"[①] ⑤留守的农民认为村民选举意义不大，他们中很多人不认识选票上的文字，连自己的选票都不会填写，更不了解选举的程序，自然与民主选举的要求相去甚远。

2. 社会流动对民主决策的冲击

根据《村民组织法》的规定，凡是与农民群众切身利益密切相关的事项，如村集体的土地承包和租赁、集体企业改制、集体举

① 纪圣麟等：《先富群体竞选村官现象调查》，中国农村村民自治信息网，www. chinarural. org/newsinfo. asp，2003－9－28。

债、集体资产处置、村干部报酬、村公益事业的经费筹集方案和建设承包方案等，都要实行民主决策，不能由个人或少数人决定。村级民主决策是村民自治的重要内容，基本组织形式是召开村民会议和村民代表会议。劳动力的外流对村民自治的影响是全方位的，包括民主决策。根据《村民组织法》的规定，召开村民大会，应当由本村18周岁以上的村民过半数参加，或者有本村三分之二以上的户代表参加，所作决定应当经到会人员的过半数通过。但是，由于大量的村民外出务工经商，相当数量的农村精英处于流动外出状态，导致一些村子成了“老、弱、妇、幼、病、残”6种人的“留守地”。村民大会因人数达不到法定要求难以召开，即使勉强凑够人数，来参加会议的也只能从上述6种人中产生，而他们年龄较大、文化较低、素质不高、能力不强、权威不够，往往在日益繁杂的村中公共事务面前无能为力。这样一来，村民大会难以开得很有质量，民主决策异化为少数村干部决策①。

3. 社会流动对民主管理的冲击

乡村社会流动的结果是“乡村最紧迫需求的资金、人才、知识和需求大量向城市集中，以至造成乡村发展的‘空心化’。”② 在市场经济条件下，人口流动表现为一种上位流动，乡村流动主体在年龄、知识、才能等方面具有相对优势。近年来，国内学者实地调研证实，农村外流人口中35岁以下的青年人占总数的86.3%，外流人口的整体素质普遍高于留守者。③ 精英的流失对村务民主管理

① 徐勇、徐增阳：《流动中的乡村治理》，90页，北京，中国社会科学出版社，2003。

② 徐勇：《挣脱土地束缚之后的乡村困境及应对——农村人口流动与乡村治理的一项相关性分析》，载《华中师范大学学报》（人文社会科学版），2000（2）。

③ 赵树凯：《纵横城乡——农村流动的观察与研究》，北京，中国农业出版社，1998。

是一种不小的损失。笔者在宁夏固原上青石村调查时，村支书HGB就谈到，“现在在村里好好培养一个接班人很困难，好一些的苗子都外出了，你发展他，他还没时间考虑。在留守的人中选一个，还真选不上一个中意的”。

再者，不管是流出者，还是留守者都对村务管理表现出极大的冷漠。一方面，外出的流动者在村庄之外获得经济收入，一年中的很长时间在村庄之外生活，这样，他们与村庄及其他村民之间的关系不仅变得很少而且往往不再是直接的利益关系。利益是政治参与的根本内驱力，在这种村庄关联度下降的情况下，外出村民对于和自己利益相关很小的村庄事务缺乏参与热情就是必然的了，也造成这部分村民参与民主管理的冷漠态度。另一方面，留守的村民，因参与能力有限，其生活面向也呈现出了一种离心化，对村庄事务的关注度降低。村民因为脱离村庄的机会成本低，较容易割断与村庄的经济联系而进一步可能会割断与村庄的社会联系和心理联系，这又反过来影响了在村村民对村庄未来生活的预期，失去为建构村庄共同体所需要的耐心和暂时的利益受损。① 这种冷漠和不关注，造成村级财务不公开、村务不透明、公共事务无人问津。我们在临夏土桥镇尹王村调查时看到，一方面人们的经济条件改善了（该村是全镇经济条件最好的村之一），另一方面则是村内道路年久失修，雨天泥泞不堪。乡村基层民主“草根”表现出一种实质枯萎态势，乡村政权还出现一种“内卷化”② 的趋向。随着国家取消农业税，村干部工资由县级财政统一负担的改革实施，村干部与村民的联系内容减少，更多地服务于县乡政权的农村管理工作。笔者在调查过程中，许多村干部反映，现在村里基本没啥大事，也不怎么

① 贺雪峰：《论人口流动对村级治理的影响》，载《学海》，2002（1）。
② 黄宗智：《长江三角洲小农家庭与乡村发展》，北京，中华书局，1992。

召开村民会议，就是帮助乡镇做好劳务输转、计划生育等工作，再就是村民出现纠纷了帮助调解一下。从他们的谈话中就可以窥视出，当前乡村政权的“内卷化”趋势还是很明显的。村干部缺乏考虑社区发展的主动性，村民对他们这方面的要求也缺失。

4. 社会流动对民主监督的冲击

民主监督是村民自治的重要保证，是指在村民自治运作中，通过村民群众的监督活动保证村务管理上合国家法律，下合村情民意。其监督的主体是村民群众，监督的对象是村委会组织和干部。乡村社会流动对民主监督的冲击表现在：

（1）削弱了监督的力量。村民的外出减少了监督的人群，外出者常年在外很难形成对村委会及其干部的监督力，留守者的弱势地位决定了他们也不能充当强有力监督的主体。在笔者调查中了解到，许多在村的村民对国家给农民的补贴到底有哪些都不清楚，更不知道补多少，不了解就更谈不上如何去争取以及监督它的合理发放。以宁夏回族自治区固原市原州区开城镇上青石村和下青石村为例，村民对退耕还林政策十分模糊，问及每年的“退补款”具体数目，说法不一。问及国家当前对农民的补贴项目，知道的人更少。很多村民对此也是“问起了激动，说起了不详，争取起来无力”。

（2）流动使村庄公共舆论缺乏，监督力度不再。村庄舆论监督是一种非常重要的监督形式，但是在流动性很强的情况下，村民的“原子化”趋势很明显，村庄共同体受到多方面力量的分解，村庄公共舆论难以形成，声音越来越弱，监督力度不再。那些最具监督意识和能力的精英，因流动获得了较好的经济收入，对村内事物缺乏兴趣和积极性，往往不愿意得罪人，也对村干部的做法睁一只眼闭一只眼。还有一些村民，因其常年在外，村子里的事情还要“仰仗”村干部，也不敢对一些事情有过激的言论。村内因利益分化，利益多元，村民关注集体的意识也就越来越淡薄了。

(3) 流动转移了人们的视线，多了一些对“不合理”的包容，客观上不利于民主监督。作为村干部，他们看到外出者很多人“衣锦还乡”，对他们既羡慕又嫉妒。“天下熙熙皆为利来，天下攘攘皆为利往”，利用在位的机会给自己行些好处，也是人之常情，只要不太出格，人们也就“将心比心”地认了。在调查中，许多村民也流露出了这样的心理，“得过且过”、“得饶人处且饶人”的“中庸”思想也就客观上降低了人们监督的意识。村庄的“熟人社会”或“半熟人社会”的特性，决定了我们不可能拿现代民主的要求去苛求，只能顺应村庄逻辑。也许这种现实与现代民主精神背道而驰，但它确实迎合了村庄秩序的建构，研究者应该具体问题具体分析，应当戒除“削足适履”的做法。

四、乡村社会流动与政治稳定

(一) 政治稳定的含义

政治稳定是政治发展的目标之一，研究政治稳定是研究政治发展的重要内容。关于政治稳定的含义，学术界存在不同的观点。有“政治稳定的设计师”之称的美国学者萨缪尔·亨廷顿认为：政治稳定包含两个基本要素，即秩序性和继承性。秩序性是指没有政治暴力、压抑或体系的解体；继承性是指未发生政治体系关键要素的改变、政治演进的中断、主要社会力的消失以及企图导致政治体系根本改变的政治运动。[1] 鲁西恩·派伊通过描述政治稳定的特征来定义政治稳定，认为政治稳定通常有以下标准：政治文化的一体

---

① 转引自王宗礼、谈振好、刘建兰：《中国西北民族地区政治稳定研究》，30 页，兰州，甘肃人民出版社，1998。

化；政治权威和职责的合法性；政府的有效性；政治的包含性较强，以至于公民和政治力量的参与意识可以得到满足；公民参与政府决策的一致性；社会分配均衡。国内学者的理解明显受到西方学者的影响，并进行了“中国化”，如张厚安等认为：政治稳定及基本政治制度稳定和具体体制形式的有序化，政权组织体系的合法性和制度化，政权体系治理社会的大政方针和基本政策的权威性和连续性，政治运行过程和社会政治生活的规范化和有序性。邓伟志等认为，政治稳定指一国政治系统的连续性和有序性，它包括稳定的政权体系、合理的权力结构和有序的政治过程三个不同层次。

王宗礼等人认为，政治稳定是指一个国家或地区政治秩序的连续状态和政治结构要素的协调变化，涉及政治秩序和政治结构要素两大方面。究其具体含义，包括这样几个方面：一是宪法秩序的保持，社会中没有针对宪法的有组织行为；二是基本政治价值的稳定，社会中不存在对基本政治价值动摇和否定的社会情绪和组织行为；三是各阶级、集团、各民族关系相对均衡；四是主要政策的连续性等。[①] 笔者认为这一定义和理解更适合于我们考量区域范围内的政治稳定问题，虽然乡村社会流动是当前全国的大文本，但我们的研究主要是对具体的小文本的经验研究，特别是对西北这样一个多民族、欠发达且当前社会流动性持续趋强的地区，具体分析流动对政治秩序和政治结构的影响，应该与这一地区的特殊性相联系而进行。

（二）社会流动与政治稳定

已有的研究从影响政治不稳定的因素中厘析出考量政治稳定的

---

① 王宗礼、谈振好、刘建兰：《中国西北民族地区政治稳定研究》，31~32页，兰州，甘肃人民出版社，1998。

6 个指标：国家法定的基本政治制度维持和持续的程度；政府及执政者更迭的制度化、程序化程度；社会中各种政治力量的对比相对均衡，变化有序程度；政治参与的制度化程度；政治过程的有序化程度；政治文化的内在一致性程度。① 鉴于本书主要透视社会流动对政治稳定的影响，笔者重点选取政治参与、政治文化和政治力量的关系三个方面进行分析，相对而言，国家法定的基本政治制度维持和持续的程度，政府及执政者更迭的制度化、程序化程度，政治过程的有序化程度主要涉及国家政治生活的宏观层面，而在区域范围内的发展程度很大意义上由国家来安排，对小区域政治稳定的影响不甚突出。这样就构成一个分析的基本框架图：

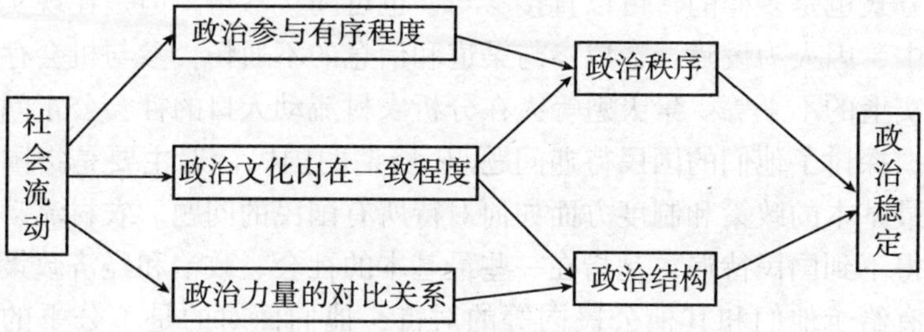

图 4－1　社会流动对政治稳定的影响作用图

1. 流动中的政治参与制度化程度

乡村社会流动的加剧，使西北少数民族地区各种社会群体的利益要求渐趋明朗，他们期望通过政治参与表达和实现其利益的预期和积极性高涨。如果不能为其提供一些合法的参与渠道，他们就会选择一些非法的渠道参与政治，政治秩序和政治稳定就会因此受到威胁。制

① 王宗礼、谈振好、刘建兰：《中国西北民族地区政治稳定研究》，34～38 页，兰州，甘肃人民出版社，1998。

度化（institutionalization）是群体和组织的社会生活从特殊的、不固定的方式向被普遍认可的固定化模式的转化过程。政治参与的制度化就是群体和组织的政治参与从特殊的、不固定的方式向被普遍认可的固定化模式的转化过程。当前，因社会转型和体制改革，我国公民，特别是处于流动中的社会成员政治参与受多种因素的制约，非制度化的问题比较突出，对该地区的社会政治稳定产生负面影响。

（1）参与机会事实上不平等。政治参与的内容一般涉及选举、管理、决策、监督等方面，我国宪法对公民的政治参与权以根本大法的形式予以了确定，保障了公民的参与权。参与的渠道是很多的，如投票选举，举行座谈会，举行集会、游行、示威，通过媒体了解政治信息，对管理部门和其工作人员提出意见和建议等等。参与方式也是多样的，可以直接参与，也可间接参与。但是在现实生活中，因人为设障，造成参与渠道和信息的不通畅，参与机会存在事实上的不平等。景天魁等人在分析农村流动人口的社会公正问题时，探讨了他们的国民待遇问题。[①] 所谓的国民待遇主要是指国家在最基本的政策和制度方面如何对待所有国民的问题。农村流动人口得不到国民待遇，是指在一些最基本的社会、政治和经济政策上没有给予他们和其他公民同等的对待，他们面对的是不公平的待遇。其中就包括农村流动人口的社会组织和意见表达权利的缺位。农村流动人口没有自己的一定组织，不能通过组织表达他们的意见和呼声。究其原因，是现有的制度设置并没有为农村流动人口提供组织化的空间：首先，他们不是城市居民，他们就没有资格在城市组建组织；其次，他们是流动人口，居住不固定，对于他们的管理，国家和城市管理者经历了由一开始的“堵”、限制，甚至于强行遣返，到后来的逐步放开、疏通和帮助，但整体上并未形成比较

① 景天魁：《社会公正的理论与政策》，121页，北京，社会科学文献出版社，2004。

有效的管理方式。因此他们没有参与城市和流入地管理的机会和资格。在流出地，正如前文所分析的，也因为他们的流动特点，政治参与权利很难落到实处。所以，对于农村流动者，政治参与缺乏制度化，参与机会存在事实上的不平等。在他们工作的单位中，其身份也是很尴尬的，在公有制单位，他们只能是合同工、临时工，在非公有制单位，他们也是雇工，并没有平等参与管理的地位和权利，遇到自己权益被侵犯的时候，很难通过正规渠道得到有效解决。加之正规渠道的利用成本较高，与传统文化的融合度较低，他们一般不选择正规渠道和制度设计，转而选择成本较低，甚至过激的方式，如越轨、暴力，甚至犯罪的方式。

（2）参与能力不高。农村流动人口虽然是流出地的精英群体，但相比各种精英云集的流入地，弱势地位是很明显的。文化素质不高，生活技能较差，使他们的政治参与能力不高。如对国家相关规定知悉不够，法律意识淡薄，社会组织化程度较低等。笔者在宁夏固原调查时，一位家长反映，儿子高中毕业后和同村的几个年轻人去天津打工，老板每天给他们吃得很差、干的活很重，吃不消，老板还不让他们回来。后来，他们要求结算工资，老板只给了一部分，其余的打了白条。拿着白条，他们就偷偷的回家了。用他们的话讲“钱要不到了，人先安全回来”。事过近两年了，打工的白条还是没有兑现，他们也不知道该找谁去解决此事。类似的事件发生在西北少数民族乡村外出务工经商者身上的还有很多，对于如何保障自身的权益，大多数人都很茫然。

（3）缺乏参与政治生活的社会保障机制。政治生活的稳定机制包括外在环境适应机制、政治权力制衡机制、制度化的政治参与机制、有效的社会保障机制、社会“安全阀”机制。[①] 其中，有效

① 王宗礼、谈振好、刘建兰：《中国西北民族地区政治稳定研究》，42~49页，兰州，甘肃人民出版社，1998。

的社会保障机制主要有：领导力量的保障，领导力量是政治生活的核心，对形成政治凝聚力和向心力至关重要；宪法和法律的保障机制，这是实现政治生活法制化，进而保持政治稳定最重要的保障机制；经济保障机制，这是实现政治稳定最深厚的基础；社会保障机制，主要是国家和社会通过对贫困、失业和丧失劳动能力的社会成员提供生活保障，以维持社会政治稳定的机制；政治文化保障机制，旨在增强公民对共同体的认同和对乡村政治秩序的认可和支持，形成共同的政治价值观和理想，对政治稳定意义重大。① 近年来，随着农村社会流动的大规模、频繁化发生，国家对此的重视程度也日益提高，采取了许多方面的措施进行引导，针对“农民工”等群体的权益保障制定了相关的办法，应该说起到了很好的效果。但是，我们也应该看到，农村流动人口的权益保障还存在很多不足，离他们的要求还有很大差距。例如，如何有效解决他们由职业转化向身份转化的问题，实现他们的完全城市化；如何加大对他们转移就业的培训支持力度，提高他们的待遇问题；如何解决他们转移后带来的子女教育、老人养老、自身的医疗、失业保障等后续问题等。这些问题的解决关系到政治稳定，也是保障他们有效参与政治生活，实现政治利益的基本保证。

2. 流动中的政治文化内在一致性程度

流入城市的农民工，往往较之留守在农村的农民更容易接受城市的新思想、新观念、新的生活方式、新的享受标准，当然也容易接受和形成新的政治文化，而其欲望和需求也很快达到一个新的水平。然而，在城市和流入地，他们的政治参与机会和政治地位并不能与其实际的社会贡献和要求相一致，于是，理想和现实之间就会形成强烈的反差，这种反差会进一步引发他们的挫折感，使他们对

① 王宗礼、谈振好、刘建兰：《中国西北民族地区政治稳定研究》，45～47页，兰州，甘肃人民出版社，1998。

政治生活的感情和价值评价趋向否定态度，这种否定性的政治文化与政治发展和政治稳定密切联系，有可能导致政治不稳定的后果。如果他们的政治地位与其经济地位不相匹配，强烈的政治参与意识就会促使他们采取一些过激的手段，甚至越轨行动，从而对流入地的政治稳定十分不利。再者，他们通过流动，将自己的政治文化在关系群体中传播，影响周围关系群体对政治生活的情感和评价，进而又会对流出地的政治稳定和政治秩序构成威胁。当前，在城市等流入地，市民和农民工、用工单位和农民工、城市公共部门与农民工之间关系存在诸多不协调，甚至出现一些矛盾冲突，对此如果不能很好地予以关注和化解，仇视、敌对等政治文化就会很快地蔓延，形成政治亚文化，与国家和政治共同体的主流政治文化产生矛盾和冲突，这种现实不利于区域和国家整体的稳定。

3. 流动中的政治力量对比关系

流动就意味着社会政治力量的分化、重组。在现今条件下，社会地位的变化已越来越多地集中于贫富分化上。就是在流出地，社会的贫富分化也使农村不再是以前同质性很强的社区，机会的多少，社会资本的存量情况，人力资源的自身素质、能力的大小等都是影响乡村贫富分化重要的变量。在笔者的调查中，一个显著的感受就是，那些先富起来的乡村社会成员与社会流动有着很强的相关性，头脑灵活、人力资源有优势、社会资本充裕、把握机会能力出众是必要的条件。下面个案的经历可以印证这一特点：

个案 1. 马某（上青石村，男，回族，63 岁），是这儿的老户人家。改革开放那年他就在公路边修了一排房子，大概有 7 间，随之占用两间房开了一个小卖部，其余 5 间出租，后来生意好了，店面扩大了，全部收回供自己搞生意使用。30 年了，从刚开始的经营生活必需用品到现在的粮油、副食百货及五金等，生意一直很红火，年收入 2 万元以上。耕地也很多，孩子们都在外做生意，不愿种地，所以租出一半，老两口种一半，主要种植冬小麦、洋芋、胡麻和玉米，其中胡麻和洋芋为经济作物，小麦和玉米自种自食。既搞生意又种地虽然忙了点，但心情很愉快，认为生活很美好。家里现有17米长的挂车3辆，主要运用于长途运输百货、特产，路线是从新疆到广州、福建、浙江等地；在城里买了3套房子，三个儿子合资开办了固原市飞天轮胎总公司，主要是二儿子经营，三儿子有一辆出租车。买第一辆车是在20世纪80年代，是9米长的货车，费用自付一半，贷款一半，积攒了几年钱后，又购进了2辆车，费用全部自己现付。购车当年将车租给别人开，并且一年更换一次，即在年终时将车卖出去，紧接着又购进新车，再租给别人，从中赚取一部分很可观的收入。孩子们都很争气且均已成家立业：大儿子跑长途运输兼营公司，大儿媳开了一家餐厅（在城里）；二儿子及媳妇主营公司；三儿子跑长途运输兼营公司，三媳妇在固原市开出租。

个案2. 马某（下青石村，男，回族，54岁），其经历也很丰富，1974—1984年在小学当教师，工资从15元涨到35元，但由于他超生便自动辞职了。1984年也可算是他最倒霉的一年，自己辞职就连仅有的35元也拿不到，再加小儿子生病住院，自己身上只有住院费，就把家里的牛给卖了。再后来他收了十几只羊，拉到别的地方卖掉，这样便赚到了60元，他想就这样自己一天就能赚60元，从此就做起了生意，不过不是贩卖牛羊而是牛羊皮毛，一天挣五六十元，一个月下来收入2000元，直到1989年村里人选他当队长后，便结束了他的做生意的历程，虽然当队长一个月才18块钱，但恰恰他在当队长的3年时间里认识了很多人。1992年在村里修路，他跟负责人开了句玩笑，但也是心里话："只让给你们帮忙，也不发工资，总得找个活干吧。”也许是机缘巧合吧，他真的在工地上找了一份差事，从这一刻起，也就开始了他长达十几年的包工经历。因为他干活认真，老板很器重，他也就一直跟着工程队，包工每年收入2～3万。

个案3. 马某（下青石村，男，回族，50岁），家里有五口人，两个女儿一个儿子，现在大姑娘已出嫁，儿子上初中，女儿上小学。他家就在公路边上，从外面看，一院房子修得挺阔气，家旁边盖着四间房，一间是修理部，一间是小卖部，另两间存放东西。他以前也经常外出，主要是到新疆，在工地上当工人，因为他自己有些技术（是自学的），每天能拿到60元钱。也算是他运气好，1988年他在上完工闲逛时碰到一个老人说是找个看果园的，于是他就去了，包吃包住一个月700元，在那时候算是高工资了，总共干了9个月。1992年在宁武煤矿当工人，不过他不是下井打煤，而是在上面当电工，一个月900元，干了两年时间。1997年便开始跑车，主要是往固原拉人，一个人一块钱，都跑坏了三辆三轮车，由于一次跑车途中，车掉到了水渠中，又有一人受伤，从此便结束了他的跑车生涯，不过家里现在有一辆摩托车和一辆农用车。后来他自己没有再出去，凭着自己有一些技术，在家旁边盖起了修理部，电焊、修车他都会，在前两年修高速公路时，每年的净收入都能达到一万多元，不过今年情况不好，但尚可维持生活。对于开小卖部他也就没想着能挣钱，就是有些生活用品自己家里也要用，零食孩子也吃，一样要花钱，自己有了还是方便，大多时候是修理部补贴小卖部，家里每年的花销有七八千元，都是靠着这间修理部。

相反，那些人力资源相对缺乏，自身素质较差的乡村社会成员就成为农村的贫困户。如：

个案4. 马某（男，回族，45岁），他家里有6口人，3个女儿、1个儿子，大女儿今年12岁，小学毕业后便不再上学，待在家里给他爸爸做饭，其他3个孩子在小学读书。他因为要生个儿子而超生，被罚了1000元。以前家里种有16亩地，而今全都用作退耕还林了，养有两头牛，其他收入主要是靠打工挣得。2004年用打工存的钱盖起了三间房，共花费了35000元，还买了一台电视机，不过不怎么看，自己对许多事情不了解，消息闭塞。他自己以前在村里的一家“田原”醋厂帮着酿醋，一个月挣300元（吃住都管），但是由于长时间工作，身体受不了，得了风湿病，为此也花了好多钱治病，之后也就不在那里干了。去年到新疆摘了两个月的棉花，挣了2000元。现在就待在家里，重活也干不了，就给原来他干活的那个厂子代销醋，一袋醋赚得0.5元，自己一个月可挣200多元。他自己生病出不了门，妻子便经熟人介绍到外面建筑工地上当小工，每天挣40元钱，已经干了两个月了。他自己对于自主创业的想法还是有的，因为在醋厂干过，自己也学到了一些手艺，想过自己也办个醋厂，但考虑到很多因素，比如说没车，没有酿醋的设备等，在笔者看来还是他自己没胆量，也没那个能力。

个案5. 海氏（上青石村，男，回族，59岁）家里有7口人：老婆、1个儿子和4个女儿，无外出务工者。女儿均已出嫁，儿子今年结的婚，娶的是本地姑娘，是自由恋爱结婚的，彩礼3万元，总共花去4.7万元。现在儿子、媳妇均在家务农，农闲时偶然出去打工，挣个零花钱，不能给家里带来很大的变化，儿子小学文化，自己和老婆一直以务农为主，从未出去打过工。经济收入很一般。

社会分化是双刃剑，如果在一定的限度内分化有利于社会发展和政治稳定，超出了限度，就会威胁到社会稳定和政治秩序。美国学者古尔（T. Gurr）认为，带给社会动荡或变革“最根本的原因不是贫穷而是相对剥夺感”，[①]“相对剥夺感”是一种“现实与期待的负面差距”，是一种典型的“愤愤不平”。中国传统文化中就有“不患寡患不均”的传统。当前，广大农村正在形成并蔓延的“相对剥夺感”是引发社会冲突的根源之一，直接导致农民对现有权威政治的疏离和文化认同的下降。由于收入差距的扩大，贫困者对富裕者的仇视心理会积聚得愈来愈重，在调查中，笔者经常听到大家流露出对一些富裕户致富经历的怀疑和不满，尤其是对一些利用其亲友掌握的权力进行权钱交易者，或是钻法律和制度的空子致富者，或是凭借偷窃、巧取豪夺致富者，富裕户为富不仁者，都非常痛恨，从而加剧贫困者及中等收入者同富裕户的摩擦和冲突。这些现象不仅不利于我国民主政治建设，而且威胁到乡村和谐社会的构建。

五、乡村社会流动与社区权力结构变迁

（一）社区权力结构的含义

马克斯·韦伯所定义的权力是一个人或一些人在社会行为中，甚至不顾参与该行为的其他人的反对而实现自己意志的机会。吉登斯认为，资源产生权力，权力不是资源，可是，其他资源的动员也

① 钟海、陈晓莉：《农村人口流动视阈下的乡村治理困境及对策》，载《西华大学学报》（哲社版），2007，26（6）。

赋予行动者处理事务的权力。当行动者互动时，他们利用资源，当他们利用资源的时候，他们就操作权力以建构别人的行动。[①]《社会学大辞典》中将权力定义为影响和控制他人，使他人按照一定方式进行活动的能力。塞缪尔·亨廷顿指出，权力是一个人或群体改变另一个人或群体行为的能力。[②]

基于经典大师的定义，笔者认为，权力是一种基于对资源的占有而具有的对他人行为的影响和控制能力。乡村社区权力是指存在于乡村社区中的一些村民因对资源的占有状况而具有的对其他村民行为的影响和控制能力。

所谓结构是指构造成为一个整体事物之诸组成部分关系的统称，社会学的结构研究是对社会做横剖面的共时态观察，看它由哪些部分构成的，这些部分之间的位置和关系是怎样的，它们对维系整个社会系统起到何种作用。[③] 权力结构就是权力的资源分配模式、来源渠道、运行规范、支配力的强弱格局等结构要素的有机组合。

（二）乡村社区权力结构的类型化分析

分类是科学研究的一种重要方法，对乡村社区权力结构进行类型化分析，有助于认识社区权力的配置及运作状况，从总体上把握乡村权力变迁过程。唐忠新在探究了新中国成立之初、人民公社时期及改革开放以来乡村社区权力结构的特点之后指出，人民公社时

① ［美］乔纳森·特纳著，邱泽奇等译：《社会学理论的结构》（下），171页，华夏出版社，2001。

② ［美］萨缪尔·亨廷顿著，周琪等译：《文明的冲突与世界秩序的重建》，78页，北京，新华出版社，2002。

③ 陆学艺：《社会学》，北京，知识出版社，1996。

期的权力阶层和权力结构至少有三个特点：以贫下中农为基础的，以党组织和党员干部为核心的，以抑制其他权力为代价的特点。改革开放以来我国乡村社区权力结构和权力阶层出现了多元化的趋势，主要表现在：村民委员会成为社区的权力组织之一，村干部群体的“富人”化，非党员干部的比例上升，企业管理层的地位和作用越来越突出，非正式的领袖人物分割了社区的一部分权力。① 王春光就我国城镇社区权力结构问题作了研究，他指出，我国城镇社区权力结构的历史状况是封闭性、单向性和一元性的，而现代社区权力结构的特点是：“单向依赖”型转化为“三位一体”型，“一元”型主体转化为“多元”型主体，“封闭”性结构转化为“开放”性结构。② 郭正林认为，直接公开的村民选举制度的导入，使农村权力结构发生了根本性的变化，这就是以党的一元化领导为特征的一元权力结构向村委会与党支部并列的二元权力结构转型。③ 刘喜堂在对我国乡村社区权力结构的历史与现状进行深入的分析比较后，主要就传统的家族势力的影响存无归纳出当代我国乡村社区权力结构的三种模型：传统型，这类社区主要分布在甘肃、贵州、江西、云南等经济比较落后、消息比较闭塞的地区；现代型，这类社区主要位于广东、苏南、浙江等经济较为发达地区；混合型，目前我国大多数乡村社区权力结构属此类形式。④

笔者对西北少数民族地区观察后发现，在乡村社区的权力结构中，“精英”的地位和作用是非常突出的。无论我们如何定义社会精英，精英总是比别人拥有更多的社会影响力，这种影响力归根到

① 唐忠新：《村落社区的权力结构透析》，载《天津社会科学》1995（5）。

② 王春光：《我国城镇社区权力结构问题研究》，载《党政干部论坛》，2003（9）。

③ 郭正林：《农村权力结构的制度化调整》，载《开放时代》，2001（7）。

④ 刘喜堂：《论我国乡村社区权力结构》，载《政治学研究》，1997（1）。

底来自于他们掌握着比别人多的资源。乡村的精英可以根据其占有资源的类型区分为经济精英、政治精英和知识精英。所谓“经济精英”，就是在他们的权力资源中，占主导地位的是物质财富，从而影响人们的经济生活；所谓“权力精英”，就是他们更多地掌握着权威性资源，从而影响组织权力的分配格局；所谓“知识精英”，就是他们知道得比别人多，从而影响别人对事物的判断。①当前，西北少数民族地区的乡村，三种精英基本占有了社区的全部权威资源，他们的互动结果，就构成了社区的权力结构。

首先，经济精英政治化是乡村社区精英互动的重要内容和主要结果。所谓经济精英政治化是指经济精英通过合理的渠道，取得对政治资源的占有过程。根据马克思主义的观点，政治是经济的集中体现，在经济上获得成功的经济精英必然会提出政治上的要求，从而影响政治生活。近年来，民营企业家取得的经济成功也催生了他们的许多政治主张和要求，这种要求是合情、合理的，也得到了政府的重视。为此，甘肃省委提出“双配双带”工程，旨在将经济精英纳入政治化机制中来，激发起其积极性，更好地为社区、社会服务。在乡村社区中，经济精英的政治化更是非常普遍，在政府推进村民自治的进程中，村民民主选举村委会及主要村干部的重要标准，就是能否有带领村民致富的能力，这样的选择标准迎合了社区经济精英的意图。经济精英政治化主要手段为：一是入党。在农村，党组织号召党员带头致富，实行“能人战略”，有些党支部发展党员，只要求有经济头脑、懂经营、会管理。二是为官。有的地方党组织干脆强调经济能人治村。在笔者的调查中，一般村委会的成员是由于经济能力出众而被选任的。三是施加影响力。经济能人拥有金钱和支配金钱的权利，他们采取种种手段，力图介入乡村两

① 郭正林：《卷入民主化的农村精英：案例分析》，载《中国农村观察》，2003（1）。

级政治生活。①

其次，政治精英经济化是指政治精英依据其所占据的政治地位，不断实现将政治资源转化为经济资源的过程。政治精英拥有比较丰富的社会资本，这些资本不仅助其在政治上游刃有余，而且还有助于改变其经济状况。“一个中心，两个基本点”的基本路线已深入人心，政治精英已不再像以前那样整天喊口号、务虚不务实，相反，抓好包括社区的和自己的经济建设，是其获得村民认同的重要途径。在笔者的调查中，有70%的村民认为村干部的经济收入处于中上水平，而16%的村民选择了不知道，可以看出村干部的确是社区中包括经济方面在内的能人。很难想像，一个连自己都无法致富的人怎么能胜任社区领袖呢?

第三，乡村社区的文化精英相对较少。调查中我们发现，西部欠发达地区的村级治理中，几乎不可能有中专及以上学历的文化精英的存在。出现这种现象的原因是多方面的，其中，在我国乡村人均受教育水平普遍比较低，国人的就业取向定位又远离乡村社区，这可能是最主要的两个方面。考学走出乡村社区的文化精英不在万不得已的情况下，很少愿意回乡村工作，即使回乡村工作，在目前，最差也是在乡一级就职。现在乡村社区中高中毕业的年青人也很少留在社区里务农，大多选择进城打工。所以，乡村社区的文化精英群体不断萎缩，单纯的文化精英少之又少。社区中的文化精英往往就是由那些政治、经济精英们充当的，虽然他们的文化程度也不算太高，但在社区中就显得出类拔萃了。因此，文化精英对社区发展的影响多是他们来体现的。那些体现传统文化的宗族头人们，虽然在社区中对村民的日常行为有一定的影响，但毕竟已与现代知识经济时代的要求渐行渐远，影响力也在弱化。乡村社区的发展需要科技知识的改造，培育高质、大

① 金太军:《村级治理中的精英分析》，载《齐鲁学刊》，2002（5）。

量的文化精英已是当务之急。

(三) 乡村社区权力结构的重构

随着社会流动性的提高，乡村社区权力结构的变迁自然发生。在权力结构的构建中，社区权威是基础。传统的社区秩序是建立在宗族长老个人权威基础之上的，村民认同这种权威是基于两方面的考虑：一是大家都遵从的集体行为，是从众心理的作用结果；二是不遵从会遭受被社区抛弃的惩罚，是趋利避害心理作用的结果。人民公社化时期的社区权威是一种国家政治权威，代表国家意志的政治精英拥有强制性权威，村民遵从这种权威主要是因为对国家强制力的恐惧。随着人民公社制度的消失、国家权力的撤出，乡村社区权威认同出现危机，社区秩序的重构问题也凸现出来。非集体化经济成就了以家庭为生产单位的经济生产模式，然而公共权力却无法分解给各家庭组织。正是为了解决公共权力主体缺失之下公共安全、水利设施等公共物品无人照顾的问题，村民自治的尝试在农民自发中开始。而政府肯定并推广、普及的目的也是要重建村治权威，改善村庄无序状态。村民自治制度的植入解决了当前社区权威认同的危机。

村民自治的权威是一种合法权威，“合法权威以共同规范为先决条件”。[①]《村民委员会组织法》是村民的共同规范，也是村民自治的法律依据。选举产生的村治精英的合法性在于多数人赞成、少数人反对，民主集中制的政治原则要求少数服从多数。由于是选出来的，而不是谁任命的，所以，当选的村治精英“腰杆子很硬”。有学者研究表明：村民选举有助于提高村委会在社区村民中的权威

① ［美］丹尼斯·朗著，陆震伦、郑明哲译：《权力论》，56页，北京，中国社会科学出版社，2001。

地位，在笔者的调查中，72%的村民表示无论谁当选村委会主任，都要支持和服从村委会的自治权力。89.1%的村民认为“选出来的干部比任命的干部好”，这么高的比例表明了村民普遍认可选举出来的村委会干部，并认同他们的权威。

不管当选的村治精英本身具有多大的人格魅力和个人权威，在他执行社区自治时，村民主要遵从的是其所体现的合法化的制度权威。当然，高大威猛型的村治精英凭借个人强力，某种意义上比细小琐碎型的精英更有利于乡村社区秩序的建立，但是，要想维持社区秩序，合法化的制度权威是最理想的。在坚持和完善村民自治制度方面，乡村的实践主要有：①按时举行换届选举，给村民和其他精英提供更多制度化的渠道表达其政治要求；②村治精英应该为村民做一些实事，不断巩固合法性基础；③定期召开村民代表大会和村民大会，给村民提供参与管理的机会，使村民的意见和建议有诉说的通道，建构保障乡村秩序的“安全阀”机制；④包括财务在内的村务尽量公开，使得村民选出的“当家人”与村民之间信息对称、事务透明，增强互信；⑤理顺乡村关系，给村治一个比较好的外部环境。

第五章　西北少数民族地区乡村社会流动的文化后果

文化是社会的重要组成部分，文化传承对人类社会的维系和发展具有重要作用。文化也是文化人类学、社会学的主要研究对象。社会流动的主体是处于社会中的个体，具有一定文化特征的人。社会流动必然对于社会个体和社会群体的文化成分、结构及传承发生直接和间接的影响，产生正面和负面的后果。本章主要从生活方式、婚姻家庭、教育、宗教信仰等方面来分析乡村社会流动的文化后果。

一、乡村社会流动与生活方式变迁

（一）生活方式的含义

生活方式作为人类社会活动的一种基本形式，与文化有着密切关系。不同的民族或群体的生活方式各有特点，这是文化人类学和社会学研究关注的重要内容。对于生活方式的定义有广义和狭义之分。广义的生活方式是指在一定的生产方式或全部客观条件的制约下，人们生活活动的典型和总体特征。[①] 如司马云杰在《文化社会学》一书中，从社会学的角度把生活方式定义为人们在一定条件下生活的样式和方法。具体讲，生活方式是一定的个人、群体及社会成员活动的特征，这种活动主要取决于一定的物质生产方式，同时也受种种主客观条件的制约和影响，它的领域包括物质生活、精神生活、群体生活或三个系统的总和，并以丰富的内容和形式构成一个完整、独立的社会活动体系。[②] 这一定义既从广义来理解社会生活方式，又强调社会生产方式与生活方式的区别：第一，生活方式并不仅仅局限于生产活动领域，还包括衣食住行、婚丧嫁娶等日常生活的各方面；第二，生活方式研究主要探讨人们的一般社会活动的规律，而生产方式研究则主要探讨社会发展规律。[③] 袁亚愚在《新修乡村社会学》一书中也从广义的角度将生活方式定义为：人们受其所处的社会地位及社会客观条件的制约，并在人们已形成的主观生活意识的支配下，从事社会生活活动与过各种社会生活的方式。[④] 它通过人们的具体行动，不断回答着人们在社会生活过程中随时都面临的这样两个基本问题：如何生活以及为什么生活。

狭义的定义认为生活方式不应包括生产方式，是人们在一定的社会历史条件下，历史地形成的人类生活活动形式的总和，它说明人们在何种条件下，结成何种关系，以何种形式来利用生活资料，它反映人们社会生活活动的内容、特征和形式。其中，更狭义的理解认为生活方式仅仅包括人们的物质消费活动和由他人支配的闲暇

---

① 郑杭生：《民族社会学概论》，160 页，北京，中国人民大学出版社，2005。

② 司马云杰：《文化社会学》，428 页，北京，社会科学文献出版社，2001。

③ 同②，429 页。

④ 袁亚愚：《新修乡村社会学》，214 页，成都，四川大学出版社，1998。

时间活动的方式。① 不管是从宏观角度的广义理解，还是具体研究社会生活的各个方面的狭义理解，笔者认为，生活方式的含义应该包括以下几方面：

（1）人们的生活方式受到人们所处的社会地位的决定与制约。社会地位是人们在社会中所处的位置，处在不同社会位置上的人所采取的生活方式各异。例如，城乡人们生活方式的差异就反映了这一情况。当然这种差异也不是绝对的，不同社会位置上的人们也可能采取相同的生活方式，这是因为人们的主观状态和自我选择不同。

（2）人们的生活方式还在相当程度上受制于人们的主观状态和自我选择，有的人虽处于较高的社会位置，可他却选择了落后、愚昧、腐朽的生活方式，相反，有些人虽处社会下层，可他们却积极选择文明、健康、科学的生活方式。

（3）生活方式还是人类文化的重要组成部分。例如，我们今天已经形成了不同的东西方饮食文化、服饰文化、住行文化，就是在国内，也形成了清真饮食文化、民族服饰文化等，这些就是某一些群体生活方式的集中表达。

本章选取生活方式狭义的定义视角，旨在考察乡村社会流动对民族地区社会成员日常生活方式的影响，把握该地区人们生活方式的变迁趋势。

（二）影响人们生活方式变迁的因素

1. 自然环境因素

自然环境是影响人们行为的重要因素，也是影响人们选取何种生活方式的重要变量。自然环境因素包括地理、气候、水文、动植

① 郑杭生：《民族社会学概论》，161页，北京，中国人民大学出版社，2005。

物资源、矿产资源等，是人们生活的基本物质条件，也制约和决定着人们的生活方式。“靠山吃山、靠水吃水”就反映了人们对自然环境的适应而采取相应的应对措施，形成各具特色的生活方式。自然环境还影响着人们的衣食住行。生活在热带的人们，着装很少，而生活在寒冷的地方，人们就不得不着严实且保暖的衣物；生活在热带的人们以清淡的饮食为主，而生活在寒冷的地方的人们大量摄入肉食，以增加能量御寒；雨水较多地方人们的住所需有防雨、防潮的设计和设施，砖瓦材质和斜屋顶房屋很必要，而雨水较少地方的人们就不需要这样的专门设施，土木结构和平顶房屋就可以了；生活在水边的人们出行要驾舟船，生活在草原的人出行骑马驾车，等等，都体现出了自然环境对人们生活方式的影响，甚至起决定作用。有人认为，与南方人相比较，北方人卫生习惯差，不洗澡。但若是考虑具体的自然环境因素，这种偏见是不合理的。北方一般缺水，特别是在农村，人畜饮水经常也很困难，让其洗澡自然就比较奢侈了。再者，相比较南方，北方干燥的气候即使不洗澡也感觉很舒服，而在南方，湿热的天气导致浑身汗水不断，洗澡是消除难受的重要手段。当生活的自然环境变化了，生活方式的变迁是自然发生的，因为人有着较强的适应能力，生存理性决定了这种变迁的必然性。

2. 文化因素

人是社会性的存在，文化是人社会性的重要表征。人在一定的自然条件下，适应并逐步改造自然，形成了人类特有的文化现象。人类的文化是区别于自然间其他存在的主要特征。人们通过文化适应自然，改造自己的生活条件，由此形成一套生活方式，并代代相传，固化在人们的文化传统之中。因此，文化因素在形塑人们的性格、行为、思维、体质等方面的作用都是不可忽视的，它既影响人们的物质生活，也影响人们的精神生活。穿衣戴帽，各有所好，它不仅是一种兴趣，而且更重要的是一种文化的表现。西装革履虽然很精神，但有些人宁愿弃之不用，更喜欢穿中山装、便服，因为它更显示出中国文化的风格和情调，更庄重或舒坦。南甜、北咸、东辣、西酸，并不仅仅是一种口味的生理需要，更为重要的是传统食品文化的功能，是长期的生活习惯培养起来的一种文化需要。[1] 农民工进城后，城市文化对其产生影响，改变着他们基于农业生产形成的农村文化传统，使其生活更趋开放，时间观念和效率意识增强。再如，随着改革开放的深入，越来越多的乡村被卷入了全球化的浪潮，外来的文化也对乡村的传统文化发生着直接的作用，诸如花式台球、卡拉 OK 等外来的文化形式和消遣方式也在原来僻静、封闭的西北民族地区乡村流行了起来。

3. 社会因素

马克思指出，人的本质并不是单个人所固有的抽象物，实际上，它是一切社会关系的总和。[2] 社会关系对于人们生活方式的形成发生着很大的影响，各种社会关系，诸如血缘关系、地缘关系、阶层关系等不仅直接影响到社会结构的形态及人们在生活中的地位，而且影响着人们生产、分配、消费的方式，还与整个群体的管理、决策制度息息相关。当人们卷入的社会关系发生了变化，其生活方式也会发生变迁。例如，一个生活在乡村的社会成员，因社会流动非农就业，原来的亲缘关系逐步渗入了业缘关系的成分，他的交际圈扩大了，原来初级社会群体的亲情纽带和感情成分越来越淡化，基于社会分工基础上的工作合作、事本主义的交往占据了重要的位置。

除此之外，科技的发展也是影响社会生活方式变迁的重要因素。科技对于当前中国人生活方式的影响越来越深入，电视、手机的普及势不可挡。当然，国家的政策在我国也是一个影响人们生活方式变迁的重要因素，国家通过倡导“移风易俗”，革除封建遗

---

① 司马云杰：《文化社会学》，435 页，北京，社会科学文献出版社，2001。
② 《马克思恩格斯全集》(第 2 卷)，54 页，北京，人民出版社，1972。

俗，通过补贴让家电下乡，都在乡村生活方式的改变方面扮演过和扮演着重要的角色。

（三）乡村社会流动对生活方式的影响

1. 乡村社会成员生活方式的特点

对于乡村社会成员的生活方式，一直以来就为社会学者所关注，滕尼斯以“公社”概念，迪尔凯姆以“机械团结”，萨姆纳与雷德费尔德以“民俗社会”，费孝通以“乡土中国”等概念解释和分析了乡村社会成员的生活方式特点。对于乡村社会成员生活方式特点的把握，主要是在与城市生活方式的比较中进行的，其基本的特点可以概括为五个方面。①

（1）“乡土”性。主要是指乡村社会成员大多数都与农业生产密切联系，他们的生活都是围绕着农业生产和过程和节律周而复始地进行的。其文化个性基本是以个体的农业经济为基础，故近于自然、质朴厚重、绵延世泽、富于土地的生命力。

（2）个体差异较小、同质性程度高。这一方面是由于乡村不发达的社会分工和人口很高的同质性（基本都是农业人口）决定的；另一方面也是由于乡村的文化比较单一、落后。东村和西村的习俗完全相同，张三李四的思维习惯基本趋同，所以人们的生活方式差别不大。

（3）比较封闭且变化相当缓慢。同城市相比，乡村社会比较封闭，信息传播速度慢，来源少，人们在生活中更多地遵从传统行事，对外来的东西接受相对较慢。这与乡村社会成员所从事的农业经济的特点密切相关，相对于城市手工业生产来说，农业经济与外

---

① 袁亚愚：《新修乡村社会学》，224～227页，成都，四川大学出版社，1998。

界的联系较少，生产的目的更多用于自我消费，用于交换的比例很少，这样就决定了他们社会联系较少，生活变化性较弱。

（4）人际交往中十分注重血缘、亲缘和地缘关系。乡村社会群体更多体现了初级社会的特点，人们的关系真如费孝通所讲的“差序格局”那样，人们的信任是基于血缘、地缘关系展开，越亲密的关系越是血亲关系，信任程度越高。

（5）崇尚生活简朴和吃苦耐劳精神。因农业生产的效率较低，产出有限，节约是短缺的必然。虽然在中国，节俭和勤劳是传统的美德，但在乡村社会生活方式中更重要、更突出。常年跟相对恶劣的自然环境打交道，也造就了乡村社会成员吃苦耐劳的精神。

总之，乡村社会生活方式是乡村社会成员长期适应自然和社会环境所形成的，有其优点，也有其不足，如对传统习俗的盲从，排斥新的变化。处在改革开放的第三梯队、国家发展的大后方，西北少数民族地区乡村的社会生活方式保留了更多传统的东西，也面临着由于新的内容介入而变迁的机遇。在社会变迁加剧的现代化浪潮中，在与外来的生活方式的互动中，特别是随着社会流动性的增强，人们的生活方式变迁已是客观而真切的事实。

2. 社会流动背景下的西北少数民族地区乡村生活方式变迁

（1）衣食住行的变迁。衣食住行方面的生活方式是人们基本的生活方式。随着社会流动性的增强，人们活动的空间增大，接触的异文化和别样的生活方式增多，相互之间的比较学习是变迁发生的动力。例如，民族服饰讲究修饰和配饰，这在现代的工厂车间与安全生产的一些规定不相符合。为了符合现代工业生产的要求，进城务工的少数民族群众只能换装，久而久之，人们渐渐习惯了工装，民族服装只在民族节假日穿着。再如外出务工者长期在城市里面生活，学习城市中的较为先进和合理的住行方式，并将其介绍、传播到乡村。笔者在宁夏固原调查时，看到许多农家屋内装修如同城市，贴铺瓷砖、使用拖布，问及是谁的主意，被访者均表示是子女等年轻人所为，他们在城市里打工、生活，对类似的生活设施比较认同，回家后将其在乡村的家中“复现”。这种社会方式的变迁一开始只在小范围发生，渐渐就会传播出去，被更多的人效仿。很多人到外面务工经商，经济状况有所改善，开始享用现代科技成果，购买手机、用电脑等。在西北少数民族地区，虽地处偏僻的乡村，人们也渐渐开始被现代通讯网连接，而最先接触和使用现代通讯工具的大多数是那些外出流动者。据笔者对甘青两省调查问卷的数据统计显示，43.9%的被访者和家里联系使用手机，43.9%的被访者使用公用电话，使用写信这种传统联系方式的被访者很少，只占0.7%（见表5-1）。这可能与他们的文化程度低有关系，也可能是他们觉得使用手机和电话更加便捷。现代通讯手段的使用改变了乡村社会联系“通讯基本靠吼”的落后面貌，也影响着人们的生活方式。一个电话就可以报平安，得知亲人的消息，也改变着乡村传统的封闭性。外出务工者的手机是最能够体现“物尽其用”的，经常可以看到工地上的年轻务工者边干活边使用手机听歌，也有许多“第二代农民工”使用手机上网与朋友聊天、查阅信息等。

表5-1 外出务工时与家人联系的方式

联系方式	频 数	百分比（%）	有效百分比（%）	累计百分比（%）
写 信	7	0.7	0.7	0.7
手 机	415	43.9	43.9	44.6
公用电话	466	49.3	49.3	93.9
其 他	45	4.8	4.8	98.6
缺 失	13	1.4	1.4	100.0
总 计	946	100.0	100.0	

数据来源：根据笔者2008年甘青问卷调查数据整理。

除此之外，社会流动所带来的强大的经济效益和经济地位的改变，也使得人们的生活条件得到了较大的改善。打工挣来的钱主要的消费去向包括修缮房舍、日常开销和可持续发展等方面。社会流动带来的良性反应越来越激发着人们通过流动来自觉改变落后面貌，这对于城乡一体化发展产生了巨大的推动作用。当然，在社会流动过程中也会产生一些不合理的变迁，主要是人们过分注重物质因素的改变，追求物质消费，相互攀比，在精神方面的投资很有限，这对于乡村生活方式的进一步合理、科学和积极发展不利。

（2）风俗习惯的变迁。在各民族的传统文化中，风俗习惯是重要的内容，也是人们生活方式的重要方面。随着社会流动的频繁发生，这些风俗习惯也在悄然发生着变迁。人们对本民族和群体之外一些风俗习惯的接触和知悉，也在影响着传统的风俗习惯。有的强化了传统的风俗习惯，也有的淡化了传统的风俗习惯。例如，回族的开斋节是一个非常古老的传统节日，平日里，大家各奔东西或常年在外，但在开斋节这天，大家都停下手中的活，回家过节，按照传统习惯，参加聚礼，走亲访友。流动使他们对自己的传统节日更加看重，因为借此机会可以和家人团聚，参加盛大的宗教活动，对自己一年的辛勤工作做一总结，开启新一年的工作历程。在笔者对甘青两省所作的调查问卷中，大多数（58.6%）的被访者在外出后“会因过节回家”，选择这一答案的比例在少数民族被访者中相似。

另一种现象也不容忽视，一些年轻人在外接触到更多的异文化和新鲜的风俗习惯，很是认同，所以自觉接受，对于情人节、圣诞节等从西方舶来的节日趋之若鹜，反而淡化了本民族的传统风俗习惯。在笔者的调查资料中，不同年龄被访者对于外出后回家过节的问题有不同的态度。选择“不回”的被访者中，30 岁以下的外出者占了 47.2%，40 岁以下的外出者所占比例达到了 78.5%，年龄与选择“不回”有着一定的相关关系。

表5-2　不同民族对"外出后回家过节"的态度

民族		是否在外出后回家过节			合计
		回	不回	缺失	
汉族	频　数	209	132	1	342
	所占比例（%）	61.1	38.6	0.3	100.0
回族	频　数	183	137	3	323
	所占比例（%）	56.7	42.4	0.9	100.0
藏族	频　数	70	59	0	129
	所占比例（%）	54.3	45.7	0	100.0
东乡族	频　数	47	33	0	80
	所占比例（%）	58.8	41.3	0	100.0
保安族	频　数	1	5	0	6
	所占比例（%）	16.7	83.3	0	100.0
撒拉族	频　数	9	4	0	13
	所占比例（%）	69.2	30.8	0	100.0
土族	频　数	18	8	0	26
	所占比例（%）	69.2	30.8	0	100.0
其他	频　数	3	2	0	5
	所占比例（%）	60.0	40.0	0	100.0
缺失	频　数	14	7	0	21
	所占比例（%）	66.7	33.3	0	100.0
合计	频　数	554	387	4	945
	所占比例（%）	58.6	41.0	0.4	100.0

数据来源：根据笔者2008年甘青问卷调查数据整理。

表 5-3 不同年龄对于“外出后回家过节”的态度交互表

年龄		外出后回家过节			合 计
		回	不 回	缺 失	
16 岁以下	频 数	23	8	0	31
	所占比例（%）	4.1	2.1	0	3.3
16~30 岁	频 数	288	174	3	465
	所占比例（%）	51.9	45.1	75.0	49.2
30~40 岁	频 数	142	121	1	264
	所占比例（%）	25.6	31.3	25.0	27.9
40~50 岁	频 数	71	56	0	127
	所占比例（%）	12.8	14.5	0	13.4
50~60 岁	频 数	19	15	0	34
	所占比例（%）	3.4	3.9	0	3.6
60 岁以上	频 数	3	3	0	6
	所占比例（%）	0.5	0.8	0	0.6
缺 失	频 数	9	9	0	18
	所占比例（%）	1.6	2.3	0	1.9
合 计	频 数	555	386	4	945
	所占比例（%）	100.0	100.0	100.0	100.0

数据来源：根据笔者 2008 年甘青问卷调查数据整理。

（3）社会交往的变迁。社会交往又称社会互动，是人们对他人采取社会行动和对方做出反应性社会行动的过程，是发生于个人之间、群体之间、个人和群体之间的相互的社会行动的过程。[1] 社会交往也是人们重要的生活方式内容。在西北少数民族地区，人们的社会交往体现了初级社会群体或“熟人社会”的特点，富于感情，人际关系密切，一般是直接交往，互动是全面的，不只是某一方面的互动，交往主要是通过习惯、道德、群体意识等手段控制的。这种社会交往是与社会流动性不强、变迁缓慢的特点相联系的。随着现代农村社会流动性的增强，社会成员有更多的机会变换自己的生活空间，呈“钟摆”状在城市与乡村兼业，他们的社会交往无论是内容、方式还是结果都在发生着变迁。从交往的内容来看，因接触的人员复杂化，对象范围扩大，既有亲缘关系，也有地缘和业缘关系。尽管在我国现阶段劳动力市场发育尚不成熟、乡村流出者信息缺乏、社会资本有限的情况下，他们在初次流动更多地依靠亲缘和地缘关系。但是，在城市里生活，在非农行业就业，他们的交往更多地渗入了业缘关系成分。就交往的方式来说，也呈现出多样化，有物质交往，也有精神交往；有直接交往，也有间接交往；有经济交往，也有政治交往和文化交往；有公开交往，也有隐蔽交往；有正常交往，也有异常交往，等等。社会交往是为了满足人们各种不同需要而进行的社会互动，交往会产生一定的后果。在许多乡村社会流动者身上，社会交往的功利性、工具性特点很突出，交往的目的就是能给他带来好处。不管是亲缘，还是地缘、业缘关系中，这种趋势很明显。在笔者的调查中，当问及“您在外出务工时首先考虑的是什么”，44.8%的被访者选择“能否挣到钱”（见表5－4）。由此可见，对这些社会成员来说，经济理性是考虑一切问题，包括社会交往的首要原则。

① 王思斌：《社会学教程》（第二版），69页，北京，北京大学出版社，2003。

表5-4 外出务工时首先考虑的因素

	频 数	百分比(%)	有效百分比(%)	累计百分比(%)
能否挣到钱	424	44.8	44.8	44.8
有没有做礼拜的地方	39	4.1	4.1	48.9
能不能长久干下去	98	10.4	10.4	59.3
有无民族餐厅解决吃饭问题	58	6.1	6.1	65.4
挣的钱能否拿到手	153	16.2	16.2	81.6
其 他	46	4.9	4.9	86.5
缺 失	128	13.5	13.5	100.0
总 计	946	100.0	100.0	

数据来源：根据笔者2008年甘青问卷调查数据整理。

(4) 闲暇生活的变迁。闲暇时间是人们在劳动时间之外，除去满足生理需要和家庭劳动需要等生活支出后，剩余下的个人可自由支配的时间。闲暇时间不是闲得无聊的虚度光阴，而是人们每天除工作时间和睡眠、用餐及家务劳动等生活必要时间以外，用于个人发展、文化娱乐、消遣、社会交往等自由支配时间。闲暇生活就是人们在工作之外从事体育、娱乐、业余爱好、社会交际等活动而构成的日常生活，是人类社会生活中的重要组成部分。[①] 闲暇时间的不断增多，是社会进步的一个重要标志。

总体上，我国乡村社会成员的闲暇时间要少于城市居民。他们除了从事农业生产外，还要从事其他的经营和劳动，“两个月种

① 袁亚愚：《新修乡村社会学》，253页，成都，四川大学出版社，1998。

地、两个月走亲戚、八个月出外挣钱”① 就是许多农村社会成员的时间分配。即使这样，乡村社会成员的闲暇时间随着社会进步而朝着逐步增加的方向发展。在西北少数民族地区，很多季节性“候鸟式”外出打工的社会成员，在进入冬季，因气候原因很多工程无法施工，农业生产也无法进行的情况下，闲暇时间自然多起来。

根据西方社会的情况，有学者将闲暇生活的方式归纳为发展型、消遣型和堕落型。因生活节奏缓慢，在西北少数民族地区，乡村社会成员习惯于消遣性的闲暇生活，特别是在节日里主要安排走亲访友、设宴请客、聚会吃喝。当然也有一些社会成员喜欢赌博、酗酒，过一种堕落型闲暇生活。相对而言，过发展型闲暇生活的居少数。随着许多社会成员走出家门，参与更大范围的市场经济竞争，他们的危机感也越来越强。笔者在甘青两省的调查表明，38.9%的被访者觉得自己外出时最缺的是知识、技术（见表5－5）。“知不足而后学”，所以，在闲暇时间提高自身技能，促进自我发展的人增多了。笔者在宁夏固原开城镇上青石村的访谈中曾经听到过类似的感慨。“我（男，回族，29岁）在天津的一家化工厂干的时候，老板常常对我们这些没文化、没技术的人正眼都不瞧一下，对那些有技术、有文化的人，开的工资高，还很重视。我就想有钱了，利用闲下来的时间，尽快去学点技术。”政府也是适应了这一需求和特点，利用农民工返乡的机会，抓机会实施技能培训。据中广网消息，2008年冬季青海省落实专项资金1600多万元，对返乡的33100多农民工进行职业技能强化培训和转岗培训。利用冬春季节农民工返乡时机集中开展技能培训，能够使大部分参加培训的农民工实现转移就业。②

---

① 袁亚愚：《新修乡村社会学》，252页，成都，四川大学出版社，1998。

② http：//www.cnr.cn/2004news/internal/200812/t20081209_505171991.html

表5-5　外出务工人员感觉最缺乏的东西

	频数	百分比（%）	有效百分比（%）	累计百分比（%）
知　识	182	19.2	19.2	19.2
技　术	186	19.7	19.7	38.9
社会经验	244	25.8	25.8	64.7
关　系	55	5.8	5.8	70.5
资　金	136	14.4	14.4	84.9
其　他	14	1.5	1.5	86.4
缺　失	129	13.6	13.6	100.0
总　计	946	100.0	100.0	

数据来源：根据笔者2008年甘青问卷调查数据整理。

许多外出务工者往往在年底拿到劳务费后回到家乡，觉得一年到头亏待了自己，想好好放松一下，享受一番，吃喝玩赌的风气渐浓。在调查中，许多干部反映，这部分村民常年在外，与村上联系很少，而且他们在外见得多了，对村干部也不放在眼里。经过多方面考虑，村干部一般管不了，也就不再管了。这些人的闲暇消费对于农村社会风气的改善和社会秩序的稳定产生负面影响在所难免。如何引导好村民在富裕起来后提高闲暇生活的质量，不是顺其自然就能实现的，应该发挥好村庄精英的带动效应。

总体上，随着社会开放程度的提高，社会流动机制的优化，乡村社会成员的流动机会越来越多，流动使他们的经济生活条件得到了较大程度的改善，也使他们的生活方式发生了巨大的变迁。西北少数民族地区乡村的社会生活方式的变迁呈现出了以下特征：

首先，生活消费方式由贫困温饱型向小康型转变。纵向来看，改革开放以来，西北少数民族地区乡村的经济状况有较大的改善，生活水平大幅提高。如甘肃省，乡村居民的人均收入2006年达到了2134.05元，较之1990年的399元增长了4.35倍，工资性收入比重占到了30%。经济收入水平的提高，也使他们的消费水平得到了大幅提高，消费方式由贫困温饱型向小康型转变。表现在人们的饮食结构中肉蛋奶的比重增加，耐用消费品，如电器，现代化的生产和交通工具，如农机、摩托车、轿车等，开始不断地进入农家，住房也由土木结构向砖混结构的瓦房甚至楼房发展。

其次，交往方式由封闭向开放转变。随着交通工具和通讯工具的现代化，人们流动性的不断增强，人们的交际范围不断扩大，积极参与市场经济，参与商业流通和工业生产，西北少数民族地区不再是封闭的现代化的旁观者居地。不同区域之间、不同民族之间的交往越来越多，我们看到的是一个不断开放的新农村景象。

最后，闲暇生活方式由单一向多元转变。传统的西北少数民族地区乡村，除了节假日之外，人们一般都很少参与集体性的娱乐活动，人们的闲暇生活多以聊天打发。当人们走出乡村后，接触了更多的现代城市文明，闲暇生活越来越丰富。随着政府对村文化娱乐设施的投入增加，文化阅览室、健身场所渐渐为人们接受并利用。在一些配合“一退两还”工程而新建的民族社区，我们看到了许多农牧民走进社区文化室、棋盘室、乒乓球室等，阅读报纸、书刊，健身运动等蔚然成风。有的社区还组织富裕起来的农牧民外出旅游。

二、乡村社会流动与婚姻行为

（一）乡村的婚姻行为及其特点

婚姻，是为一定历史时代和一定地区内的社会制度及其文化和伦理道德规范所认可的男女两性的结合。[①] 在传统的社会中，最基本、最重要的社会关系是基于婚姻家庭建立起来的血缘亲属关系。它不仅决定这一个社会单元的基本结构，也决定着其生活方式。婚姻也是一种制度化的社会生活方式。“男大当婚、女大当嫁”，社会的绝大多数成员都要经历婚姻生活。婚姻从表现形式上是男女两性的生理结合，而从本质上则是男女之间一种特定的社会结合，是一种社会行为。婚姻行为的社会性主要体现在以下几方面：

首先，婚姻行为具有满足社会需要的功能。费孝通在《生育制度》中指出，人类生活的目的之一就是绵延他们的种族。而人类婚姻行为恰恰是种族绵延的保障。因为婚姻行为确定了双系抚育模式，这种模式既能保证单个家庭的种族绵延，又能满足社会继替的需要。[②] 婚姻行为并不仅仅是男女的个人行为，它还承担了社会继替和种族延续的功能。

其次，婚姻认可方式是社会的。这一点从婚姻礼仪的举行就已表明，不管是古代的“六礼”（即纳彩、问名、纳吉、纳征、请期、亲迎）仪式，还是现代变迁了的婚礼仪式，都体现了婚姻是要向世人昭示、获得社会认同的。婚姻不是一件私事。婚姻对象的选择非但受到社会的干涉，而且从缔结婚约起一直到婚后夫妇关系的维持，多多少少，在当事人之外，总有别人来干预。[③]

最后，婚姻行为受社会的法律和道德的制约。为了保证婚姻发挥应有的社会功能，维持正常的社会生活，社会为此制定了许多婚姻的行为规范来控制人们的行为，包括法律和道德。

不同的民族、区域有不同的婚姻家庭状况，探究不同的婚姻家

---

① 林耀华：《民族学通论》，156页，北京，中央民族大学出版社，1997。

② 费孝通：《生育制度》，29页，天津，天津人民出版社，1981。

③ 费孝通：《乡土中国·生育制度》，129页，北京，北京大学出版社，1981。

庭状况有助于我们了解这一地区和人群的社会关系发展和结构变迁状况。西北少数民族地区乡村社会成员的传统婚姻行为一般具有以下特点：

首先，择偶的自主性较小。在我国的广大乡村还基本维持着传统的“父母之命、媒妁之言”的缔婚方式，一般青年还十分听命于家长和媒人的安排。据河北省有关部门调查，在农村婚姻中，当事人自己认识、自由恋爱而组成的家庭仅占6%，85%是通过中间人介绍而成的。① 由于农村中“明媒正娶”的婚姻意识仍有一定的影响，不少青年男女即使在劳动或其他交往中认识、了解，也往往要通过介绍人牵线，正式定亲。这里人们已经把有“介绍人”介绍的婚姻看做是婚姻得到社会承认和保障的一种方式。②

其次，婚姻关系的功利性较大。这一方面表现在农村社会成员，特别是男性将结婚的目的主要定位在传宗接代、延续香火上，不能结婚就意味着“断后”了，传统的观念“不孝有三、无后为大”在人们思想意识中的影响是根深蒂固的，所以“不惜一切代价”也要结婚生子；另一方面，婚姻的物欲化趋势明显，婚姻费用很高，很多地方还存在变相的买卖婚姻。农民结婚的费用主要包括聘金彩礼、请客费用和建立新家的费用。在乡村社会成员看来，结婚的主要意义是传宗接代、扩家发家和维持祖宗香火，因而便把女儿出嫁视为“付出”，娶亲才是“收入”。姑娘出嫁对于娘家是一种“损失”，“付方”索要聘金彩礼以作为补偿，自然觉得是天经地义的事。这种聘金彩礼的多少视社会状况而定，它已成为了妇女货真价实的“身价费”。③ 近年来，这种身价费不断飞涨，成为了许多农村家庭

① 程贵铭：《农村社会学》，83页，北京，中国农业大学出版社，1998。

② 李守经：《农村社会学》，49页，北京，高等教育出版社，2000。

③ 袁亚愚：《新修乡村社会学》，234～235页，成都，四川大学出版社，1998。

的严重负担。除此之外，婚姻费用中的请客费用也是不小的开支，随着人们生活水平的提高，婚宴花费相互攀比，以显示自己的社会经济地位已渐成一种风气，加上建立新家的费用，实是一笔不小的开支。笔者在调查中了解到，在西北许多乡村，结婚的费用一般在3~6万元，是一个家庭6~10年的收入。许多家庭都无力负担这笔不菲的开支，只得东挪西借，债台高筑。地处偏僻、落后的乡村，缔结一桩婚姻的成本更高，实际是一种变相的买卖婚姻。

再次，择偶距离一般较近。择偶距离的远近可以反映一个社区的开放程度。就农村的通婚范围来看，还是比较小的，有近半数以上的婚姻对象在5公里以内。局部的调查发现，同村内通婚的比例较高。通过对青海民和县松树乡回族妇女的通婚范围调查发现，同村通婚的比例占到51%（见表5-6）[①]。这种择偶距离与人们交往的距离远近有关，因社会比较封闭，交通不发达，所以在落后的西北乡村，社会成员的交往距离就不远，也决定他们择偶距离不远。再者，居住地邻近的人们生活方式、文化习俗相似，有利于婚姻的顺利缔结和稳定。

最后，婚姻缔结的低龄化。虽然国家法律对结婚的最低年龄有明文规定，但传统的农村社会一向有早婚的习惯并沿袭至今。目前，就我国的总体情况来看，农村青年的初婚年龄一般比城市青年早2~3年，城市里晚婚的人要多些，农村里早婚的人要多些。[②]在西北农村，很多人甚至不顾法律的限制，在没有达到法定结婚年龄的时候，通过举行婚礼或其他方式，造成所谓的“事实婚姻”，等到法定年龄时再领取结婚证，以此做为权宜之计，这种情况比较普遍。

---

① 骆桂花：《甘青宁回族女性传统社会文化变迁研究》，93页，北京，民族出版社，2007。

② 李守经：《农村社会学》，52页，北京，高等教育出版社，2000。

表 5－6　青海民和县松树乡回族妇女的通婚范围①

类别	频数	比例（%）
同村	51	51
同乡镇	5	5
同县	11	11
同地市	19	19
其他	2	2
缺失	12	12
合计	100	100

（二）乡村社会流动与婚姻行为

婚姻本来就是一种社会流动的形式，无论封闭、内向的社区，还是开放、外向的社区，娶进嫁出一直就是乡村社会成员社会流动的重要渠道和领域。可以说婚嫁这一社会流动方式一直就有且从未间断，特别是近年来，在城乡互动效应的作用下，青年男女因婚姻关系而发生的社会流动相对增加了。

社会流动的发生和乡村社会成员之间的婚姻是互动的关系，一方面，婚姻关系的缔结，造成了社会成员的社会流动，另一方面，社会流动也会对社会成员的婚姻行为产生影响。特别是当前，西北少数民族地区乡村社会流动的主要方式和途径是外出务工或经商。这种社会流动对于乡村社会成员的婚姻行为产生了很大的影响。本章主要通过择偶观念、通婚圈及婚俗变迁等方面予以分析。

① 骆桂花：《甘青宁回族女性传统社会文化变迁研究》，93 页，北京：民族出版社，2007。

1. 择偶观念的自主化趋强

虽然婚姻自由权利是受到国家法律保护的，但在西北乡村，包办、买卖婚姻的情况仍然存在，且比例不小。随着社会的进步，各种文化思潮和价值观念相互影响，特别是年轻一代的乡村社会成员流动性增强，接触面扩大，他们越来越重视婚姻的质量。自由恋爱、婚姻自主已渐成择偶观念中的主流。“我觉得找对象别人介绍的不好，两个人了解一两个月就结婚，我不能接受。我的对象是自己谈的，是个退伍军人，我俩一起在酒厂搞过推销，相互比较了解，自己谈成了。”这是笔者在临夏县土桥镇对一位即将结婚女子的访谈，她的观念代表了现在相当一部分年轻人的观念。“自己谈的，家里要的聘金彩礼也少一些，托人介绍的花销很大。”这也是对为何要自主择偶的一种解释。外出务工，无疑为他们实现自主择偶提供了机会。据骆桂花在青海民和县松树村的调查统计，婚姻由自己做主的比例从 1996 年以前的 17.7% 上升到了 1997—2005 年的 68%①。

2. 择偶标准更注重实际

因受“传宗接代”观念的影响，传统的农村婚姻往往功利色彩浓厚。在特定的政治全能主义时代，择偶的标准更注重于政治成分或地位的考量，因而很多婚姻成了政治运动的牺牲品。改革开放以来，经济建设为中心的理念渐渐为人们所内化，经济地位替代了政治地位成为社会分层的主要标准。在这种背景下，人们的社会流动性增强，相互之间的交流沟通传递着这些观念，也使得择偶的标准发生了变迁。现在更多的人择偶注重自我感受，彼此的感情和婚配对象的收入、住房以及与此相联系的学历、工作和未来发展的潜力成为择偶时重点考虑的因素。

① 骆桂花：《甘青宁回族女性传统社会文化变迁研究》，86 页，北京，民族出版社，2007。

3. 通婚的范围扩大

人们交往的范围扩大了，接触的人群多了，理论上通婚圈也就扩大了。事实上，很多外出务工经商的农村青年，在外与来自全国各地的青年男女一起工作，相互认识、交往，擦出爱情火花，缔结婚姻的机会自然增加。笔者在宁夏固原调查时，据村干部反映，近一两年，有很多在外打工的回族小伙领回来外面的媳妇，仅上清石村就有五六个，有吉林的、山东的，有汉族，也有回族。当然，外嫁到其他地方的也不少，主要也是通过外出打工，或经外出者介绍，最终结婚成家，定居他乡。在笔者对甘青两省的外出务工者的调查中，对“外出务工对您找对象有影响吗”这一问题的回答，有33.0%的被访者认为，外出务工扩大了交际范围，找对象更容易了（见表5-7）。

表5-7　外出务工对寻找恋爱对象的影响

	频数	百分比（%）	有效百分比（%）	累计百分比（%）
扩大了交际范围，找对象更容易	147	33.0	33.0	33.0
外出务工人生地不熟，找对象难	132	29.6	29.6	59.6
没什么影响	163	37.4	37.4	100.0
合　计	446	100.0	100.0	

数据来源：根据笔者2008年甘青问卷调查数据整理。

一个明显的变化就是，不同民族之间通婚的现象增加了，从目前看，就回汉之间的通婚来说，主要是回男娶汉女，回女嫁汉男的也有，但相对少一些。随着人们社会流动与社会交往的增加，地缘意义上的通婚范围和文化意义上的通婚范围日益融合，也就是说，在某一特定的区域范围内，来自不同文化背景与生活方式的男女通婚的可能性增加了。这种情况在城市是很普遍的，但在农村，近年来才逐渐多起来。

4. 婚俗变迁明显，婚姻费用趋高

乡村传统的婚俗主要体现在“六礼”，它有几个显著特点：繁琐性，男女成婚要过六道关，并且要严格按照礼节行事；盲目性，男女婚前不交往，直到结婚那天才见面，中间很多事靠媒人周旋；买卖性，六礼中一方面包括很多迷信成分，另一方面则是物质交易，男子通过六礼相送才能娶回妻子。[①] 这与现代人们的生活方式和习惯日益简化的变迁趋势越来越不相适应。现在绝大多数农村的婚俗主要集中在结婚那天展现，婚礼的形式多种多样，有拜天地、办酒席、旅行结婚、集体结婚或简单地举行仪式等。结婚当天的仪式比较隆重，这一方面是向社会公众、亲朋好友宣布夫妻关系的正式形成和明确化、公开化，另一方面也是对终身大事的重视，参加者众多，气氛热烈，以示对婚姻重大意义的深刻理解。此外，现在农村的经济条件比较好了，结婚也是展示自己经济水平的一次机会，使自己的地位、实力得到大家的认同。当然，婚礼也是一种文化仪式，规定了处于其中的社会成员必须遵从。这种隆重的婚礼仪式客观上也造成了许多浪费，使婚姻当事人卷入了“人情链”，也带来了巨大的经济负担。笔者对宁夏固原的调查发现，进入2000年以来，农村女子彩礼成倍增加，20世纪80年代初，女子彩礼400多元，90年代初涨到4000元以上，如今达30000元左右，最高超过40000元。包括：见面礼400～1000元，压箱钱200～1000元，开箱钱500元左右，离娘钱2000～3000元，下马洋最少60元，多的400元，盼女钱400元，押轿钱200元，谢媒钱300～400元。女子所要嫁妆由80年代的“三转一响”（自行车、手表、缝纫机、收录机）变为如今的“三金一冒烟”（金戒指、金耳环、金

① 李守经：《农村社会学》，53页，北京，高等教育出版社，2000。

项链、摩托车）外加彩电、洗衣机，另外还需准备化妆品 1000～2000 元、衣服鞋袜 5000 多元。回民还有两大羊（爬桌羊、麦伙羊），五大百（100 斤米、100 斤糖、100 斤油、100 斤肉、100 斤干果茶叶）的习俗，置办结婚宴席需花费 4000 元以上，此外，还有什么拴占钱、挂门帘钱、纽扣钱、化妆钱、折仪钱等五花八门的花费。个别女子还要在城里置办一处住宅，一个媳妇娶进门至少要花 6 万多元。西北少数民族地区的经济虽然有了较大的改观，但普通民众对日趋增长的婚姻负担也是无可奈何。固原属贫困地区，农民生活还不富裕，结婚费用高昂，已成为农民的一大负担。为给孩子娶媳妇，许多家庭都要“全家总动员”，好几年准备的积蓄还不够，东借西凑，债台高垒，有的卖掉牲畜，甚至借高利贷。

三、乡村社会流动与乡村教育

（一）西北少数民族地区乡村的教育特征

1. 教育基础设施薄弱

西北少数民族地区属于欠发达地区，教育投资少，基础设施薄弱，严重制约了教育发展和社会成员的受教育水平。近年来，尽管国家和当地政府对教育的重视程度和教育投入逐年提高，但因历史欠账太多，该地区的教育基础设施还是十分落后的。

（1）校舍面积不足，设备简陋。以甘肃省为例，虽然自 1998 年以来，在“国家贫困地区义务教育工程”、“希望工程”和各类社会捐资助学行动的大力支持之下，义务教育的基础设施有了较大的改善，1995—2000 年，中小学的校舍总面积分别增加了 199.6 万平方米和 218.76 万平方米，但因总体上中小学适龄儿童数的逐年增加，使生均总面积并未有大的改善。2000 年，中小学生均校舍面积（分别为4.98 平方米和3.45 平方米）总和为8.43 平方米，低于全国平均水平（8.71 平方米）（见表5-8）。农村的情况就更差一些，如邵逸夫等名人的社会捐资一般投在城市中小学或高校，在农村还鲜有投资。笔者调查的宁夏固原开城镇2005 年时小学的生均校舍面积仅为2.24 平方米。教师的办公室和宿舍合一，办公面积非常狭小。许多小学虽然解决了校舍的危房改造，但是教室里的课桌椅很破旧，有的桌面凹凸不平，学生都无法在上面写作业，板凳摇摇晃晃、吱吱呀呀，坐着坐着就倒了。

表5-8 甘肃省中小学校舍面积情况

年份	中学		小学	
	校舍建筑总面积（平方米）	生均面积（平方米）	校舍建筑总面积（平方米）	生均面积（平方米）
1995 年	406.05	4.93	826.14	3.17
1996 年	136.73	5.00	861.56	3.17
1997 年	481.65	5.17	894.61	3.13
1998 年	533.72	5.38	981.77	3.32
1999 年	572.26	5.22	123.39	3.41
2000 年	605.65	4.98	1044.90	3.45

数据来源：《甘肃教育年鉴2001》，甘肃文化出版社，2001。

（2）教师数量严重不足，质量堪忧。2006 年，甘青宁三省区中小学在校人数和专任教师比分别为21.14、17.82 和20.18，除青海省外，都高于全国的平均水平（见表5-9）。

表 5－9　甘青宁三省区 2006 年义务教育基本情况

省区	学校数（个）	在校学生数（人）	专任教师数（人）	生师比（%）	学校平均学生数（人）
全国	402189	166489138	9051035	18.39	414
甘肃	16345	4428914	209516	21.14	271
青海	3197	746979	41926	17.82	234
宁夏	2676	987135	48910	20.18	369

数据来源：根据《中国统计年鉴 2007》中数据计算整理。

笔者在宁夏固原青石小学调查时了解到，该小学 2003 年共有专任教师 25 人，在校学生人数为 498 人，生师比为 19.92。专任教师中大专及以上文化程度的 7 人，占 28%；中专文化程度的 13 人，占 52%；高中文化程度的 5 人，占 20%。其中，民办教师转任的共有 19 人，占到 76%。很多教师都是通过自学考试或上教师进修学校获得文凭，取得任教资格，教师中主要以中专文化程度为主。从年龄结构来看，50 岁以上的 2 人，占 8%，40～50 岁的 10 人，占 40%；30～40 岁的 9 人，占 36%；30 岁以下的 4 人，占 16%（见表 5－10）。教师年龄结构偏大，不利于知识的更新及新的教学理念和方法的推广，很多老教师不懂计算机和英语，因师资缺乏，学校里开设英语课很困难。

表 5－10　固原市原州区青石小学 2003 年专任教师情况

序号	性别	民族	出生时间	文化程度	是否曾为民办教师	任教科目
1	男	回	1962 年	大专	否	语文
2	女	汉	1981 年	大专	否	语文

续表

序号	性别	民族	出生时间	文化程度	是否曾为民办教师	任教科目
3	男	回	1955 年	大专	否	语文
4	男	回	1957 年	大专	否	数学
5	男	回	1965 年	大专	否	语文
6	男	汉	1971 年	大专	是	语文
7	男	回	1956 年	高中	是	语文
8	女	回	1971 年	高中	是	语文
9	男	回	1952 年	高中	是	语文
10	女	回	1974 年	高中	是	语文
11	男	回	1966 年	中专	是	语文
12	男	回	1955 年	中专	是	数学
13	男	回	1955 年	中专	是	语文
14	男	回	1969 年	中专	是	数学
15	男	回	1973 年	中专	是	语文
16	女	回	1972 年	中专	是	数学
17	男	回	1954 年	中专	是	语文
18	男	汉	1958 年	中专	是	数学
19	男	回	1969 年	中专	是	数学
20	男	汉	1963 年	中专	是	语文
21	女	汉	1967 年	中专	是	数学
22	女	回	1974 年	中专	否	语文
23	男	回	1946 年	中专	是	数学
24	女	回	1977 年	本科	否	数学
25	男	汉	1958 年	高中	是	语文

数据来源：根据笔者 2008 年田野工作所得资料整理。

2. 乡村社会成员的文化素质普遍不高

文化素质是一个个体或群体重要的文化特征，一般以受教育程度来评价和衡量文化素质的高低。因教育设施不足和教育水平有限，西北少数民族地区的农村社会成员的受教育程度普遍较低，文化素质不高。据2000年人口普查的数据显示，甘青宁地区乡村6岁及以上的少数民族的文盲率分别为42.40%、38.93%和19.76%，高于全国的平均水平（13.15%），特别是甘肃和青海的文盲率普遍高出全国平均水平很多。虽然2005年以来各地分别对农村义务教育实施了“两免一补”甚至“三免一补”政策，极大地提高了该地区适龄儿童的入学率，但由于历史欠账太多和现实的诸多因素影响，这一地区农村劳动力的受教育水平普遍较低，农牧业从业群体的整体素质更低。1990年第四次全国人口普查的统计资料显示，保安族的文盲率为72%，文盲率最高的是东乡族。撒拉族农村地区人口不识字或识字很少的人口所占的比例很高，小学以上文化程度的人口仅占总人口的23.04%。[①] 文化素质低下形成低水平劳动力的恶性循环和累积效应，严重制约着民族地区经济社会发展。

相对于农村留守劳动力，外出流动者的素质相对较高，被称为农村“社区精英”。即便是这一部分人，受教育水平和文化程度也还是很差的。调查显示，在这些涌入西北各城市的东乡族农村劳动力大军中，文盲与半文盲占到90%以上，高中以上（包括高中）文化程度的尤其偏低，不到1%。在这些外流的农村劳动力中，女性占到37%，但她们受教育的人数、文化程度更低，文盲与半文盲甚至达到了98%以上，高中及高中以上文化程度的人几乎为零。这种现状，使得东乡族农村劳动力在参与社会职业的竞争和事业的开拓等方面

① 中国人口较少民族发展研究丛书编委会：《中国人口较少民族经济和社会发展调查报告》，365页，北京，民族出版社，2007。

处于明显的劣势。① 笔者于 2008 年在甘青两省所做的调查问卷显示，样本中，外出的劳动力文化程度为初中及以下的比例高达 72.2%，其中小学及以下的比例占到 29.3%（见表 5-11）。

表 5-11　外出劳动力的文化程度状况

	频数	百分比（%）	有效百分比（%）	累计百分比（%）
小学及以下	277	29.3	29.3	29.3
初　中	406	42.9	42.9	72.2
高　中	161	17.0	17.0	89.2
大专及以上	82	8.7	8.7	97.9
缺　失	20	2.1	2.1	100.0
合　计	946	100.0	100.0	

数据来源：根据笔者 2008 年甘青问卷调查数据整理。

3. 观念落后，法律意识淡薄，维权能力缺乏

越是落后的地区，人们越是渴望改善经济收入状况。经济优先的考虑影响到人们对教育重视不够，或是虽然很重视，但在行为上有偏差，即认识到了但不一定去做。我们在调查中经常听到人们谈起某某人家的娃娃考了大学，很羡慕，但是对自己的孩子，只是觉得先上个小学或初中，要是“念不进去”了，就跟着大人去打工。“念不进去了”是一个伸缩性很大的概念，家长的判断就是考大学无望，娃娃们的判断是随着家长的态度而定的，他们觉得在学校里待着受约束多，学习太辛苦，周围的人都到外面挣钱了，学习的信念就会动摇。

① 马天龙：《东乡族农村劳动力转移特点及其思考》，载《西北民族大学学报》（哲学社会科学版），2004（1）。

在乡村社会中，人们更多地遵从传统行为，正如费孝通所指出的，乡土社会是“礼治”的社会①，礼是传统，是整个社会历史在维持这种秩序。② 即使在今天，民主法制已很健全，乡村社会成员还是受到传统惯性的影响，对法律敬而远之，客观上也造成他们的法律意识不强。不懂法，不学法，当然就不自觉运用法律了。尽管我国司法体制改革进一步降低了人们利用法律维权的门槛，但在西北广大的农牧区，乡村社会成员还是觉得法律的利用成本太高，费时费钱，不利于处理“熟人社会”或“半熟人”社会的矛盾纠纷，不到万不得已，一般不选择这一路径处理问题。一般在遇到问题或权利被侵害时，他们更多想到的是利用老乡或血缘关系去处理。笔者于2008年在甘青两省所作的调查中，对于“您在务工期间遇到困难找谁商量”的问题，有34.9%的被访者选择找老乡商量，仅有14.1%的被访者选择找政府商量解决，也印证了这一特点。

4. 因文化水平差，造成生产方式落后

首先，劳动和生活技能较差。这当然不是说这些社会成员没有完成正常的社会化，而是说相对于他们流入的城市社会来说，他们的再社会化非常必要。从少数民族地区流出的社会成员，因其一直生活在以农牧业为主业的社会中，生产方式落后，生活节奏缓慢，产业生产中科技的含量不高，人们的关系以亲缘关系为主等特征鲜明。当他们外出到一个相对陌生的城市生活空间，就会表现出劳动和生活技能方面的差距和许多不适，产生诸如语言交流问题、生活习惯问题、接受现代工业生产技术问题以及建立新的社会关系问题。这些问题或困难都会导致这一部分社会成员产生文化震惊(culture shock)，即生活在某一文化中的人，当初次接触到另一种

① 费孝通：《乡土中国·生育制度》，49页，北京，北京大学出版社，1998。

② 同①，53页。

文化模式时，会产生思想上的混乱和心理上的压力。① 面对陌生的生活环境、新鲜的生活方式，从乡村流出的社会成员普遍感觉不能适应，或需要较长的适应期。在城里工作和生活，因受教育水平低，处处受制，不光是劳动报酬低，还表现在对一些需要一定技能和知识的工作无法胜任，所以只能在体力型行业就业。

（二）乡村社会流动与乡村的教育

教育是一种社会设置，是培养人的社会活动。在我国，教育是公民的基本权利，也是其基本义务。教育属于影响社会成员社会流动的“后致性因素”，也影响着西北少数民族地区乡村社会流动。R. 科林斯认为，人们所受的教育（以学校证书来体现）被用来限制那些竞争社会和经济领域中具有优厚报酬职位的竞争者的数量，并帮助那些享有“教育专利”的人垄断这些职位，即存在一种“文凭社会”或者“文凭主义”。② 随着社会的发展，经济资源和文化技术资源之间呈现出较大的相关性，也使得教育成了改变个体经济资源的有效手段。根据陆学艺等人的调查研究，当代中国的教育回报率大约为6~7%，即多受一年教育收入增长6~7%。③ 乡村社会流动对乡村教育的影响主要表现在以下几方面：

首先，社会流动客观上增强了民族地区社会成员对知识的渴求意识和学习文化知识的自觉性。

---

① 郑杭生：《社会学概论新修》，99页，北京，中国人民大学出版社，1994。

② 霍秀宝：《关于教育与社会分层、社会流动关系的理性思考》，载《教书育人 高教论坛》，2007（12）。

③ 陆学艺：《当代中国社会阶层研究报告》，北京，社会科学文献出版社，2002。

如果说在第一产业就业，对从业者的智力要求不高，还可以凭借经验来生产的话，在第二、三产业就业，对从业者的科技文化素养要求就要高得多。在广大的甘青宁农村，社会成员文化素质普遍不高，这也就造成他们流出农村后，就业比较困难。在现实中的巨大反差，常常使他们感受很深。这种深刻的感触可以通过笔者下列个案的访谈得到解析。

个案1.（宁夏固原开城镇上青石村村民，男，回族，29岁）我在天津的一家化工厂干的时候，老板常常对我们这些没文化、没技术的人，正眼都不瞧一下，对那些有技术、有文化的人，开的工资高，还很重视。现在我最想做的就是有一点积蓄了，找个地方，尽快去学点技术，提高一下自己。其实也是为自己将来打工的时候有个好一些的待遇打基础。明摆着现在的世道就是这样，你不行别人也看不起，自己也觉得低人一等。

个案2.（甘肃临夏土桥镇尹王村村民，女，汉族，24岁）外出打工这么长时间，一个感触就是我们这些没文化的人就只能干一天算一天，工作不稳定，收入也没保障。如果你考上大学了，国家给你分配的正式工作一方面工资有保证，其次上班轻松，工作环境也好，干好了、干不好了也没人把你敢随便辞退。私人老板做事没“哈数”（注：无规矩），高兴用你就用，工资给的也是，不高兴了随便找个借口，扣你的工资，开你都是常事。

个案3.（甘肃临夏土桥镇尹王村村民，女，汉族，26岁）我当时高中没上完，自己不想上了，在外面跑了一圈回来，太辛苦，现在后悔了。我是在一个酒厂推销酒，这种事干起来没底，时好时坏，看酒店和客人的脸色，人家喝不喝就看你有没有本事推销给他。每天骑个自行车跑，有时候还要自己带着酒，早早起来，中午饭、晚饭都是凑和一下，只希望能多推销几瓶出去。一天下来，身体累不说，心里老是犯病，觉得伺候人不好受。有苦没处说，回家就意味着啥都没了，没钱了。唉，现在回去上学迟了，当时咬咬牙再考就好了。

正是这种切身的体会，使他们更觉得知识对自己未来生活的重要意义。笔者2008年在甘青两省调查时，当问及“如果有机会，您是选择上学还是打工”，74.7%的调查者选择了上学，足见他们对知识的渴求和对学习的自觉程度之高（见表5－12）。

表5－12　对于“若有机会，选择上学还是打工”的调查统计

	频数	百分比（%）	有效百分比（%）	累计百分比（%）
上学	707	74.7	74.7	74.7
打工	63	6.7	6.7	81.4
缺失	176	18.6	18.6	100.0
合计	946	100.0	100.0	

数据来源：根据笔者2008年甘青问卷调查数据整理。

其次，社会流动造成了家庭教育功能销蚀化。人口流动形成了居住空间距离，许多家长难以兼顾工作和子女教育，老人对于隔代的社会成员的教育因代沟的存在等原因又显得力不从心。

再次，学校教育边缘化，主要表现在当前学校的义务教育阶段，因国家自2005年开始在农村实施“免补政策”，帮助贫困家庭的子女完成义务教育阶段的教育，农村中小学的入学率有了较大提高，但是，与城市相比较，乡村基础教育的投入明显不足，处于教育投入的边缘境地。农民的子女所受教育的数量和质量与城市居民子女相比处于明显的劣势，其结果使广大农民和贫困阶层陷入结构性、制度性的机会不公状态，在参与市场竞争方面缺乏足够的能力，因而也就缺少向上流动的机会。[①]“农村里面缺少好老师，我们村校的老师普遍年龄比较大，且都是从其他地方调来的，他们本身也对教育局的安排有些意见（将他们调出城镇，生活多有不便），教学水平也就很一般了，我们附近的一些娃娃都没办法，转到邻县的初中上去了。”我们在宁夏南部的一个村校调查时，村上的一名干部如是说。“现在的学校，实行义务教育，管你学好学差，只管你上九年，不像以前，学得不好的学生还让留级，现在学校根本不让留级，我的小姑娘学得不太好，想让留上一级，找了学校，他们不允许。听娃娃们说老师还让学生号（注：批改）作业，娃娃知道个啥？能行吗？考完试了，老师也不发试卷，都七八十分，我们想看看也看不上……”一位村民对现在的学校和老师不满颇多。可以看出，村民对子女教育的关注度提高，对学校教育的期望值也提高了。

最后，社会教育随意化。这里所说的社会教育是家庭教育和学校教育的延伸和补充，是指一切社会文化机构、社会团体组织和其他形式的社会主体对其社会成员所进行的教育。[②]在西北少数民族地区，社会教育主要是劳动部门组织的劳务培训和寺院组织的宗教活动。劳务培训主要针对政府有组织输转的村民进行，包括初级训练、技能训练和提高训练。在劳务培训过程中的“随意性”主要表现为培训经费出自不同部门，缺乏统一规划，导致处处开花花不艳，培训工程形不成规模，有经费了就组织，没经费了就停止。

---

① 陆学艺：《当代中国社会流动》，北京，社会科学文献出版社，2004。

② 郑杭生：《民族社会学概论》，241页，北京，中国人民大学出版社，2005。

四、乡村社会流动与宗教文化变迁

在西北少数民族地区，最具民族特色的就是各民族传统的宗教文化。宗教在各民族的社会经济生活中发挥着特殊的社会功能，并随着社会发展而变迁。宗教也是人类学、社会学和民族学研究的重要内容。

（一）西北少数民族地区的宗教文化

从根本上说，宗教是一种社会意识形态，但它并不完全是意识形态，它还包括了宗教组织、宗教制度、宗教活动、宗教建筑（活动场所）和信仰宗教的群众。从一定意义上说，它实际上是一种意识形态、社会实体和社会力量紧密结合的社会文化存在。① 宗教在我国少数民族中，是一种普遍存在的文化现象，几乎对每个少数民族的物质文化和精神文化都产生了不同程度的影响。有一个民族信仰一种宗教的，也有一个民族信仰多种宗教的。在他们的生活中，宗教扮演了非常重要的角色，占据了举足轻重的地位。宗教的重要功能是建立、整理、重申并帮助加强社会的基本价值观，它在维护社群团结方面的作用主要体现在五个方面：一是为社会结构提供模型，即通过宗教的方式安排其象征体系，实质反映社会结构，并为社会结构提供理论依据，从而为维护社会团结效力。二是提供共同的价值观，宗教的社会化的功能就是把各种不同观点纳入同一价值结构，形成共同的信仰意识和统一的行为规范，即通过信仰控制形成对人们的行为的隐性支配。三是缓和社群内部的冲突，宗教

① 杨建新：《中国少数民族通论》，308 页，北京，民族出版社，2005。

既是整合的力量，又是缓和社群内部冲突的力量，这一功能主要通过宗教仪式来表达。四是加强社会管理，每一种宗教都是解释是非行为的伦理体系，因此行为道德标准被赋予超自然的权威，从而形成对人的内在的自我约束，强化了社会管理。五是凝聚社群。宗教的功能就是通过定期的宗教仪式凝聚、整合社会群体，强化族群认同。①

西北少数民族地区的宗教文化主要是藏传佛教文化和伊斯兰教文化。藏传佛教文化主要存在于藏族、蒙古族、裕固族、土族等民族中。藏传佛教文化是随着佛教在藏区的传播而形成和发展起来的。佛教在藏区的传播经历了早期与本地固有本教的斗争、冲突，最后融合的过程。它的形成经历了传播—冲突、演化—形成、发展—传播三个阶段。② 7 世纪，佛教开始传入藏区，9 世纪 40 年代是藏传佛教形成史上的传播冲突时期，又被称为佛教的“前弘期”。这一时期的主要特点是激烈的佛本之争。佛教的传播曾遇到了本教的强烈反对，甚至一度销声匿迹。9 世纪 40 年代到 11 世纪中叶是藏传佛教形成史上的演化—形成时期，这一时期大约相当于西藏佛教史上的“灭法期”和“后弘期”。这一阶段的特点主要是：由于吐蕃王朝的解体，佛本之争的激烈冲突趋于结束，佛教从原来高高在上的宫廷走向民间，开始了佛本之间的长期磨合、借鉴和融合。经过长期的磨合，佛教成为了藏化的佛教。到 11 世纪中叶，仁钦桑波、阿底峡先后在本教圣地阿里地区弘扬佛法取得成功，于 1045 年由阿里地区返回卫藏地区（史称上路弘法），标志着藏传佛教的形成。11 世纪中叶以后是藏传佛教的发展传播时期，渐渐居主导地位，成为藏族、蒙古族、裕固族、土族等少数民族绝大多数人的基本信仰。在长期的生产和生活中，藏传佛教已经渗透

① 杨文炯：《互动　调适与重构》，357～358 页，北京，民族出版社，2007。

② 杨建新：《中国少数民族通论》，334 页，北京，民族出版社，2005。

到了信教群众生活的方方面面，形成了藏传佛教文化。其中的来世观念、因果循环观念、人生无常观念和轮回苦海等观念成了信教群众的基本心理特质，这些观念也渗透进了信教各民族的文学艺术、政治经济等领域。

（二）乡村社会流动与西北少数民族地区的宗教文化

1. 宗教文化与流动取向

宗教文化是宗教教义和信仰宗教的各少数民族特色相结合的产物，是一种普遍存在的文化现象，几乎对每个少数民族的物质文化和精神文化都产生了不同程度的影响。宗教文化对于一个人的社会生活的影响是深刻的，包括流动的去向、方式和结果。在我国，特别是许多少数民族的流动取向也受到宗教文化的影响。笔者 2008 年对甘青两省的调查资料显示，在有效问卷中，484 名受访的少数民族成员回答了“外出务工时首先考虑的因素”这一问题，其中 45.63% 的被访者认为“外出务工时首先考虑的是能否挣到钱”，18.75% 的被访者认为“外出务工时首先考虑的是挣的钱能否拿到”，11.67% 的被访者认为“外出务工时首先考虑的是有无民族餐厅”，11.04% 的被访者认为“外出务工时首先考虑的是能否长久干下去”，还有 7.29% 被访者认为“外出务工时首先考虑的是有无地方做礼拜”（见表 5－13）。似乎外出流动的取向并无什么强关联。但是，考虑到西北少数民族地区乡村社会成员流入地的因素，我们不难看出，主要分布在西北民族地区的城市，如兰州、西安、西宁、银川等省会及县市，这些地区相比全国其他地区，特别是东南沿海地区的城市而言，少数民族人口所占比重较大，民族氛围浓厚，与民族生活方式相联系的设施较多，能够较好地满足少数民族宗教文化生活的需要。如兰州市，截止到 1999 年底，共有清真寺 89 座，拱北 21 处；西安市共有清真寺 19 座；西宁市 4 县 3 区共有清真寺239座；银川市城区有清真寺8座，郊区有清真寺127座。[①]清真寺是宗教圣地，是穆斯林举行宗教仪式活动的中心场所，也是伊斯兰教突出的文化符号。据杨文炯的调查，在银川市城区的5座清真寺，周五的“聚礼日”，到清真寺做礼拜的人有75%的是来自乡村社区的回族流动人口。[②] 由此可见，宗教文化对于少数民族的流动取向的影响是很大的。笔者的调查资料也显示出，除经济因素外，少数民族乡村社会成员外出务工时考虑最多的就是宗教文化和民族习惯能否得到尊重，需要能否得到满足。

表5-13　少数民族乡村社会成员外出务工时考虑的首要因素交互分类表

		能否挣到钱	有无地方做礼拜	能否长久干下去	有无民族餐厅	挣的钱能否拿到	其他	合计
回　族	频数（人）	121	29	20	45	32	17	264
	比例（%）	45.83	10.98	7.58	17.05	12.12	6.44	100.00
藏　族	频数（人）	55	1	20	0	34	7	117
	比例（%）	47.01	0.85	17.09	0.00	29.06	5.98	100.00
东乡族	频数（人）	30	3	6	10	11	2	62
	比例（%）	48.39	4.84	9.68	16.13	17.74	3.23	100.00

① 杨文炯：《互动　调适与重构》，373～445页，北京，民族出版社，2007。

② 杨文炯：《互动　调适与重构》，484页，北京，民族出版社，2007。

续表

		能否挣到钱	有无地方做礼拜	能否长久干下去	有无民族餐厅	挣的钱能否拿到	其他	合计
保安族	频数（人）	3	1	0	0	0	1	5
	比例（%）	60.00	20.00	0.00	0.00	0.00	20.00	100.00
撒拉族	频数（人）	3	1	1	0	3	0	8
	比例（%）	37.50	12.50	12.50	0.00	37.50	0.00	100.00
土　族	频数（人）	7	0	6	1	10	0	24
	比例（%）	29.17	0.00	25.00	4.17	41.67	0.00	100.00
其它少数民族	频数（人）	2	0	0	0	2	0	4
	比例（%）	50.00	0.00	0.00	0.00	50.00	0.00	100.00
合　计	频数（人）	221	35	53	56	92	27	484
	比例（%）	45.63	7.29	11.04	11.67	18.75	5.63	100.00

数据来源：根据笔者2008年甘青问卷调查数据整理。

2. 工作对宗教生活安排的影响

城市的工业生活节奏与宗教的生活安排难免会发生冲突。例如，在上班的时候，一个信教的人是不能擅离职守去做礼拜的。但是，在下班以后可以去补做。有的地方缺少宗教寺院，给信教的外出务工者造成诸多不便，一些外出者就变通处理，实现自己的宗教生活。笔者2003年在浙江嘉兴平湖市探亲时，与一位开饭馆的青海撒拉族老板聊起，他告诉笔者，在这里开饭馆，远离民族地区，缺少宗教场所，所以他们就将一起外出务工的穆斯林信众组织起来，找了一间房子集体做礼拜，一般在周五安排作聚礼。这样一方面坚持了自己的宗教信仰和活动，另一方面，他们也向一些周围感兴趣的人介绍伊斯兰宗教知识，让他们多了解宗教文化，增进共识，也有利于自己的生意。

随着社会流动，一些少数民族社会成员本身的宗教文化在周围的人群中逐步得到共识，通过他们，宗教文化的影响范围进一步扩大，更多的人对宗教文化有所了解，从而有利于对宗教文化的客观认识，消除偏见，增进民族团结。流动人口是城市边缘人，也是乡村的"离乡人"，又是城乡社会的沟通者，正是如斋月这样的"互酬"与"再分配"仪式，将这些离乡人整合到了城市的回族社区，也构建了城乡回族联结的纽带。①

3. 宗教生活的去神秘化与寺院的开放

随着社会生产的发展，人们的流动性增强，生活空间不断扩大，人们的物质生活水平和精神生活水平有了很大提高。西北少数民族地区的乡村中，许多农民家庭有了电视机，通了电话，用上了手机甚至网络，群众的衣食住行也发生了显著变化，村庄里也有了文化、娱乐场所。通过精神生活和物质生活条件的发展和提高，少数民族群众的精神生活丰富了，视野扩大了，知识增长了，已经打

① 杨文炯:《互动　调适与重构》，357页，北京，民族出版社。

破了过去那种单纯的宗教环境、单纯的宗教气氛。宗教不再神秘，信众和非信众都能客观地对待，理性地认识，这有利于社会成员的正常生活，也有利于社会稳定和宗教的发展。

此外，寺院的情况也发生了变化。寺院的管理更加民主化，不少寺院发展了以寺养寺的生产和经济活动，出现了一批受过中等和高等教育的高级宗教教职人员以及掌握某种先进的生产技能的宗教教职人员，广播、电视、电影以及现代通讯工具、计算机网络也为许多神职人员所喜爱和接受，现代化的设施逐步进入寺院。寺院不再是一种封闭的存在方式，接纳更多的信仰者、爱好者，甚至游客参观，寺院也向他们介绍更多的宗教文化和寺院生活，这也有利于人们公正地看待宗教和寺院，有利于民族团结和社会稳定。笔者在宁夏固原调查期间了解到，上、下青石村共有3座清真寺，一座老寺，一座新寺，还有一座女寺。寺里的阿訇由村里聘请，一般3年要轮换一次，清真寺的管理更加民主化，信众也更加满意。

五、多元文化的碰撞与传统文化的变迁

（一）社会流动给民族地区社会成员提供了接触多元文化的机会

在文化人类学中，文化是针对人类群体而言的。文化是一系列为一个群体内的所有人或至少是大多数人所共享的观念、价值体系和行为准则。[①] 当来自不同区域、不同群体，具有不同文化背景的社会成员因务工、经商流动到一起时，不同的文化相互之间的比较自然发生。特别是在城市里，发达的信息、快节奏的生活，增加了

① 孙秋云：《文化人类学教程》，29页，北京，民族出版社，2004。

人们之间相互接触的机会。不同的群体成员传播着不同的文化。人类学家认为，文化传播是文化变迁的重要方式，可以分为直接接触、媒介传播和刺激传播三种模式。[①] 甘青宁少数民族地区乡村社会成员的社会流动，使他们原有的文化与“异”文化直接接触。当人们面对的客观环境改变时，毫无疑问，文化也会随之变迁。这种变迁，特别是对现代科学技术和先进的生产、生活技能的学习，将有助于从民族地区乡村流动而来的社会成员提高参与经济的能力，通过他们，进而会影响到流出地的文化发展。

（二）社会流动中，传统文化和现代文化交互作用，重塑民族地区的社会人格

社会人格是由一个团体共有的生活基本经验与方式形成的，是一个团体中多数人的人格结构的基本核心。改变中的社会环境导致社会人格的改变，换言之，就是导致新的需要和焦虑，这又引起新的观念，同时使人们接受新的观念。[②] 甘青宁少数民族地区在历史上就曾是多元文化共存、共竟的舞台，来自中原的统治文化和来自西域的文化，农耕文化和游牧文化，相互交融，相互改造，形成你中有我、我中有你、相互依存的新的文化类型，被这一区域的社会成员普遍接受并继承了下来，构成了他们的社会人格。新的历史时期，随着全球化和现代化触角的逐步拓展和深入，特别是当前社会流动性增大、信息化速度加快，这些从少数民族地区走出来的社会成员将会面临着传统的民族文化和现代的科技文化之间全面的碰撞和激荡，促使他们更加积极地应对挑战，不断调试，方能适应。这也造成他们社会人格的重塑。具体体现在传统和现代文化的交互作用痕迹鲜明，既有民族地区原有的成分，如宗教文化、习俗、民族

① ［美］C. 恩伯、M. 恩伯，杜彬彬译：《文化的变异》，537～539 页，沈阳，辽宁人民出版社，1998。

② 同①，119 页。

话语和朴素的伦理价值等成分，也有外来的世俗文化、大众话语和市场经济价值理念等成分。这种双重性体现了转型社会的现实要求，也是参与社会流动的社会成员适应环境变化的必然反应。这种双重性也造成许多少数民族成员在流出乡村后，行为规范难以取舍，导致越轨行为发生，甚至犯罪。

（三）较低的文化教育水平决定了参与少数民族乡村社会流动的社会成员在就业中的弱势地位

因受教育水平不高，西北少数民族地区流动的社会成员外出所从事的多为科技含量低、报酬水平不高的工作，有学者调查后将其概括为三种类型：抡大锤、开面馆子和收购旧家具等。① 也有学者称其就业的是“3D”行业，即“脏”（Dirty）、“累”（Difficult）、“险”（Danger）行业。笔者的调查也显示了这种工作状况，开饭馆、保安、建筑工人、保姆、酒店服务人员及帮人干农活的比例占外出务工人员总数的51.9%。当然，他们的外出务工收入水平也普遍不高，59.6%的调查者月均收入不足400元。

这种低端的劳动的循环，不仅不利于流入地的工业化和现代化，反过来也会对流出地的发展产生负面影响。在笔者2008年对甘青宁所做的田野调查中，经常会听到这样的声音：“不上学了待在家里别人笑话，到外面即便挣不上钱了，也可以见见世面”；“我就是因为不想干农活才出去，干农活别人瞧不起”；“儿子书念不进去了，就跟个人去打工”。笔者认为，并非外出务工经商的都是农业剩余劳动力，只是在这些少数民族地区已形成了一种“外出文化”，加之对非农业的“围城”效应和盲目从众，使得近年来甘青宁少数民族地区社会流动量大。理性一点来看，这其中有许多人更适合于从事农业生产，所谓“行行出状元”，应当给社会流动

① 马天龙：《东乡族农村劳动力转移特点及其思考》，载《西北民族大学学报》，2004（1）。

适度降温，起码应该理性去面对。

（四）频繁的社会流动造成民族文化的传承主体群体萎缩，前景堪忧

社会流动对于个体来说主要是社会地位的变化，或是水平的移动，或是垂直的升降；对于社会来讲主要是社会结构的变迁，某一位置上社会成员的进出、组合。甘青宁少数民族地区乡村社会流动的频繁发生首先表现在个体的位置变动，当前首先表征为空间位置的变化，即从农村转出。这一变动必然引起当地社会结构的变迁和重组。流动的社会成员的目标是实现非农就业和城市生活，对于其原属群体来说最显著的变化就是主体流失，群体萎缩。表现在文化的后果上，就是原属群体的社会文化传承主体逐步减少，文化的承继问题凸显。甘青宁少数民族地区的民族文化是我国重要的文化资源和独特的瑰宝，随着社会流动的加剧，流出的社会成员需要重新审视自己的原有文化存在，因生存需要，他们往往选择习得新的文化，逐步淡化了已有文化成分。笔者 2008 年 11 月在宁夏固原调查的下列个案资料对此现象也有体现。

个案 1.（宁夏固原开城镇上青石村村民，男，回族，32 岁）在工厂里工作就没办法正常做礼拜，只能尽量争取参加。你要做礼拜，谁替你干活，误工了老板就会炒你，谁愿意丢掉来之不易的工作？我一般是周五利用中午休息时间去寺里参加聚礼。

个案 2.（宁夏固原开城镇上青石村村民，女，回族，25 岁）在城里工作，就要学习城里人的生活习惯，我给人家带娃娃，满口家乡话，卫生习惯不好，肯定不行的。我到人家里，人家就先给我讲一些事，我听了就注意按人家说的去做。

人家给你买几件衣服，一是出于对我们的帮助，也有对他自己孩子的考虑。

个案3.（宁夏固原开城镇上青石村村民，男，回族，46岁）现在的年轻人对我们农村的东西知道得越来越少了，这些东西对他们也没啥用，不感兴趣。老人给他们说，他们老觉得反感，他们也不希望在农村待，要跟城里人看齐，将来有机会了到城里去。我就想将来让娃娃们多学点宗教知识，约束一下他们，不要抽烟、喝酒、赌博什么都做。宗教是劝人向善的，学习一些宗教知识没什么不好。当然，娃娃们对现在流行的东西很在乎，对传统的东西看不上。有时候还反过来给我们做工作，说你老了，跟不上时代了。

第六章　西北少数民族地区乡村社会流动的社会后果

社会可以从广义、狭义和一般意义上来理解。首先，广义的社会是相对自然而言的，意味着是人为的、文化的。广义的社会是历史观意义上的社会，哲学层次上的社会，就是政治、经济、文化三位一体的“体”，或者是政治、经济、文化、社会四位一体的那个“体”。其次，一般的社会是指除了经济以外的其他事业。经济、社会事业全面发展，科学发展观的五个统筹里面有统筹经济和社会发展，这里讲的社会就是一般意义上的社会，除了经济以外的其他都叫社会。三是狭义的社会，指的是经济、政治、文化以外的有关人类公共生活的其他方面。狭义的社会是相对于个体的人和家庭而言的。本章所谈的西北少数民族地区乡村社会流动的社会后果中所涉及的“社会”是从狭义角度来说的。索罗金在《社会流动》一书中用大量的篇幅谈论了在社会流动中产生的心理错位、精神疾病、自杀和道德崩溃等现象，认为这些现象都是因为脱离了亲密的友情关系和亲缘关系所致。这一关注就是从社会后果的角度展开的。当前，在我国，频繁的乡村社会流动造成流动者心理问题、农村养老问题和乡村社会关系复杂化等社会问题。本章主要是探讨社会流动对乡村社区、家庭、民族关系和社会结构等方面的影响。

一、乡村社会流动与社区认同

（一）社区认同的含义

认同（Identity）原本是一个哲学范畴，后来奥地利心理学家弗洛伊德最早将认同运用到心理学上，指个人与他人、群体或被模仿人物在感情上、心理上趋同的过程。安东尼·吉登斯指出，在社会学中，认同是一个多侧面的概念，一般的研究者将认同区分为两种类型：社会认同和自我认同（或个人认同）。[①] 社会认同指的是别人赋予某个人的属性，基本上可以被看做是表明一个人是谁的标志。同时社会认同也将该人与具有相同属性的其他人联系起来。人们对于某一社会角色的期望就会形成一种社会认同，例如，对于教师这一角色，一般人们的社会认同就是“学高为师、身正为范”，如果你是一名教师，你就应该接受这一社会认同，按照人们的角色期望行为。社会认同标示出个人是如何与其他人“相同”的。自我认同指的是自我发展的过程，通过这一过程，我们形成了对我们自身以及周围世界的关系的独特感觉。自我认同把我们区分为不同的个体，标示出个人是如何与其他人“不同”。

社区认同是社区构成要素中的心理要素，是社区居民在情感和心理上对自己所属社区产生的一种归属感。不同社区的不同结构会对社区成员的心理和行为产生不同的影响，人们对生活于其中的社区会产生或自豪或羞耻的情感，这就是社区的认同感。社区认同是一种社会认同，是人们对于社区居民身份的某种标示和对行为的某

① ［美］安东尼·吉登斯，赵旭东等译：《社会学》（第四版），27～28页，北京，北京大学出版社，2003。

种期待；社区认同也是一种自我认同，是人们对于生活于其中的社区的一种独特感觉，即自我归属感。一般来说，这种心理有助于社区共同行动的产生，对于经济和社会发展有重要影响。

对居民社区认同感形成的影响因素进行分析，并没有统一的结论。有学者认为，社区认同感（或归属感）本身是一种文化心理现象，但它的产生却绝非仅仅由文化因素引起，而更多地取决于政治、经济等一些现实的条件。[①] 也有学者认为，居民社区认同感的影响因素主要是：居住年限、人际关系、社区满足感、社区活动参与。[②] 还有学者认为，社区认同感是可以通过社区满意度来测量的，而社区满意度的决定因素包括：社区的环境卫生、社会治安、居委会工作、幼儿园、托儿所、小学、中学等23 个方面。[③] 对于流动人口的社区认同感的影响因素，有学者提出：都市村庄流动人口社区认同感与其对精神社区的认同感、对都市村庄社区的认同感、邻里交往频度、社区参与频度、社区服务满意度、社会保障参与度成正比。[④] 综上所述，居民社区认同的影响因素包括四个方面：一是物质因素，主要有社区的环境、生活设施的状况，优美的环境和便利的生活设施为人们所向往，生活于其中的居民对社区的认同感较强；二是精神因素，主要是居民的价值观念和社区风尚，如居民有关公平、效率、诚信、民主、正义、参与的价值观念，对于传统和现代的风尚追求；三是行为因素，主要是社区参与和邻里交往，参与和交往的频度决定了人们社区归属感的形成与否；四是

① 李炜：《论社区归属感的培育》，载《东岳论丛》，2002（2）。

② 丘海雄：《社区归属感》，载《中山大学学报》，1989（2）。

③ 潘允康、关颖：《社区归属感与社区满意度》，载《社会学研究》，1996（3）。

④ 栗志强：《都市村庄流动人口社区认同状况及成因分析——以郑州市为例》，载《郑州轻工业学院学报》（社会科学版），2006，7（2）。

制度因素，主要是社区规章、治安及保障制度等。人们社区认同的形成并不是自然发生的，需要专门的培育方可逐步形成较为一致的认同或归属感。

(二) 社会流动与社区认同

乡村外出的社会流动者，从乡村流动到新的环境下，虽处于城市建筑的重重包围之中，却无法在文化上彻底地融入城市，并没有形成城市社区认同。这对于城市社会的整合和城市化进程的发展十分不利。造成这种社区认同的原因是多方面的，既有个人的原因，也有社会的原因，其中社会的原因占主要地位。

1. 户籍制度壁垒的阻隔依然显著

户籍制度壁垒是在刚性的户籍制度的作用下逐步形成的一种制度阻隔，这种壁垒是人为对农村户口和城市户口的二元区分。中国长期以来的户籍政策实施，附之以诸多行政的、经济的、福利的功能，人为地造成了城乡地区的差异和不公平。几十年来逐渐固定化，加上有户籍、身份划分标准，就形成了“城乡分治，一国两策”的格局。[①] 乡村流出者在城市受到户籍制度壁垒的阻隔，享受不到与户籍相关的福利保障，加上户籍制度壁垒效应维系着城里人对其心理认知惯性，表现在日常生活和社会交往方面的冷落和歧视，更让其无法融入城市社会，很难对城市社区产生较强的认同感。笔者2008年对甘青两省的调查资料分析显示，67%的被访者对于问题“对将来的打算”选择了“农村取向”，即“挣些钱了回家创业”或“干着看，没工作了就回家种地”；只有15.1%的被访者认为“一定要在城里安家落户，决不回农村”，其中，年龄在30岁以下的被访者占了65.7%。越年轻的流动者对城市的生活越向

① 陆学艺:《走出“城乡分治一国两策”的困境》，载《读书》，2000 (5)。

往和留恋，越倾向于在城市生活。另有研究表明：在新生代中，有72.3%的人认为，即使在家乡务农与外出务工经商的收入差不多，也选择外出务工经商，只有27.2%的人选择在家乡务农。[①] 虽然年纪较轻的流动者在同等条件下更愿意在城市中发展，但现实的制度安排和制度壁垒无时不让其感受到自己融入城市的不易和距离，对自己能否留在城市经常感到怀疑不定，未来的归属很难说清楚。

2. 生活的实际让流动者很难对城市社区产生归属感

在西北少数民族地区，从乡村出来的流动者，他们主要以务工、经商为主业，虽然与自己原来生活的场域长时间分离，但大多数人对所居住的社区并没有产生“家”的感觉。他们一般居住在工地的工棚，即使租住房屋也多分布在郊区或城乡结合部，这是因为，郊区或城乡结合部农民的私宅分布集中，可成片出租，并具有租金相对低廉、管理相对松散，因而居住成本较低等综合优势，所以在城乡结合部容易形成乡村流动者聚落。有研究指出，就目前上海少数民族流动人口的住宿情况来看，有51.9%的少数民族流动人口是租赁城乡结合部或郊区农民的私宅和城区市民的闲置房。[②] 即便是居住在城区，多数流动者也是通过地缘或亲缘关系，暂居于流动人口相对集中的地区，形成很有地域特色和流动特点的聚居区，如北京的“浙江村”、“河南村”。在兰州市，从临夏州流入兰州的务工经商者聚居而形成“广东村”，所谓“广东村”指的是来自临夏回族自治州的广河县与东乡族自治县、现居住于七里河一带的广河人与东乡人的相对集中居住区域。

---

① 王春光：《新生代农村流动人口的社会认同与城乡融合的关系》，载《社会学研究》，2001（3）。

② 蒋连华：《城市少数民族流动人口聚居区的形成及应对原则》，载《社会科学》，2006（9）。

不管是生活在工地上，还是城市流入者聚居区，这些从乡村流出的务工经商者的生活圈和交往圈相对独立、封闭，多以地缘或亲缘关系为纽带形成社会关系。他们的生活区内设施十分简单，环境比较差，与城市的现代新型社区不能同日而语。在这样的社区生活，他们只是觉得社区只是自己吃饭、休息的地方，社区的管理及服务几乎没有。他们整日忙于工作和生意，也无暇顾及社区的环境及发展。向房东交租金就是他的基本义务，除此之外，很少与社区发生太多的联系。与务工者相比，一般经商者的城市社区认同感较强，因为在城市人们的收入多且较稳定，消费水平较高，经商的机会就多。所以，他们更多倾向于在城市生活或发展。在每年春节期间，很多从临夏农村来的回族经商者，在兰州走街串巷，经营生意，对他们来说，这样的机会很难得，虽然春节前后户外气温很低，很多外出者选择了回家。这是经济中心原则使然。也有学者认为那些在城里挣不到钱的人，通常就呆在城里，宁可在城市承受艰苦生活的压力，也不愿回到农村过安稳舒适的日子。这样的人已经越来越多，他们中有些人已多年没有回家。那些挣了钱的成功者，一般都会衣锦还乡，至少在春节期间他们都要回到村里，而挣不到钱的人更愿选择在城市“隐居”。① 但对于他们而言，生活的“根”还是在农村，所以，他们在生意困难，或在城市管理者的限制加重时，农村成为其重要的防范生活风险的保障。

在我国以户籍管控为表征的城乡分治的政策下，流入城市的流动者与城市居民不仅在文化背景、身份等级、观念意识等方面有很大差别，而且在就业、医疗、养老等社会保障方面存在事实上的失衡，还体现在其风俗习惯、民族心理等特殊性方面的民族差异，这

① 陆益龙：《流动的村庄：乡土社会的双二元格局与不确定性——皖东T村的社会形态》，载《中国农业大学学报》（社会科学版），2008，25（1）。

些因素导致这些西北少数民族地区农村流出者在进入城市的生存和发展中一直存在多重的障碍。在城市居民眼里他们不是“本地人”，加上部分少数民族风俗习惯、民族心理的差异以及少数市民对少数民族中产生的一些社会问题缺乏正确认识，使他们更容易在社会生活中受到防范和疏离。

由于在实际生活中的融入程度低以及城市对他们的歧视、隔离，从西北少数民族地区乡村流出的社会成员对城市社区“想说爱你不容易”，社区认同感普遍很差。

3. 流动者的生活预期存在很高的不确定性

流向城市的村民要实现市民化转型，必须面临与城市、国家政策和基于旧体制的身份认同等力量的博弈，很显然，对于分散的流动者来说，这是一个力量不均衡的博弈，要赢得这场博弈，实现自己的目的，更多地取决于博弈对方的选择。越来越多的村民一方面离开村庄去外面发展，另一方面又将主要资金消费在村庄，尽力修建新楼房却很少居住。① 这种现象在西北少数民族地区的乡村十分普遍，从流动村民的生活面向来看存在城市期望和乡村无奈的二元选择。“一定要在城里呆下”的决心和“干不下去就回家”的无奈并存着。表现在生活规划中的两手准备，还是将乡村作为消费的主要方向，当然也愿意在机会成熟或为了子女的将来选择在城市中投资。这种现象对于村民来讲是必要的准备和选择，如果从统筹城乡发展和科学发展的理念审视，却是一种浪费和不合理的资源利用。如果他们将来的生活很确定，这一尴尬的选择和投资行为就应该能够避免。

相比较而言，新生代农村流动者比年长的农村流动者更希望努力融入城市社会，他们中有一些人利用工作之余参加各种学习，提

① 陆益龙：《流动的村庄：乡土社会的双二元格局与不确定性——皖东T村的社会形态》，载《中国农业大学学报》（社会科学版），2008，25（1）。

高自己的文化水平和工作技能，以使自己今后找到一份更好的工作。有的人想通过赚钱，在城市买房子，然后成为城里人。但是，对他们来说，城市门槛将会越来越高：从就业角度来看，城市对高技术劳动力的需求越来越强烈，而对没有一定技术的新生代农村人口的需求则越来越低，对他们来说，就业竞争越来越激烈；在生活上，城市生活水平越来越高，生活成本越来越大，新生代农村流动人口的收入越来越不能支撑这样的生活水平，等等。所以，尽管他们在努力融入城市社会，但是这样的努力能否实现他们定居城市的期望，还是一个没有明确答案的问题。另一方面，他们对家乡的认同更多地系于与亲人的情感，而对家乡其他方面的依恋在减少。所以，他们在未来归属上，目前还没有明确的行动选择，用“彷徨”二字来表述比较恰当，他们彷徨于返回乡村与定居城市社会之间，也不可能完全地融入到城市社会中去。①

尽管如此，目前较多村民的基本心态是，向外流动的趋势只会增强，不会减弱。流动趋势增强的原因不仅是因为城乡差距和比较利益的存在，而且也有从众心理的作用。此外，流动网络和信息的形成，为他们外出流动提供了物质基础。② 可以预测的是，西北少数民族地区乡村的社会流动度只会更强，不会减弱。如何培育他们的社区认同感，使他们顺利实现城市化、居民化，需要多方努力，坚持改革不合理的制度和规定，当然也需要城市的既得利益者、市民以更加宽容的心理接纳这些对城市发展做出重要贡献的外来者。唯此，和谐的城市社区建设才有可能和基础，新型的城市化建设才能加速并持续发展。

---

① 王春光：《新生代农村流动人口的外出动因与行为选择》，载《中国党政干部论坛》，2002（7）。

② 陆益龙：《流动的村庄：乡土社会的双二元格局与不确定性——皖东T村的社会形态》，载《中国农业大学学报》（社会科学版），2008，25（1）。

二、乡村社会流动与社会观念变迁

社会流动的过程也是多元文化激荡、碰撞的过程。根据奥格本的文化堕距理论，物质技术方面的变化发生在前，制度、风俗、价值观念等非物质的适应性文化变化在后，两者变迁速度不同，于是产生差距。尽管落后于物质文化变迁，但非物质的观念价值变迁在城市文化与乡村文化、不同区域文化和不同民族文化的互动时，不断审视自我，调试不适，重构结构。西北少数民族地区乡村文化中比较显著的变迁体现在观念的更新上。

（一）生育观念的转变

正如贺雪峰所指出的，在传统时代，强烈的传宗接代、延续香火理念，构成了中国农民的终极价值观，成为了他们的人生目标和最为深沉的生活动力，构成了农民的生命意义，最终成为他们安身立命的基础。而到世纪之交，“传宗接代”的“落后”观念被抛弃了，“现在人们只关心自己活得好不好”。[①] 2008 年，笔者在甘肃、青海的民族地区所作的调查问卷显示，87.4% 的村民的生育愿望是生育 1~2个小孩（见表6-1）。在传统社会，财富的构成要素主要是土地和劳动力，“土地是财富之父，劳动是财富之母”，在土地既定的情况下，多子意味着多富。当西北少数民族地区的村民走出村庄，向外发展时，现代财富的构成已加入了资金、管理、技术等诸多要素，因此，多子并不能实现多富的生活理想，反倒成了致贫的重要原因。“生多了养活不了”是调查中村民低生育愿望选择的朴实理由。

① 贺雪峰：《乡村中国之三变》，载《中国社会学网》，2008.11.17。

表 6-1　被访者生育意愿情况统计表

	频数	百分比（%）	有效百分比（%）	累计百分比（%）
1 个	274	38.3	38.3	38.3
2 个	352	49.2	49.2	87.4
3 个	52	7.3	7.3	94.7
4 个及以上	17	2.4	2.4	97.1
缺失	21	2.9	2.9	100.0
总计	716	100.0	100.0	

数据来源：根据笔者 2008 年甘青问卷调查数据整理。

（二）教育观念的转变

因参与较大范围的市场竞争，西北少数民族地区流动的村民对于教育在获取工作机会和较好劳动报酬所发挥作用的感受比较直接且深刻。以下是笔者 2008 年在甘肃临夏调研时一个个案的访谈笔录，较为典型地反映了民族地区教育观念转变的情况。

陈 J，42 岁，东乡族，银行职员。“现在民族地区人们对教育的观念转得很快，一定要让孩子上个大学。在当代社会，文凭是社会的敲门砖。在我们临夏，北方民大、西北民大、西北师大、商院的毕业生都分配，农大的也都分了。汉民和“少数”在娃娃的教育上还是有着很大的区别，汉民对娃娃的教育特别重视，两口子分工，女的负责孩子的吃饭、穿衣，男的管娃娃的教育上学。我认识一个汉民两口子很齐心，对娃娃的学习抓得非常紧，还给娃娃报名上二胡课，最后娃娃考到北京了。回民就没有这么大的决心，有许多情况下，两口子心不齐，像我们家里，娃他爸就说，哪个山羊的嘴下都会有草吃的，儿子长大了打工，给人家端盘子，总也能混上口饭吃。我就想着让孩子上个学（笔者注：考上大学），接受大学教育，认识的人多了，处理问题的能力也强了，将来找一个好一点的工作。这七八年来，“少数”的观念转得很快。广河一带原来做皮子生意的人，在与江浙一带的商人打交道的时候不懂电脑（笔者注：不会使用电脑），不理解一些生意经，受骗的很多，反过来（笔者注：现在回头一想），就开始意识到一定要娃娃念个书（笔者注：上学），将来也好帮自己更好地料理生意。

没有文化，使大部分西北少数民族地区流出的村民成为低端的劳动力，从事着脏、险、累的工作，工资待遇普遍不高。“有技术的人老板看他的眼光都不一样，像我们这些没技术的，老板正眼都不看，开的工资也低，有钱了我就想去学一门技术”，L01 个案的经历具有较大的代表性，正是在比较中所处的劣势及其所造成的刻骨铭心的感受，促使村民开始重视子女的教育问题，舍得投入，以期他们不要再将这种劣势延续。笔者 2008 年在甘肃青海的民族地区所作的调查显示，76.4% 的被调查者在“如果有机会，会让你的孩子选择上学还是打工”的选择中倾向于前者。“我是 2004 年在市上买的房子，花了将近 12 万元。我分三次给人家付清，基本上把我这些年打工的积蓄花完了，目的就是想让我的两个娃能上个好学”，L17 个案的做法也具有普遍性。许多村民为了孩子能接受城市中较好的教育，花钱在城里租房甚至买房，为子女教育创造良好条件。

（三）经济观念的转变，以市场为取向，体现了竞争和效率原则

党的十六届三中全会是我国改革开放、建立社会主义市场经济体制伟大事业进程的一个重要的里程碑。十六届三中全会通过的

《中共中央关于完善社会主义市场经济体制若干问题的决定》，是加快改革开放、建立和完善社会主义市场经济体制的重要纲领性文件。时至今日，社会主义市场经济体制已粗具雏型，人们的市场经济观念也逐步形成。西北少数民族地区的村民在流动过程中对此体会非常深刻，在与发达地区、城市居民的互动中，改变了传统的思想封闭、忽视效率、重土安迁、重农抑商等行为模式。当前，在西北少数民族地区的乡村，村民比较自觉地按照市场经济的原则来开展生产，不仅体现在农牧业生产上，也体现在日常经济行为中。很多村民选择在农闲时间短距离、季节性外出务工，以期能实现“充分就业”。“家里的男人到外面打工，女人干完家里的农活还行（注：寻找）个活干，在蔬菜大棚帮人干点零活，在乡村公路施工时干些工程，或是在镇上赶集做点小生意，总之，也没闲着”，临夏县土桥镇尹王村支书如是说。“我的工资要求也不过分，按照市场行情，最早的时候（20世纪90年代）一月挣过300多元，现在好的时候也挣过2000元（月收入），当然要看干什么活，也要看遇上的老板。”对LXH的个案访谈中也能看出，在具体经济行为中也能体现出这一观念转变。

此外，流动村民的观念转变还表现在生活理想、交友选择及价值观念等方面的变迁上。

三、乡村社会流动与社会结构变迁

（一）乡村社会流动率趋高使得传统的社会结构受到强力冲击

社会分化程度提高，形成了对现行户籍等乡村制度变迁的推力。彼得·布劳认为：“社会结构是可观察到的社会生活方面，而不是论述社会生活的抽象理论。”赵利生在分析宁夏吴忠乡村社会结构分化时，从横向和纵向两个方面进行了考察。横向主要考察了所有制及产业结构、人口结构、宗教结构、婚姻家庭机构和人格—观念结构，纵向主要考察了财产收入结构、权力结构、职业声望结构、社会认知结构和教育结构。[①] 研究的结果认为，该地区村民的社会流动缺少向外、跨省区的深层次流动，社会动员的程度低，村民文化需求层次不高，社会参与较弱，致使社会分化仍显不足。因其所考量的时间是20世纪90年代中期，在经过10多年的发展变化，特别是2003年以后，西北少数民族地区乡村的社会流动加剧，参与流动的村民群体增大，传统的社会结构受到了强有力的冲击，分化程度进一步提高。表现在非农性收入增幅加快，逐步超过农业收入，成为家庭收入结构的主体；家庭结构的小型化和核心家庭增多；民族意识不断增强；社会认知结构的现代化和对子女教育的关注度提高等方面。乡村社会结构分化对与旧的社会结构相适应的旧体制带来冲击，为适应新环境的要求，就必须改革不合理的旧制度，如户籍制度、就业制度等，建立新的、与社会结构相适应的制度，如社会保障制度、职业教育制度等。对此，因社会流动的流量加大、流速加快，客观上形成了制度变迁的推力，引起了政府的关注，有助于深化我国相关制度改革。

（二）乡村社会流动的加剧，使得社会整合难度加大，社会稳定问题凸现

社会整合是指把社会的各个因素、成分或不同的社会力量、成员结合为一个统一、有机整体的过程和状态。西北少数民族地区乡村大量村民的流动，伴随着生活时空的变化，生活习惯和思维方式日益多元化，利益需求日益层次化，社区的整合难度加大。对于流

① 赵利生：《民族社会学》，133～143页，北京，民族出版社，2003。

动的村民，村委会管不到，流入地政府不愿管，城乡“两栖”生活，使他们落入了国家和社会管理的真空区域，使流入地和流出地均有社会稳定的问题凸现。“流入城市的农民工，往往较之留在乡村的村民更易接受城市的新思想、新观念、新的生活方式、新的享受标准，而其欲望和要求也很快达到了一个新的水平。然而，西北民族地区城市尚处于发展阶段，甚至初创阶段，还很难具备满足上述欲望的功能。于是，欲望和前景之间、需求与满足之间，就可能产生较大差距。这一差距亦可能引发农民工的社会挫折感，并使社会挫折同社会不稳定产生某种联系。如果说，流入城市的农民工有可能因其地位、生活质量虽低于城市居民但高于农村村民，因而甘于屈从于现状，那他们的后代，即在城市中外来人口聚居区长大的新一代不会甘心父辈所处的地位。倘若他们的地位没有较大提高时，他们有可能产生一些政治上的过激思想，以致采取越轨行动，从而影响社会稳定。”① 如果流动的村民们在城市里的感受是负面大大超过正面，即敌视城里人、对城市生活有戒备心理和恐怖感等，即使他们回到家乡，他们的负面经历也会影响下一代及其周围人群，对融洽城乡关系、稳定社会秩序不利。

四、乡村社会流动与家庭

（一）家庭和农村家庭

学术界对于家庭概念的探讨颇多，定义也很多。一般而言，家庭是建立在姻缘关系和血缘关系或收继关系基础之上的基本社会组

① 王宗礼、谈振好等：《中国西北民族地区政治稳定研究》，136页，兰州，甘肃人民出版社，1998。

织形式，是社会的最小细胞。在我国传统的欠发达农村社区，家庭是一个最为重要的社会结构因素，或者说核心因素，其他社会结构组成因素都围绕着它进行组合和排列，因此有人称我国传统农村社会为“家族社会”[①]。费孝通先生曾指出，中国传统的乡土社会结构表现为差序格局，“我们的格局不是一捆一捆扎清楚的柴，而好像把一块石头丢在水面上所发生的一圈一圈推出去的波纹。每个人都是他社会影响所推出去的圈子的中心。被圈子的波纹所推及的就发生联系。每个人在某一时间某一地点，所动用的圈子是不一定相同的”。而这种格局是以个人为核心向外推出所形成的社会关系模式，而个人又是家庭中的成员，也就是说乡土中国最基本的因素不是个人，而是家庭。[②] 林耀华先生在其名作《金翼》中也认为，“家庭就是这样一种生活圈子，是围绕着一个由习俗、责任、情感和欲望所精心平衡的人编织的强有力的网。”[③] 可以说，家庭中的每个人都在这张“强有力的网”的作用之下。在传统中国社会的“五伦”[④]（君臣、父子、夫妇、兄弟、朋友）中，有四项直接与家庭有关。其实，最后一项“朋友”也可以说是包括在家庭圈子里的人，是家庭的朋友。于是家庭就成了一个人所有社会行为的出发点和归宿。

（二）家庭与社会流动

家庭与乡村社会流动之间的互动关系表现在：一方面，家庭影

---

① 王春光：《中国农村社会变迁》，179 页，昆明，云南人民出版社，1996。

② 费孝通：《乡土中国　生育制度》，26 页，北京，北京大学出版社，1999。

③ 林耀华：《金翼仁》，17 页，北京，生活·读书·新知三联书店，2000。

④ 林语堂：《中国人》，153 页，杭州，浙江人民出版社，1998。

响乡村社会成员的社会流动；另一方面，乡村社会流动反过来会推动农村家庭的变迁。

1. 家庭对乡村社会成员社会流动的影响

周林刚在分析甘肃省东乡族苜叶里社区家庭对农业劳动力流动的作用时，根据多因素分析方法理论，构建了社区农业劳动力流动的家庭决策模型。[①] 在该决策模型中，共选择了6个变量，包括：家庭耕地面积、家庭劳动力人数、家庭农业纯收入、家庭类型、社区流动者的非农收入以及家庭从事非农行业的人数。其中家庭耕地面积、家庭劳动力人数、家庭农业纯收入代表流动者向非农行业流动的机会成本，社区流动人员的非农收入代表了社区农业劳动者流向非农行业的预期收入。家庭类型变量是根据农户家庭成员的代数来划分的，分为一代户、二代户、三代户、四代户及其他五种类型，用以解释在其他条件相同的情况下，家庭类型对农业劳动力外出决策的作用和影响。研究得出如下结论：

（1）预期收入同家庭劳动力流动呈正相关关系，预期收入越高，流动的概率则越大。反之亦然。

（2）农户家庭农业劳动力流动人数同家庭的劳动力数量呈正相关关系。

（3）家庭劳动力流动人数和家庭农业纯收入及家庭人均耕地面积两个变量呈负相关关系。户人均耕地面积占有量越大，家庭的农业纯收入就越高，农业劳动力流向非农行业的机会成本随之增加，因此，家庭农业劳动力流动率便会下降。反之亦然。

在中国文化中，家庭对于社会成员的作用是举足轻重的。家庭对社会成员的社会流动的影响除了影响流动与否的决策外，还表现在以下三个方面。

---

① 周林刚：《家庭对农业劳动力流动作用的多因素分析——对甘肃省东乡族苜叶里社区的调查》，载《西北民族研究》，2003（3）。

（1）家庭为农村流动者提供流动的最初支持。范德普尔将社会支持分为三大类型：情感支持（与配偶有矛盾时舒解、精神安慰、重大事项咨询）、实际支持（家务劳动、患病时帮助、借钱、借生活日常用品、帮助填表）和交往支持（一同外出、拜访）。[①] 笔者认为，家庭为农村流动者提供的最初支持包括物质支持、情感支持和社会资本支持等。物质支持主要是为流动者提供外出必备的生活条件，包括衣食住行用的物品和生活费用。情感支持主要是通过亲情和亲人的关心、鼓励的话语实现的，虽然现在交通、通讯已很发达，并无“此去经年，便纵有千种风情更与何人说”的忧虑和惆怅，但总还是要有许多心理顾虑，面对一个新的陌生环境，能否找到较为称心的工作，实现自己淘金的梦想？能否适应当地生活、气候？会不会受到别人的欺负？等等，都需要从家庭的亲人那里得到鼓励和劝慰。

社会资本的支持是农村社会流动者最初支持中最重要的内容。社会资本理论的发展是建立在“社会网络”（Social Network）研究基础之上的。现代意义的社会资本概念首先由雅各布斯提出，他将社会资本界定为“邻里关系网络”并沿用至今，成为研究社会资本的主要范式之一。[②] 20 世纪 80 年代，当布迪厄、科尔曼和林南等几位社会学家独立而详细地探究这个概念时，学术界才开始更多地关注社会资本。林南认为社会资本是“通过社会关系获得的资本”。[③] 社会资本又由嵌入在社会关系和社会结构中的资源组成，当行动者希望提高目的性行动成功的可能性时，他们可以动员社会资本……社会资本是在社会关系中的投资，通过社会关系可以使用

---

① 王毅杰、童星：《流动农民社会支持网探析》，载《社会学研究》，2004（2）。

② 陈晖：《农村劳动力流动中的社会资本分析》，载《农村经济》，2008(6)。

③ 林南著，张磊译：《社会资本——关于社会结构和行动的理论》，18 页，上海，上海人民出版社，2005。

和借取其他行动者的资源。① 有学者将社会资本等同于社会网络。②在乡村，社会关系是以个体为中心与其他个体发生的各种各样的直接关系，社会关系网络是外出务工、经商的乡村社会成员生存和发展的很重要的社会资本。在他们流出的生存阶段，面临城市的排斥和自身的“素质不适”等挑战，农村流动劳动力只有充分依靠比较初级的社会关系网络这种社会资本，依赖亲缘和地缘关系来获得工作信息或工作。蔡昉2001年的调查资料表明，有65.8%的农村流动劳动力是靠亲缘和地缘关系获得工作信息，有75.4%的农村流动劳动力是靠这种途径找到第一份工作的。③ 笔者在调查中也了解到，有44.7%的被访者是通过自己联系获得外出工作机会的。很多被访者初次外出务工经历也都是通过血缘或地缘关系实现的，政府组织的比例很低，仅为3.2%（见表6-2）。

表6-2 外出务工的途径统计表

	频数	百分比（%）	有效百分比（%）	累计百分比（%）
政府组织	30	3.2	3.2	3.2
熟人介绍	364	38.5	38.5	41.6
能人带动	114	12.1	12.1	53.7
自己寻找	423	44.7	44.7	98.4
缺 失	15	1.6	1.6	100.0
合 计	946	100.0	100.0	

数据来源：根据笔者2008年甘青问卷调查数据整理。

① 同③，23页。

② 张其仔：《社会资本论：社会资本与经济增长》，北京，社会科学文献出版社，1997。

③ 黄凤：《农村流动劳动力的社会资本研究》，载《社会》，2002（11）。

（2）先出带动后出。在西北少数民族地区的乡村家庭中，越来越多的社会成员在考学无望、转干无门的情况下选择外出务工、经商。在笔者的调查中，65%的被访者家里有2个或2个以上的家庭成员外出务工、经商（见表6－3）。在外出时，许多家庭选择“先出带后出”的流动方式，实现尽可能多的家庭成员外出非农就业。笔者在临夏土桥镇一家庭调查时了解到，家里共3个孩子5口人，一个儿子在高中复读，刚参加完高考，两个女儿在福建鞋厂打工。大女儿到福建打工2年多了，小女儿刚去，是她姐姐在过完春节返回福建时带去的。据介绍，大女儿在福建打工干得很不错，每年除去自己花销外能寄给家里近万元钱，所以父母就非常同意姐妹俩一同去打工。类似这样家庭中“先出带后出”的流动模式，在西北少数民族地区的乡村非常普遍。这种模式一方面迎合了乡村社会流动的心理，另一方面是一种比较安全和经济的流动方式。先流出者的生活经历和已有的社会资本可以为后流出者借用，且发生在“差序格局”的靠近圆心区，信任程度很高，有利于后者顺利实现社会流动。

表6－3　家中外出务工人数统计表

	频　数	百分比（%）	有效百分比（%）	累计百分比（%）
0人	75	7.9	7.9	7.9
1人	350	37.0	37.0	44.9
2人	383	40.5	40.5	85.4
3人	94	9.9	9.9	95.3
4人	27	2.9	2.9	98.2
5人及以上	8	0.8	0.8	99.0
缺失	9	1.0	1.0	100.0
合计	946	100.0	100.0	

数据来源：根据笔者2008年甘青问卷调查数据整理。

（3）乡村社会中家庭的流动类型十分相似。在西北少数民族地区，乡村社会流动的类型可以分为智力型、体力型及其他型。智力型流动主要是通过教育设置或招干途径实现的，如考学后在城市里工作或招干后成为国家干部；体力型流动主要是指外出务工、经商，因文化程度低和劳动技能差，乡村社会成员走出乡村后主要从事的是体力劳动或体力劳动成分居多的工作；其他型流动包括通婚、宗教、参军等途径实现的社会流动。在调查中我们发现，在一个乡村社会的家庭中，社会成员的流动类型十分相似。如果一个家庭中有一个成员实现智力型社会流动，其他的家庭成员一般也会通过这种渠道实现流动。究其原因主要有二。其一是示范效应作用的结果。在一个家庭里面，如果有一个成员通过高考实现“跃农门”，其他家庭成员就对此种社会流动途径非常认同，暗自模仿，并有强烈的愿望使自己也实现此种类型的社会流动。笔者在宁夏调查时遇到一位原任村主任海某，他家共有5个孩子，三女两男，只有二女儿没有考学，在家务农，其他4个儿女都通过考学成了国家干部。说起二女儿，老人非常后悔当初是自己阻止她考学，女儿学习非常刻苦，只是家中需要劳力，无奈就没让她继续上学。据老人介绍，孩子们之间彼此关心，学习上互相帮助，比着上进，令其决心供他们上学。这种效应在其他家庭中也经常出现，如果一个家庭中的成员都不重视学习，自然这种类型的社会流动就没有发生的可能性。其二是一种资源的再利用。如果家庭中某一社会成员通过婚姻实现社会流动，由此积累的社会资源包括信息、关系、机会等，会被再次利用，实现更多的联姻通婚。我们在调查中经常会遇到一家几个女儿嫁到一地的情况，可能与此种资源的再利用不无关系。此外，家庭里相似的流动类型，还可以使家庭成员互相照应，实现资源共享。

2. 乡村社会流动对农村家庭的影响

（1）在乡村社会成员外出务工、经商等流动的背景下，西北少数民族地区乡村家庭的规模开始缩小，以4~7口人的家庭为主；

家庭类型以核心家庭、主干家庭为主。根据抽样调查的统计，甘肃东乡族的核心家庭占65.47%，主干家庭占24.34%，联合家庭占8.23%，单身户占1.9%。甘肃东乡族3人户占14.58%，6人户以上占54.55%，8人户以上占20.27%。第五次全国人口普查(2000年)数据显示，甘肃省东乡自治县家庭总户数47239户，家庭总人口256829人，家庭平均人口数5.4人；甘肃省积石山保安族东乡族撒拉族自治县全县家庭总户数44006户，家庭总人口214019人，家庭平均人口数4.86人。①

（2）社会流动对家庭养老模式产生一定的影响和冲击，主要表现在4个方面。首先，社会流动对家庭稳定性的冲击。这主要是由于老人与子女在居住空间上的分离。随着城市工业化发展以及农业科技的发展使农村剩余劳动力从农村向城市迁移。这种社会流动不是农村家庭的整体迁移，而是农村家庭部分成员参与的迁移，且多为代际迁移。从农村向城市流动的迁移者多为年轻人，而老年人则留守在农村，耕种田地。年轻人由于身体健康，富有冒险精神，文化程度相对比较高，对陌生环境具有较强的适应能力，所以农村的年轻人选择外出打工的比例较高。而与此相反，老年人向城市流动的比例较低。这种流动已经向传统亲属关系和家庭群体的稳定性提出了挑战，② 打破了“父母在，不远游”的传统习惯，使得老人与成年子女在居住空间上分离开来。据统计，2004年农村居民中60岁及以上人口有14408万人，老年抚养率仅为11.6%。③ 流向城

① 转引自文化：《试论甘肃穆斯林家庭的人际关系》，载《西北民族研究》，2006（4）。

② 费孝通：《江村经济——中国农民的生活》，北京，商务印书馆，2001。

③ 胡灵红、任咏梅：《农村劳动力转移对农村养老保障的影响》，载《安徽农业科学》，2007（2）。

市的年轻人大多无力把父母带在身边。由于从农村迁移到城市的年轻人在城市里所从事的多为劳动强度大而工资低的职业，他们较低的经济地位和社会地位以及历史、体制等原因所造成的他们无法享受充分的社会保障的现实，使得他们大部分难以完全迁移到城市，只好在城市和农村之间进行“候鸟式”迁移。即使有一部分人能够迁移到城市，较高的生活费用和医疗费用使得他们的生活成本较高，大多数人生活比较困难。面对这样的窘境，他们难以把自己的父母迁移到城市共同居住，这样就造成农村父母与子女的长期分离，子女无法在父母身边进行生活照料和精神抚慰，传统家庭养老的人员维持机制遭到破坏。

其次，流入地陌生社会舆论压力的降低，无法给予子女足够的压力以促使他们留在父母身边进行经济照顾和精神慰藉。从农村来到城市，也就从熟人社会来到了陌生人社会。在城市里，每个人的私密空间较大，街坊邻里彼此之间了解很少，很难对对方的“不孝”这种私人行为进行谴责，也很难依靠舆论压力来约束对方的行为。即使有一定的社会舆论，由于个人生活与工作分开，而且选择空间很大，不再仅仅局限于亲戚和邻里的有限空间范围，这种社会舆论所产生的社会压力对个人的行为所起到的作用不大。所以，在这样异质性很高的社区环境中，社会只有通过法律来约束和规范人们的行为。

再次，老人权威地位的丧失，也使得家庭养老得不到足够重视。一方面，农业种植经验的贬值降低了老人的权威地位。社会流动不仅包括从农村到城市的空间变动，还包括迁移者的职业变动。农村年轻人进城打工，不仅在地理空间位置上进行了流动，而且他们的职业类型也发生了变化。他们不再从事原来的农业种植活动，而是从事工业或服务行业。在这种情况下，农村老人原来积累的农业种植经验的价值下降，他们的经验对于从事工业或服务业的年轻人来说作用不大，甚至是非常保守的、落后的。社会流动带来了经济机会的增多，“在经济机会不断扩展的社会中的人们不会感觉到长辈的权利。……经济的封锁线既然已经被科学打破，人类的机会可能会有增无减，老年人所持以获得尊敬的基础似乎已经动摇了”①。老人的权威地位日益没落，老人在家庭中的经济地位也随着其权威的丧失而下降，老人不再是一个家庭的“宝”，在一定程度上成为了年轻人的经济负担。老人权威地位的丧失使得原有家庭养老模式的权利维持机制逐步瓦解了。另一方面，家庭重心逐渐下移。由于计划生育政策的实施，家庭结构趋于小型化、核心化，造成家庭代际关系的重心下移。传统社会的家庭中心是老年人，而现代家庭的代际重心几乎无一例外的都是孩子。② 因为老人多、孩子少的家庭结构中，子女大多会倾向于选择把有限的经济、精力等资源给自己的子女，而减少对父母的赡养和关心。如有需要，父母还要为子女提供经济支持、操持家务等。家庭代际关系重心下移造成的一个直接的后果就是人们“尊老不足，爱子有余”，不但不能“养儿防老”，还有可能增加老人的经济和家务负担。小型化的家庭结构不能很好地担负起家庭养老的重担。

最后，传统养老观念的转变也不利于家庭养老模式的运行。广泛的社会流动使得很多家庭中父母与子女在空间上分离开来，子女不能再守护在父母的身边，陪伴父母，他们能给予父母的更多的是经济上的接济，而无法在父母身边对其进行精神慰藉。传统的孝道观念在现代社会受到了冲击。

(3) 社会流动对家庭关系造成不利影响。家庭关系主要包括夫妻关系、父母子女关系和其他关系，其中，夫妻关系是家庭关系的核心。频繁的社会流动，使得家庭成员共同生活的时间减少，某种程度上使家庭关系有所疏远，但这并未形成家庭关系的离心力。笔者 2008 年对

---

① 费孝通：《美国与美国人》，上海，生活 · 读书 · 新知三联书店，1985。

② 刘桂莉：《眼泪为什么往下流——转型期家庭代际关系倾斜问题探析》，载《南昌大学学报》（人文社科版），2005（6）。

甘青两省的调查资料显示，23.1%的被访者非常愿意在务工时和家人在一起，57.2%的被访者愿意在务工时和家人在一起，只有16.4%的被访者不愿意或非常不愿意在务工时和家人在一起（见表6－4）。

表6－4　务工时与家人在一起的意愿统计表

	频　数	百分比（%）	有效百分比（%）	累计百分比（%）
非常愿意	134	23.1	23.1	23.1
愿　意	331	57.2	57.2	80.3
不愿意	89	15.4	15.4	95.7
非常不愿意	6	1.0	1.0	96.7
缺　失	19	3.3	3.3	100.0
合　计	579	100.0	100.0	

数据来源：根据笔者2008年甘青问卷调查数据整理。

农民流动很少是全家流动，因此大量的农民流动也在农村社会制造了大量结构不完整的家庭。在这种家庭中，常常夫妻分居或父母与子女分离。一方面，夫妻间长期分居，既影响夫妻间的相互照顾，也容易影响夫妻感情，正常的婚姻生活受限，不利于夫妻关系的维持和密切，严重者甚至导致家庭的不稳定。深圳市在调查中发现：年龄在30岁以下的外来女性，生理与心理方面都向往婚姻生活。然而，由于男女比例失衡、恋爱婚姻的条件不佳、业余文化生活贫乏、加班加点频繁而无序，因此其性需求受到压抑。即使已经组成的家庭，也容易因为以上因素以及工作和居所不稳定，引发家庭暴力、婚外恋和出现第三者等问题。① 另一方面，子女与父母分

① 梁伟、杨风：《人口流动对农村女性带来的负面效应与对策建议》，载《济南大学学报》（社会科学版），2008，18（2）。

离，使孩子享受不到亲情，缺乏父母的关爱，影响父母子女的关系，同时父母也因牵挂孩子而分散工作精力，或因没有尽到父母的责任而感到内疚。结构不完整的家庭无疑会给家庭成员的日常生活、学习、工作和相互照顾等方面带来诸多的不便和特殊的困难。

五、乡村社会流动与社会成员再社会化

社会学所讲的社会化主要是指人的社会化，是指一个人学习社会的文化、增加自己的社会性、由生物人变为社会人的过程。① 社会化是一个不断的学习过程，伴随一个人的终身。一般来说，一个人的社会化包括基本社会化和继续社会化，有可能还会遇到再社会化的问题。对于西北民族地区的村民来说，基本社会化已经完成，他们掌握了基本的生活技能，拥有了基本的谋生手段，习得了基本的社会规范，在日常生活中较为顺利地扮演了社会角色。但是，随着社会生活场景的变化，流动的村民继续社会化，特别是再社会化的问题就非常突出且十分必要。再社会化是由于原来的社会化失败或其基本上已不适用，而重新学习社会的价值和行为规范的社会化过程。② 它是社会个体从原有的生活方式向另一种生活方式的转变、适应和内化的过程。它要求个体放弃原有的行为规范和生活方式，认同一种新的行为规范和生活方式。外出流动的乡村社会成员面对新的社会环境，通过积极的调试，学习城市的生活方式，接触多元文化，形成以业缘为基础的社会群体，接受与以往大相径庭的交往和行为方式。在这一再社会化的过程中，不同的人其过程不尽相同，结果也各异。有的人信仰并追求城市文明，欣赏城里人，有

① 王思斌：《社会学教程》（第二版），北京，北京大学出版社，2005。
② 同①。

的人不信任城里人，怀有戒备心和恐惧感，也有的人甚至对城市生活和城里人充满仇恨，行为失范、越轨。造成这种差异的主要因素包括：个人的社会经历、文化程度、心理素质和性格，家乡社会生活的开放程度，本人所处的职业环境特点，城里人对待农村流动者的态度，城市政府的相关政策等等。①

西北少数民族地区流动的村民积极的再社会化是必要的，也是现实的，但是，在这一过程中表现出来的被动性和社会的漠视，对其构成较大的阻碍，也使其产生心理阴影。在笔者调查的样本中，随着年龄的增长以及外出务工次数的增多，流动人员生活的地域空间也在不断的发生变化。从乡村到城市，从家庭保姆到酒店服务员，从高速公路建设工地到采矿矿井，从变化不定到相对稳定，从对收入不满到收入有所提高，他们在不断地流动、迁徙，不断地审视、选择，其中的酸甜苦辣往往只能独自品尝。在调查中，谈及流动生活，村民们都很担忧，但又无可奈何。

对于从落后的民族地区乡村流出的社会成员进行再社会化，主要应包含以下几方面内容：①生活技能的再社会化，通过再社会化，使他们获得在城市生存的基本生活技能，以保证其具备在城市独立生存的经济基础；②社会规范的再社会化，通过再社会化，使他们学习和接受城市的社会规范，使其行为符合所在地的行为规范；③个性的再社会化，通过再社会化，使他们培养出符合城市社会的观念、兴趣、需要、动机、情操、气质与性格等个性，精神面貌体现城市主流文化的要求。再社会化的三个方面内容是相互联系、依次递进的，最基础的是经济层面，有了生存技能才能获得相应的职业和经济收入；有了经济收入才能参与城市生活，习得社会规范；有了社会参与和交往，才可能达到观念转变、文化认同，获

---

① 白南生、何宇鹏：《回乡，还是进城?》，见李培林主编：《农民工——中国进城农民工的经济社会分析》，北京，社会科学文献出版社，2003。

得心理上的归属感。

一般来说，进城农民再社会化有以下4个主要特点。①进城农民再社会化是社会客观环境与个人主观因素共同作用的结果。社会客观环境一般包括职业性质、工作生活环境、社会交往条件等，个人主观因素包括个人年龄、文化水平、社会参与程度以及个人努力等。②个人的社会化完成状况直接影响着个人的城市化，一般来说，年龄越大的农村人就越难城市化，因为年龄的关系，他们很难改变长期在农村形成的思维方式和生活习惯，较难适应城市生活的规则与节奏等。③个人的文化程度在一定程度上决定着再社会化的速度，文化程度越高的人再社会化的过程越短，速度越快。④参与程度是影响进城农民再社会化的重要因素。如直接与市民工作、生活在一起，其再社会化的过程就较短、较快。

为加快进城农民的再社会化进程，应积极开展相关的配套工作，促进其再社会化的尽快完成。首先，应对进城农民进行文化知识、生产技能、行为规范的培训和教育，逐步形成对进城农民进行教育的机制，比如，开放教育机构、编写专门教材、筹措教育经费、形成教育制度等；对进城农民的教育本身应体现人文关怀，城市社会和市民要放弃对进城农民的偏见和歧视，对他们给予帮助和引导，为他们接受教育提供方便。[1] 其次，应有意识地组织进城农民增加和扩大社会参与的频率、广度和深度。要尽可能让进城农民融入城市社区；在城市社区应建立进城农民自己的组织，及时反映他们的意愿，依法维护他们的权益；组织进城农民参加社区各种活动，创造和提供他们与社区其他居民互动的机会。再次，应充分发挥制度的作用，加强管理。制度是社会、组织对个人的要求。城市的行为规范、角色要求体现在城市的相关制度中，要用严格的制度

① 徐庆国、黄丰：《关于新型农民培训工作的思考》，载《湖南农业大学学报》（社会科学版），2007，8（1）。

指导并规范进城农民的行为，改变他们的思想观念和行为习惯，促进他们加快再社会化的进程。最后，还应加强生产单位的组织文化建设，利用组织文化对进城农民进行再社会化。进城农民大多在劳动密集型行业就业，因利益机制问题，这些企业或生产单位大多都没有开展这项工作。政府应该在这方面有所作为，在相关场所提供电视观看、书报阅览等服务，利用早晨、中午、傍晚时间广播新闻、常识和法规等，定期或不定期地举办寓教于乐的活动。这样做，一方面，使进城农民容易产生归属感与认同感；另一方面，在完成再社会化的过程中，使他们迸发更大的生产热情，从长远看，企业能得到更大的发展。①

乡村社会流动现象的普遍存在，给西北少数民族地区乡村发展带来积极的促进作用。同时，我们更应正视，一方面，由于乡村精英的流出，本就贫困的西北少数民族乡村社区发展的动力再次流失，没有了这些懂技术、有知识、会经营的精英分子，对于当前该地区的社会主义新农村建设会产生直接影响；另一方面，由于西北少数民族群体谋生技能的“比较劣势”，使他们在流入城市时处于城市的边缘，成为城市新的赤贫人群，这对社会稳定和社会治安又提出新的挑战。

当然我们也不可以因噎废食，而应合理引导，促进乡村社会成员有序流动，进而促进乡村发展。中共十七届三中全会通过的《中共中央关于推进农村改革发展若干重大问题的决定》指出：“统筹城乡劳动就业，加快建立城乡统一的人力资源市场，引导农民有序外出就业，鼓励农民就近转移就业，扶持农民工返乡创业。加强农民工权益保护，逐步实现农民工劳动报酬、子女就学、公共卫生、住房租购等与城镇居民享有同等待遇，改善农民工劳动条

① 马雪松：《论农民工社会角色的转变》，载《湖南农业大学学报》(社会科学版)，2007，8（4）。

件，保障生产安全，扩大农民工工伤、医疗、养老保险覆盖面，尽快制定和实施农民工养老保险关系转移接续办法。统筹城乡社会管理，推进户籍制度改革，放宽中小城市落户条件，使在城镇稳定就业和居住的农民有序转变为城镇居民。”抑制西北少数民族地区乡村社会流动的负向后果，发挥其积极功能，核心在于制度创新，改革管理体制，只有这样才能营造出良好的社会流动氛围，形成宽松的乡村社会流动环境，促进乡村社会流动科学、合理地进行。这些年来，我们的流动人口管理工作虽然有所改进，但旧的观念仍占主导地位：重管理、轻服务，堵、卡、驱等限制性手段多于服务性、疏导性举措。例如，有的省份在就业问题采取“先城市、后农村，先本地、后外地，先本省、后外省”的三先政策。从20世纪90年代初开始，上海、北京、武汉等大城市针对外来劳动力相继出台限制性规定，发布了限制、禁止使用外来劳动力的行业和工种目录。从1996年起，北京市劳动局每年发布通告，通告在某些行业内限制使用外来劳动力。这些受到限制的行业和工种，从1996年的15个增加到1997年的34个和1998年的36个，直至2000年的103个，逐年有所增加。事实证明，传统的行政、经济手段已经不能适应形势的需要，因此应转换思想，以人为本，将管理转变为服务，从流动人口的角度出发，制定相应服务措施。政府对此应当下大力气进行整顿，采取职能部门联合执法的活动，创造一个健康、良好的就业环境。

第七章　西北少数民族地区乡村社会流动的合理取向

社会流动是社会结构分化和阶层形成的动态过程，社会学对于社会流动的关注重点是流动的原因和结果。究其原因来说，推拉理论是比较具有解释力的，在这一理论的解释框架中，社会流动是各种推力和拉力作用的结果；就其结果而言，宏观上社会流动直接影响社会结构状况及其变迁，微观上影响一个社会成员的地位获得和所处位置状况。在我国，乡村人口占大多数是基本国情之一，乡村社会流动直接影响到我国社会结构的变迁进程，影响占人口大多数的乡村社会成员在社会结构中的位置变动。一般来说，合理的社会流动是促进社会良性运行的重要协调机制，可以形成开放、动态的分层结构，取代封闭、固定式分层结构，有助于消除人与人之间的不平等；能够拓宽社会各层次之间的接触界面，有助于各层次之间的相互了解和相互联系，加强了社会整合程度；同时能有效激发人的积极性和开拓精神，给社会系统注入活力，从而推动实现高水平的社会良性运行。[①] 合理的社会流动是一种量的合理性和质的合理性的统一，量的合理性即适应社会需要和社会承受力的流动量，使

---

① 郑杭生：《社会学概论新修》，317～319 页，北京，中国人民大学出版社，1994。

社会流动量保持在社会发展需要和社会承受、容纳能力之间的特定阈限内；质的合理性之社会流动所体现的原则要与社会的基本制度相适应，现阶段合理流动的基本原则是机会平等原则。[①] 在当前经济全球化背景下，乡村社会流动属于社会现代化发展进程的一种形式。在西北少数民族地区，合理的乡村社会流动将有力地推进该地区乡村社会发展和民族社会现代化进程，有利于促进开放式分层结构的形成，有助于弥合诸如工农、城乡之间的发展差距，统筹城乡发展，建设“生产发展、生活宽裕、乡风文明、村容整洁、管理民主”为目标的社会主义新农村。

应当看到，当前西北少数民族地区乃至全国的乡村社会流动中存在许多不合理的现象，如流动量的盲目增大与社会的承受力有限的矛盾，流动方向的单一、单边性流动造成流入地和流出地发展的不平衡加剧，对于乡村社会成员来说，社会流动的机会尚不均等，流动也给其带来新的社会问题，其相对剥夺感增强和相对弱势地位的凸现也使社会整合难度加大，高度的不确定性造成其行为选择的“摇摆不定”，甚至产生新的二重社会适应问题。现阶段，我国改革开放已进入关键时期，农民大规模和持续不断的流动是乡村社会的一个突出特点，也是乡村发展和治理所要面对的客观事实。因此，引导乡村社会合理、有序流动是非常必要的，它关乎社会的良性运行和协调发展，关乎和谐社会的构建，也关乎乡村社会成员的正常生活。就西北少数民族地区来看，乡村社会流动的合理取向应该与城乡统筹发展、民族社会现代化和新农村建设有机统一起来，实现后发展的“利弊相权取其利”的优势，推进区域协调发展和社会全面进步。

① 郑杭生：《社会学概论新修》（第三版），247 页，北京，中国人民大学出版社，2002。

一、引导社会流动有序化，推进西北少数民族地区新农村建设

建设社会主义新农村，是党的十六届五中全会提出的重大历史任务，事关全面建设小康社会的顺利实现，事关和谐社会建设的顺利推进，事关现代化建设的全面展开和可持续发展。农民无疑是社会主义新农村建设的主体，但农民，特别是年轻一代农民的超量流出则是新农村建设中不容回避的问题，事关建设主体的数量和质量，因此必须解决好农民的“去”与“留”的问题。

（一）乡村社会流动对西北少数民族地区社会主义新农村建设的正向后果

首先，乡村社会流动为新农村建设所需的新型主体的培养提供了基础路径。任何一项建设，都需要人的参与，没有人参与的建设是不存在的。社会主义新农村建设的主体是亿万农民，没有新型农民，也就没有新农村。长期在发达地区务工、经商的经历，除了使农民赚取了资金，获得了资本的积累外，更主要的是使他们学到了技术，获取了信息，开阔了眼界，增强了发展意识，提高了交往和社会活动能力，有的还学会了经营和管理企业的知识。同时，社会流动也使得农民束缚于传统小农环境下的思想观念得到了解放。外面精彩的世界、发达的经济、文明的环境、浓厚的开放氛围，甚至于市民的言谈举止、生活习惯无不在潜移默化地改变着乡村外出务工者的思想观念，使他们突破了小农意识、山沟意识的羁绊，增强了市场观念、开放观念，甚至于他们的生活观念、生育观念、婚姻家庭观念等都发生了很大改变。他们一旦回到家乡参加经济建设，创办乡村企业或发展种植、养殖业，利用这些积极的经历和信息，

既可吸纳农村剩余劳动力，又可带动其他农民共同致富，在新农村建设中将起到十分重要的促进作用。而且，他们的思想解放、观念较新，较为现代、文明的生活方式对周围村民也会产生潜移默化的影响，推动乡村社会的文明和进步，有助于西北少数民族地区乡村的生产发展和乡风文明。

其次，农村劳动力流动缓解了农村人多地少的矛盾，促进农业向规模化经营发展，提高了农业生产率，有力地促进了新农村建设。西北少数民族地区，乡村经济落后，人口与就业压力大，有限的耕地资源与大量增长的劳动力之间的矛盾是农村发展中最大的问题，也制约着乡村现代化的步伐。大规模劳动力的转移外流使农村劳动力由闲置资源变为财富来源，有效地减轻了流出地人口对耕地的压力。流动加快了土地向种田能手和经营大户的流转与集中，促进了农业规模化经营的发展，改变着劳力多土地少、务农收入过低的状况，也提高了农业生产率。同时，外出务工经商人员还可以积极传递现代农业的技术和信息，促进农工商一体化、产供销一体化经济实体的发展，推动农村经济产业化。

最后，农村劳动力的流动有助于城乡协调发展，推进城镇化建设。我国经济社会发展的显著特征就是城乡经济结构的二元化，典型的二元经济转变为现代经济的核心问题就是农村剩余劳动力向非农产业的转移。我国目前出现的农村大量劳动力转移到工业和第三产业的现象，无疑直接促进了城乡统筹发展，消减了城乡对立。大量的农村劳动力长期非农就业，逐步接受了城市生活方式，享受城市文明，逐步完成由农民到市民的转变，有助于推进城镇化建设进程。

（二）乡村社会流动对西北少数民族地区社会主义新农村建设的负向后果

首先，农村劳动力流动造成新农村建设主力军的缺失。农村剩余劳动力流动与农村人才的流失同时存在。目前转移出去的农村劳动力绝非真正意义上的“剩余”劳动力，而是农业生产主力军，不论是年龄结构还是文化程度都是农村劳动力中的强者，而留守的多为老弱病残幼。高素质农村劳动力的单向流出问题如果得不到及时有效的解决，势必进一步加大农业与非农业、城市与农村的差距。劳动力的大规模流出，致使农业经营被置于“副业”的地位，粗放、抛荒等现象时有发生，浪费了宝贵的土地资源；由于村内“精英”和青年人的大量外流，村级治理和村组发展面临着领导人和管理者后继乏人的新情况，农村的社会事业发展也受到制约，公益事业建设几乎无人问津。

其次，农村劳动力流动在新生代劳动力中滋生了“厌农”思想。尽管国家取消了农业税，但相对于二、三产业而言，农业生产投入大产出小、比较效益较低仍是不争的现实。尤其是目前我国农业生产还大多是以手工耕作为主，农业生产过程中很多工序只能以“肩挑背扛”的重体力劳动来完成，很多青年劳动力根本就看不起农业生产，更不愿意从事这类劳动。有的中青年劳动力尽管背井离乡、远离亲朋，挣钱不多，甚至还要遭遇工资被拖欠、权益受侵犯的痛苦，有的连回家路费也要让家里人寄去，但他还是愿意外出，其主要原因就是打工比干农活轻松。就社会声望来说，即使农民工也比农民要高，就劳动回报率而言，非农劳动远好于农业劳动。凡此理由，使得年轻一代的厌农情绪越来越膨胀，也使得本已紧张的建设新农村的主体更加萎缩。

最后，农村中留守老人和子女的问题较为突出。一是养老面临两难。随着青壮年劳动力的不断外出，农村从事农业生产的主要劳动力为中老年劳动力，甚至不少是属老弱病残等算得上是弱势群体的阶层。而外出务工人员，特别是流出省外的务工人员或许一年只回家一次，甚至几年也不回家，有的会寄钱回家，也有不少人分文未寄。我国农村主要的养老模式仍为传统的家庭养老，青壮年劳动力的外出不仅给老人们留下了繁重的体力劳动，还留下精神上的孤独，特别是本身需要照顾的有病痛的老年人更是如此。而农村养老院容量又特别有限，根本无能力接纳这一部分有子女的老年人，所以造成这一部分老年人的养老面临家庭与社会均无力承担的两难境地。二是子女教育缺陷。劳动力的大量外出使很多家庭将未成年的子女留在家中。根据新华社报道，我国1.2亿农民工常年在城市务工、经商，使得农村产生了2000万的留守儿童。这些孩子由于缺乏父母的关心和疼爱，又由于照顾他们的年迈的祖父母或其他共同生活的亲属精力不足、责任心有限、重养轻教等问题的存在，使得正处于身心成长最重要阶段的留守儿童普遍存在孤僻、自控能力差、自由散漫等心理障碍或缺陷，甚至感觉遭到遗弃，对社会产生逆反心理和仇视态度。这直接导致一些留守儿童出现小偷小摸、打架、沉迷于电子游戏、抽烟、喝酒等不良行为。这些孩子是建设新农村的后备力量，而特殊的社会成长环境、心理的茫然与压抑，将对这一代特殊群体产生负面影响。

（三）合理引导乡村社区社会流动，建设社会主义新农村

新农村建设需要新型的农民主体，农村劳动力流动却如潮涌之势，在“去”和“留”的问题上存在着一定的紧张关系。如何合理引导农村劳动力的流动问题就显得更加重要，一方面要重视农村劳动力的跨区流动、进城务工，为其做好服务，疏通渠道，创造机会；另一方面还要鼓励外流农村劳动力回乡创业，大力发展县域经济和乡镇经济，促进农村富余劳动力就地、就近转移，保障新农村建设对人力资源的需求。①

① 张雪娥：《农村劳动力流动对建设社会主义新农村的影响》，载《经济师》，2007（5）。

1. 利用政策杠杆，搭建创业平台，吸引有流动经历的返乡人员积极投身新农村建设事业

有流动经历的返乡人员是指那些从农村社区流出，在非农行业就业一段时间后，返回乡村社区工作、生活的农民。他们或因社会原因，如金融危机的挤压、工程项目结束等，或因个体原因，如年龄劣势、自己未来生活转向等，返回乡村社区。虽然其身份因未得到社会管理体制的认可发生改变，但其职业意识和地位已发生了改变。对于这一部分乡村社会成员，政府应当给予更多的关注。首先，政府应该充分利用政策杠杆，充分关注这部分职业意识和地位已发生改变的乡村社会成员，发挥他们的示范和带动作用。如通过对政策的适时修改，降低中低端市场的准入门槛，对一些利于经济社会良性发展的创业行为实施政策倾斜、资金扶持、服务配套措施，用切实的政策和行动鼓励有志在农村创业的返乡人员。把着力点放在鼓励和引导外出劳动力回乡创业上，用对待外商的优惠政策来支持回乡创业者，推动农民工的资本和人才回归故里，创办经济实体，大力培育民营企业主和个体工商业主等各类创业者队伍，使更多的务工能人成为企业家，利用他们学到的先进技术、市场观念、竞争意识等，带动家乡农民共同发展地方经济，为本地新农村建设贡献聪明才智。其次，各级政府要在工作中“放下架子，腾出手脚”，与返乡人员主动联系，了解其发展动态，尽己所能，挖掘人力和物力潜力，组合人、财、物优势，形成新的经济发展增长点。在西北少数民族地区，利用这些返乡的“能人”显得尤为重要，因为这一区域许多乡村由于文化传统和风俗习惯具有独特性，使得当地村民外出流动困难较多，加之劳动生活技能的比较劣势，常常在社会流动过程中遇到阻碍。如果因地制宜，把他们就地组织起来，在这些返乡“能人”的带动下，充分利用外出流动获得的经济收入，按照现代企业的筹资方式，组建股份制企业，实现非农就业，就会既减少他们的“社会适应困惑”，又能使“好钢用在刀

刃上”，实现可持续发展，更有利于乡村社会成员实现合理、稳定的社会流动。最后，要积极营造区域内全社会崇尚创新的良好氛围，优化创业环境，搭建基础平台，给有能力、有潜质的返乡人员提供资金支持，增加小额贷款发放力度，建立“奖补”机制，使创业者“有利可图”，社会“有机可乘”；以政府为中心，多部门联合办公，开辟“绿色通道”，简化办事程序，为返乡创业者提供便利服务；加大基础设施建设力度，开辟返乡人员创业园区，提供创业场所和载体，使返乡人员有用武之地。

2. 促进非农产业发展，加快城镇化进程，以发展来挽留新农村建设急需的人力资源

大力发展县域经济和乡镇经济，抓好农村劳动力的就地转移工作，是建设新农村的关键。要引导高素质农民离土不离乡、就地就近转移，实现就地转移与异地转移、向外转移与返乡创业相结合。首先，要加快城市工业化步伐。深入开展招商引资活动，抓紧培植新的工业产业优势，增强对农村劳动力的吸纳能力。西北少数民族地区因区位劣势，发展意识欠缺，原始发展的动力不足，在全国的经济发展体系中处于落后地位，外出务工式的流动是改变经济地位迫不得已的做法。如果能将生产基地引入当地，既可减少流动者的流动成本和盲目性，亦可大大增加地方税收收入。通过调查笔者了解到，甘肃省临夏州引进浙江造锁厂落户临夏县，搭建了资金和劳动力优势互补的平台，推动地方经济发展，较好地解决了农村劳动力就近转移问题，工业利税增加，这种做法值得借鉴和推广。其次，要加快城镇化步伐。把集镇建设与兴办工业园区、繁荣专业特色市场结合起来，提高县域和中心乡镇的产业聚集度，完善集镇功能，吸引劳动力到城镇经商务工、安家落户。在西北少数民族地区可以围绕独特的民族传统文化和地域自然风光搞文化旅游，建设旅游城镇。保存较为完整的民族传统文化既是中华文化的重要组成部分，也是该区域经济社会发展可资利用的重要资源。在经济全球化

浪潮的洗礼下，许多发达地区和城市中文化趋同，特色销蚀，传统民族文化的价值更加凸显，更趋珍贵。通过民族旅游产业的发展，对传统文化进行整理和传承，可起到文化保护的作用，更主要的是利用文化资源优势，促进区域经济社会的发展，带动非农产业，诸如文化产品加工业、餐饮住宿等服务业的发展，实现乡村劳动力的就近非农化转移。在这个过程中，许多少数民族地区乡村社会成员不需要被动适应发达地区的生活方式，从而减少了因“文化震惊”造成的麻烦，地方经济的发展也找到了一条特色之路，且可持续发展下去。最后，要加快农业产业化步伐。通过大力培植农牧产品深加工企业，推进产业化经营，延伸农牧业产业链，形成“农工商、产供销”一条龙整合格局，既能有效实现农牧产品增值，又能够减少直接从事第一产业的劳动力，促进劳动力向农牧业产前、产后转移。农业产业化可以有效实现农村劳动力就地转移，可以克服劳动力异地流动对新农村建设的负面影响，建设新农村的主体有了保证。同时也可以充分发挥回族等少数民族善于经商的优势，避免“产地无效益、流通者无收益”的尴尬。乡村流动者就近非农就业，也使得他们的老人和孩子有人照顾了，“留守”群体自然缩减，“留守”问题自然弱化。

笔者2011年在甘南州合作市调研期间了解到，因当地生态修复的需要，甘南州坚持“保护中开发，开发中保护”，在农牧区实施“退还”工程，2009年起全面开始推出“农牧互补一特四化”战略，① 较好地解决了富余劳动力转移输出与土地流转、农牧业规模经营的问题，以最小的环境代价换取了最大的经济效益，增加了农牧

① 即实施以“牧区繁育、农区育肥、农区种草、牧区补饲”为主要内容的“农牧互补”战略，确定把以牦牛、藏羊为主的高原特色生态畜牧产业培育成全州的战略性主导产业，大力推进专业化布局、产业化经营、标准化生产、技能化培训（即“一特四化”）。

民的收入，值得借鉴。农户通过申请政府补贴、自己出工的方式修建了养殖暖棚，各村还建成了规模化的养殖场，吸纳了一部分剩余劳动力就近就业。为此，政府派出专业技术人员蹲点指导、培训养殖户，仅2009年就投入“农牧互补一特四化”各类资金2.8亿元。以下是笔者调查的合作市那吾乡卡四河村实施“一特四化”项目的情况。

那吾乡卡四河村位于合作市南郊，距市区8公里，属半农半牧村，海拔2100米。全村辖周曲、开斗、门娄、拉代、娄日玛5个自然村，共59户、406人，劳动力292人，耕地面积1700亩，人均占有耕地约4.2亩，可利用草场面积2.7万亩。牲畜存栏2710头，其中牛743头、马54匹、绵羊692只、山羊86只。在外务工的人较多，户均1~2人，多数去内蒙古打工，从事体力劳动。每月平均工资在3000元左右，每年工作5个月。2009年该村人均纯收入2100元。

2010年该村被确定为“一特四化”项目试点村，发展目标为：建设犏雌牛生产基地，使犏雌牛存栏数达到950头以上，淘汰绵羊484只、山羊86只、牦牛44头、猪258头。专业养殖户41户（每户有犏雌牛10头以上），实施农牧民技能化培训90人次，劳务技能培训100人次，种植紫花苜蓿500.3亩，新购奶牛337头，实施专业化布局、产业化经营、标准化生产、技能化培训。该村结合农业综合开发项目实施草场围栏5000亩，新建暖棚59座。

3. 着力做好教育培训工作，提高农村劳动力素质，使其成为新农村建设的合格主体

首先，抓好源头培训。一方面，按照建立公共财政体制的要求，强化中央和省级政府对发展农村义务教育的责任，强力推进九年免费义务教育制度。另一方面，从转变观念和提高技能两个角

度出发，大力发展职业教育。其次，抓好岗前培训。对农村18～40岁的中青年农民进行大规模的岗前培训，以适应市场的实用技能为主要内容，以定向、订单培训为主要途径，以提高转岗就业率为主要目的，因地制宜、因材施教。再次，抓好兼职培训。要坚持互利共赢的原则，整合现有各类教育资源，办好职业技术学校，发展民间职业教育和远程教育，建立多渠道、多层次、多形式的农民技术培训体系和培训网络。最后，还要保证培训经费的足额到位。各级政府要整合农村劳动力培训的经费，改变现在"费出多门"的现状。制定更加务实、有效的培训计划和规划，统一组织，加强监控，对承担培训任务的教育机构要赋权，同时还要追责，切实落实培训效果。摈弃现在一些部门"作秀"的思维恶习，把对农村劳动力的培训做成"民心工程"和"民生工程"。新型的农民既是工业化和城市化建设的后备军，也是新农村建设的高素质主体，必须高度重视对他们的培养，将这项工作当成一件政治任务来完成。

4. 挖掘潜力，优化配置农村现有人才，解决新农村建设人才资源相对不足的问题

鼓励和引导人才向农业、农村流动，必须树立科学的人才观。现有人才是新农村建设一笔宝贵的财富，也是农村经济发展和科技进步的中坚力量。他们实践得出的建设经验，具有可操作、易推广、见效快的特点，一旦开发推广，对于当前社会主义新农村建设具有巨大推动作用。从经济学的投入与产出的成本核算看，在挖掘、培育上多下工夫可以收到事半功倍的效果。

二、统筹城乡发展，促进乡村社区社会流动的合理化

乡村和城市是"城—乡"社区连续体的两极，自新石器时代

的“农业革命”以来，乡村社区便是人类聚落的初始形态。城乡发展差距拉大、地位发生显著性差异还是近代工业革命以后的事。在工业化的推动下，出现了以人口由农村流向城市为显著特征的城市化运动，城市在数量和规模两方面都得到了迅速发展。这一过程中，也逐步形成了城乡二元对立。在我国，城乡二元对立表现在政治、经济、文化、社会建设的各个领域，一度成为一种刚性的社会结构，阻滞了社会成员正常的社会流动。20世纪70年代末、80年代初以来，随着经济体制改革的实施，刚性的社会二元结构受到了自下而上的冲击，社会的流动性增强，流动的影响日益扩大，为统筹城乡发展提供了机遇和条件。

城乡统筹、协调发展是一个国家整体发展大局的必然要求，也是人类社会发展的基本要求。城乡协调发展从根本上说就是不断缩小直到消灭城乡对立的过程。消灭城乡对立即达到城乡融合，并不意味着城市和乡村的具体形态的消灭，其重点是通过城市带动乡村、工业反哺农业，提高乡村的发展能力，逐步缩小城乡发展差别。目前，我国关于城乡统筹融合发展的理论模式主要有三种：优先发展乡村社区的模式、重点发展城市社区的模式和城乡一体化模式。[①] 优先发展乡村社区的理论认为，要缩小城乡差别、消灭城乡对立，应当优先发展落后的乡村，使乡村向城市接近，这种接近即是乡村的发展方向。重点发展城市社区理论的核心思想是重点发展城市，以城市的发展来影响并促进乡村的发展，从而缩小城乡差别。这种理论是顺应世界城市化的大趋势，期望以选择合理的城市化之路来解决城乡发展问题。城乡一体化协调发展的理论是把城乡放在一个系统中加以考虑，全面规划城乡的协调发展，具体讲就是协调好大、中、小城市以及城镇和乡村的发展。就西北少数民族地

① 郑杭生：《社会学概论新修》，366～367页，北京，中国人民大学出版社，1994。

区来讲，城乡协调发展更加迫切，它关系到地区的社会稳定和中国现代化的总体发展进程。选取哪种模式来指导城乡统筹发展并无定论，相反，需要我们因地制宜、灵活处理。

乡村社会成员的社会流动就是一种城乡社会协调发展的重要方式和途径。对于处在社会底层和较低层的农民而言，社会流动为其进入其他社会阶层提供了机会，有利于社会成员各得其所，各尽其才；对于社会结构而言，社会流动使社会资源达到合理配置，结构更趋优化，效率不断提高。尽管当前旧式分工和已有的社会结构对于乡村社会成员的正常社会流动十分不利，但是，他们还是选择离开农业生产，离开家乡，到城市，到异地他乡去寻找工作和生活。这其中一方面是由于农业经济收入过低，迫使农村人口向城市和非农产业转移，这是一种推力；另一方面，城市和非农产业相对较高的收入回报、生活水平，吸引着农村人口向城市和非农产业就业转移，这则是一种拉力。为促进西北少数民族地区乡村社会的合理流动，统筹城乡发展，应该从以下三个方面着手。

（一）尽快推进户籍为核心的二元管理体制改革，消除城乡统筹发展的制度障碍

在我国，二元管理体制是在20世纪50年代开始实施的城乡户籍管理制度的基础上逐步形成的，包括了福利、就业、教育、医疗、劳动保护、社会保障、养老等方面对城市居民和农民的不同管理政策。城乡统筹发展意味着包括城乡所有劳动力的自由流动。按照20世纪50年代严格的户籍管理制度规定，当时全国每年只允许1.5‰的持有农业户口的人转为非农业户口（即城市户口），其中包括考上大学的农村青年和一些因工作上有成绩而被提升进城的干

部家庭成员等，对于一般农民来说是绝无可能进入城市的。① 严格的户籍制度形成了我国城市和乡村相互分割的二元社会结构，“城乡分治、一国两策”的局面是最基本的社会分层。城乡分割的二元管理体制将农民牢牢地束缚在土地上，使他们没有流动的自由，这就将中国最大一部分人的劳动生产、社会活动积极性束缚住了，这显然不利于我国的经济发展，不利于社会现代化和社会进步。20世纪80年代以后，这种严格的户籍制度在一浪高过一浪的“民工潮”的冲击下有所松动，起初是允许农民进城开店设坊，兴办一些为城市居民所需的服务业，可以“离土不离乡”地离开农业生产而进行非农就业。但是，一旦放开，就很难控制了，长期的高压控制政策积蓄了太多流动的力量，截止到2008年，进城务工经商的农民工总数甚至达到了1.5亿之多，其规模之庞大确实惊人。② 以2003年6月29日国务院废止《城市流浪乞讨人员收容遣送办法》为标志，对于农村人口的城市化，国家采取了更为积极的政策，逐步推进户籍制度改革。可以看到，在我国，户籍制度为核心的二元管理体制是影响我国乡村社会流动合理进行的重要因素，它的每一步改革既是社会流动冲击的结果，也直接关系到社会流动的正常进行。二元管理体制的改革将城乡居民的身份平等和统筹发展作为改革的最终目标，有助于乡村社会成员身份地位和职业地位的同步转化，使得社会成员在社会分层结构中的地位与其实际社会地位更加相符。

---

① 李强：《改革开放以来中国社会分层结构的变迁》，见李强主编《中国社会变迁30年》，11页，北京，社会科学文献出版社，2008。

② 同①，18页。

(二)推进农村工业化，提高区域社会发展能力，吸纳农业剩余劳动力

黄宗智将过剩的劳动力保留在农业内部的现象称为“过密化”，也就是说，在较小的农业耕地上投入了相对较多的劳动力，从而出现劳动力边际效益的下降，甚至出现边际效益为零。要解决农业“过密化”或人地矛盾，就需要有其他产业来消化已经过剩的农业劳动力，而乡村工业就是增加农村就业的有效途径。农村工业的发展开始于20世纪70年代末的农村社队企业，在土地承包到户以后，农业剩余劳动力问题因农民的生产积极性提高而更加突出，也有力地促进了农村工业化的迅速发展。1998年，乡镇企业的职工总数已经达到9000多万人，乡镇企业成为农民就业的新的重要渠道。①

乡镇企业的发展为农民实现社会流动提供了条件和途径，增加了农民的就业，提高了农民的收入，也改变了农村的格局，农村不再仅仅开展农业生产，也可以发展工业。与东南沿海地区相比，西北少数民族地区乡村工业的发展无论从规模还是效益都相对较差，但其所起的作用却是重要的。“无工不富、无农不稳、无商不活”的说法比较形象地概括了“三产”各自的重要作用，要迅速增加农民收入，解决农村劳动力的就业问题，只有依靠发展乡镇企业。就目前甘肃乡镇企业发展状况来看，存在一些亟待解决的问题。①企业数量不足。2003年，甘肃有乡镇企业259235个，仅占全国乡镇企业总数（2185万个）的1.19%，就业人数184.6万人，仅占全国乡镇企业就业职工总数（13573万人）的1.36%。②企业规模小。2003

① 王晓毅：《农村改革与农村社会变迁》，见李强主编：《中国社会变迁30年》，65页，北京，社会科学文献出版社，2008。

年，平均每个乡镇企业就业人员 7 人，平均固定资产原值 10.24 万元，低于全国乡镇企业在 1998 年的平均规模和水平（平均固定资产原值 10.76 万元）。③企业营业收入少。甘肃乡镇企业中年营业收入小于 500 万元以下的企业达到 99.62%，其营业收入占全省乡镇企业总营业收入的 80.79%，而年营业收入达到和超过 500 万元的企业个数却只占到 0.38%，其营业收入占全省的比例仅为 19.21%。④企业技术层次低。甘肃 60% 以上的乡镇企业集中于交通运输、批发零售以及餐饮与住宿业，乡镇工业企业主要以采掘业、建材加工、原材料加工和简单食品加工为主，技术层次低，产业链条短，产品档次低且趋同性强，致使乡镇企业市场竞争力较弱，经济效益低下，吸纳劳动力的能力较弱。⑤存在政企不分、产权不明晰等体制、制度缺陷。相当一部分乡镇企业属集体所有，对乡、村各级政府有着较强的依附关系，乡镇政府干预企业经营管理的现象普遍存在，有的甚至由乡镇干部兼任企业法人代表直接参与企业的经营管理。⑥从业人员素质不高。2003 年，在乡镇企业从业人员中，大专及以上文化程度的人员占 1.46%，中专及技校文化程度的人员占 2.22%。

加大乡镇企业的改革力度已势在必行，笔者认为，促进农村企业发展首先要明晰产权，从一些省区的实践经验看，对小规模的乡镇企业实行股份合作制是目前这一阶段一种可行的办法。其次要加大对乡镇企业的支持力度，包括资金支持和政策倾斜，帮助中小企业完成技术改造，提高生产和产品的科技含量，增强其市场竞争力。再次，加强人才的培养、引进和开发工作，从就业的源头做好培训转移，提高就业群体的整体素质，重视引进管理和技术人才，给予一定的优厚待遇，引进人才，留住人才。最后，规划和建立城镇工业小区，促进乡镇企业聚集。甘肃乡镇企业经营规模偏小，有其自身的经营能力问题，也有布局过于分散的问题。因此，应当在科学规划的基础上，建立城镇工业区，实现乡镇企业向城镇的聚集发展，获取聚集经济的好处，扩大企业经营规模，同时也可为企业集中解决污染治理问题带来便利。

乡镇企业是目前农村工业化的重要内容，着力提高乡镇企业的生产能力和竞争力，才能不断提高其吸纳农村剩余劳动力，实现农村劳动力非农就业的能力。通过组建更多、更好的乡镇企业，实现农村劳动力的就近转移，一方面可以降低劳动力流动的成本，另一方面也能增强地方经济实力，提高发展能力，既遏制了因“孔雀东南飞”造成的日益严重的人才流失现象，又可以吸引更多的人力资源流入，形成经济发展的良性循环。

（三）加大城市反哺农村、工业反哺农业的力度，缩小城乡差距

城乡发展差距是长期发展累积的结果，到 20 世纪 90 年代，这种差距的全面化导致了“三农问题”的凸显，以至于到了中国的改革要再进一步就必须解决“三农问题”的地步。从 2004 年开始，中央连续发了五个涉及“三农问题”的一号文件，开始重视三农问题。如果说 1982 年开始的农村改革主旨在于肯定农民的创造性，为农民开放更多的空间，2000 年以后的农村改革则更多地强调中央政府在农村发展中应承担的责任。[①] 第二次农村改革是从减轻农民负担开始的，2006 年，农村改革进一步发展，最终取消了农业税，这一变化标志着农业在我国国民经济中的地位发生了变化，由向国家提供税收变成了需要国家补贴，进入了工业反哺农业、城市反哺农村的时期。自 2003 年开始，国家陆续实施了粮食直补、良种补贴、农机补贴等农业补贴政策，对稳定和提高农业生产起到了直接的支持作用。2003—2007 年的 5 年间，中央的农业补贴达到了 1.6 万

---

① 王晓毅：《农村改革与农村社会变迁》，见李强主编：《中国社会变迁 30 年》，74 页，北京，社会科学文献出版社，2008。

亿元。[1] 与此同时，对农村义务教育实施“免补政策”，在卫生方面推行了新型合作医疗制度。这些政策的实施旨在缩小城乡差距，提高乡村居民的生活水平。乡村是大量劳动力的生产地，乡村居民的生活质量和生活水平决定着这些劳动力的素质，缩小城乡差距，提高农村的发展程度，才能推进劳动力素质提高的进程。

三、创新社会管理、构建乡村合理社会流动的保障体系

（一）调整社会管理思路，将乡村社会流动纳入常态管理体系

社会管理是指以维系社会秩序为核心，通过政府主导、多方参与，规范社会行为、协调社会关系、促进社会认同、秉持社会公正、解决社会问题、化解社会矛盾、维持社会治安、应对社会风险，为人类社会生存和发展创造既有秩序又有活力的基础运行条件和社会环境、促进社会和谐的活动。[2] 它是社会建设的重要组成部分，是实现和维持社会秩序的重要手段。改革开放，特别是党的十六大以来，新的形势和任务对社会管理提出了新的要求。2004 年党的十六届四中全会以来，我国已经明确了社会管理的总体格局，这就是“党委领导、政府负责、社会协同、公众参与”。党的十六届六中全会进一步指出：“加强社会管理，维护社会稳定，是构建社会主义和谐社会的必然要求”。

大规模的乡村社会流动，给流入地和流出地的社会管理带来了

① 见温家宝在十一届全国人大一次会议上所作的政府工作报告。

② 马凯：《努力加强和创新社会管理》，载《国家行政学院学报》，2010（5）。

新的冲击。对乡村社会流动的管理，笔者认为，以2002年作为分水岭[①]，前期为消极管理时期[②]，或称负向的社会建设时期[③]；后一时期为积极管理时期[④]，或称正向的社会建设时期[⑤]。2002年之前对乡村社会流动者的管理主要采取防范、管控的手段，目的在于维持现状，表现为根据新产生的社会矛盾、社会问题和社会风险，被动应付处理，一味控制，掩盖问题，缺乏化解问题的长远思考，无法形成管理的长效机制。2002年，特别是自党的十六大以来，党和国家的许多重要会议都对农民的社会流动问题进行了专门研究，制定了较为切实有效的政策和措施，逐步形成了促进农村社会流动的基本思路，即按照“公平对待，合理引导，加强管理，完善服务”的方针，以及“户口管理为基础，治安管理为重点，劳动管理为辅助，其他管理为配套”的原则，在各级党委统一领导下，实行“政府牵头，公安为主，各方参与，统一管理”的模式，由被动控制型管理向主动服务型管理转变，有效地保障了农村社会流动的合理、有序进行。

基于西北少数民族地区乡村社会流动的特点和产生的突出后果，在创新社会管理方面，笔者有以下几点思考。

1. 应调整思路，因势利导，正视乡村社会流动的客观事实，将乡村社会流动纳入常态管理体系

流出地要做好输出前的教育、引导和培训工作，增加投入，提

---

① 何增科认为，2002年党的十六大后为现代社会管理体制自觉构建阶段。参见何增科：《我国社会管理体制的现状分析》，载《甘肃行政学院学报》，2009（4）。

② 孙立平：《走向积极的社会管理》，载《社会学研究》，2011（4）。

③ 郑杭生：《社会建设与社会管理研究，与中国社会学使命》，载《社会学研究》，2011（4）。

④ 同③。

⑤ 同③。

高有组织的劳务输转比例；流入地的各级管理部门应该将外来务工者的管理与市民的管理一视同仁，维护社会的基本公正，消除歧视，摈弃偏见，与流出地政府的管理积极对接，实现管理无缝隙、无时差、全覆盖。温家宝总理曾经说过两句话：公平正义比太阳还要有光辉，让正义成为社会主义制度的首要价值。乡村社会流动者对于公平正义都有其刻骨铭心的经历和理解，只有实现公平正义，才能使其心态平和、秩序意识常在。

2. 多渠道、多形式开展服务

“管理就是服务”的理念从某种角度揭示了管理的基本要求，只有服务到位，才能谈得上好的管理效果。乡村社会流动者是流出地和流入地经济社会发展的一支重要力量，这种客观事实“倒逼”着各级管理部门为其提供更为优质的服务，包括提供及时、可靠的用工信息、成立务工者权益保护协会、开辟劳务市场、搭建创业平台等，使乡村社会流动者能够“进出自如”、“才有所有”以及“劳有所酬”，时刻有一份坦然处置的心态，自觉建立新的身份归属，融入或城或乡的社会。

3. 在管理实践中，应突出多元参与、协商统一的运行机制

长期以来，我国的许多管理部门形成一种管理的单边主义心理，即以管理部门或其指定的规定为主，忽视管理相对方的意见和感受，强行管理，造成许多不必要的冲突。社会流动频繁的时代，人们互动频率增加，行为和态度多变，也增加了管理的变数，达成一种共识，实现有效的管理难度不比以前。利用多元参与，在一个开放的空间中，充分协商，方可使管理效果趋优。在流出地，利用外出务工者返乡之际，展开调研，了解其外出时的顾虑、面临的主要困难、需要提供的帮助，形成管理的新思路、新措施；在流入地，管理者要经常深入到外来人员中，把握他们在工作、生活中存在的实际困难，对症下药，理清管理头绪，必要时就某些问题请他们参加听证会。多元参与和协商统一的机制对于管理效果的改进，

主要是照顾了多方利益。“天下熙熙皆为利来，天下攘攘皆为利往”，只有照顾了各方利益形成的管理才能实现好的效果。

（二）积极开展社会工作，帮助特殊群体

社会工作是指社会（政府和群众团体）以物质、精神和服务等方式对由于外部、自身和结构性原因不能依靠自己的力量进入正常的社会生活的个人与群体提供帮助，使其恢复社会生活能力，改善社会互动关系，提高社会生活质量，从而促进社会的良性运行和协调发展。[①] 国内外的社会工作者以其专业的工作方法，为弱势群体提供帮助和服务，有效地解决了各种社区危机，得到了社会的认可，成为社会建设的一支重要力量。我国的社会工作体系建设在2006年十六届六中全会后才正式起步，存在着专业化、职业化、社会化水平不高等突出问题。政府和社会对此应给予更多的关注和投入，通过开展卓有成效的社会工作推动社区管理的良性发展，从而有助于构建和谐的乡村社区关系。利用社会工作的方法化解西北民族地区乡村社区社会流动造成的特殊群体问题，是切实可行且必要的。

(1）社会工作者要专门学习民族知识，通晓少数民族语言，应用专业的方法，为特殊群体提供生活帮助，慰藉情感，开展服务。政府应该通过设岗、招考高校社会工作专业的毕业生，经过培训后上岗工作，提供专业化的社会工作服务。也可选派基层工作者专门进修社会工作知识和技能，提高其服务水平。

(2）针对乡村社会流动造成的特殊群体，量身定做一些社区服务项目，如助老为老项目、支教辅导项目、社区文化活动项目、

① 郑杭生:《社会学概论新修》（第三版），446页，北京，中国人民大学出版社，2002。

节假日心连心活动项目等，争取一些社会组织、民间非盈利性组织的力量来参与，让特殊群体能够感受到来自社会的关心和关注，体会社会的温暖。

(3) 对外来务工经商人员等社会流动群体，也应纳入其工作地社会工作的对象范畴。当人们物质需求得到满足的时候，精神需求就会凸现出来。所以，这种社会工作应该将重点确定为提供精神产品和服务，平衡社会流动者的需求，用高雅的文化、先进的思想和多样的精神享受方式引导社会流动者建构新的精神生活，坚定建设和谐社会的理想和信念，达到社会生态和谐的目的。例如，在施工工地放映电影，开联欢会，组织假日文体活动等，并使之制度化，长期坚持下去。利用大学生志愿组织、民间演出团体和社会热心人士的力量，在互动中相互沟通交流，增进感情，拉近外来者与生活地居民的距离。

（三）按照“广覆盖、保基本、多层次、可持续”的方针，积极推进城乡社会保障制度建设

社会保障制度是市场经济发展的稳定器和安全网，也是社会流动后果，特别是负向后果的有力化解机制。由于社会保障体系不健全、制度建设滞后，很多外出务工者在年富力强时拼搏在建设工地，为社会建设“拼命”做贡献，一旦自己年老力衰时，享受不到来自社会的关爱和扶助，生活每况愈下，特别是一些身体受到意外伤害的外出务工者，生活会遇到极大的麻烦。2008 年，笔者在甘肃省甘南藏族自治州卓尼县柳林镇草岔沟村做田野调查时，一位村民的经历发人深思。

李 SX，男，42 岁，汉族。一家 4 口人，有一儿一女。1993 年，经人介绍，他到兰州市火车西站货车场搬运货物。

期间收入很不错，1997年初，他利用务工收入盖起了一院砖房。新房盖起来，因为缺进一步装修的钱，他便返回货运场继续务工挣钱。不幸的是，在一次装卸事故中他的双腿被严重砸伤，手术后左腿高位截肢，右腿从膝盖处截肢，完全丧失了劳动能力。由于缺乏维权意识和经验，包工头为其一次性支付了11万元医药费及伤残补助就了结了此事，他只能回到家里。受伤时他正值30岁，是一个人体力和精力正盛之时，因为受伤，他的生活状况急转直下。现在在家里什么活也做不了，他也尝试做点什么，因为下肢无力，难以支持，每日只能与双拐和轮椅为伴，看着家里的窘境着急无奈。无奈之下，妻子外出到工地上务工养活家庭。2007年，最小的女儿被迫辍学去南方打工，一年都没有回家。妻子在外打工，由于过度疲劳和精神上的压力，生了病，家里没钱，只能靠吃止痛片来缓解疼痛。上一年去医院检查，医生说必须做手术，否则后果会非常严重的，2000元的手术费他当然负担不起，就放弃了做手术的机会。家里现在承包了8亩地，全家的轻活、重活全都落在了他妻子的身上，他的老父亲现在还一直帮他们犁地，否则妻子就更加承受不了。以前他修过鞋，但因腿部根本用不上力，无法做下去。也试着在村里开过小卖部，别人要么不愿意到他这里买，来的人大都是赊帐，实在维持不下去了，他就把小卖部关掉了。无奈之下，他就去青海乞讨，给家里拿回来4000多元，这是他致残后给家里“挣”的唯一的一笔钱。儿子坚持念完高中，2008年考上了合作师专。面对沉重的家庭负担，他显得特别无助。谈到女儿，一股不忍之情刹然涌出，令人伤感不已。当年的新房如今已变成了旧房，依然没有再装修，这一家人的生活蒙上了厚重的阴影。

上述个案中李SX家发生的事情在外出务工者群体中并不少

见，由于生活技能的比较劣势，他们所从事的“3D”行业是伤病高危行业，许多西北少数民族地区的乡村社会流动者身上都留下了或轻或重的病痛，有的甚至付出了生命的代价。对他们而言，社会保障只属于城里人，似乎与己无关，也不可能享受到。即使有点关系，也是如李SX所言，“过年的时候给发一袋面”安抚一下。他的假肢十多年了没有更换过一次，轮椅破旧得几乎无法行走，他也只能忍受。

目前在广大农村中大力推进的新型农村合作医疗制度是社会保障体系的重要组成部分，2003年起开始试点，2010年全面推行，深受广大村民的欢迎和支持。但是，就这一制度的实施来看，区域差异非常大，经济条件较好的地区，政府补助力度很大，可以做到就医者费用均由政府负担（如陕西省神木县），但对西北少数民族地区的农村而言，贫困面很大，财政吃紧，保障力度自然有限。如何进一步推进城乡社会保障制度建设，达到“广覆盖、保基本、多层次、可持续”的制度设计初衷，值得深思。

（1）坚持农村新型合作医疗制度（简称新农合），不断完善制度的运行机制。按照制度设计，“新农合”是由政府组织、引导、支持，农民自愿参加，采取个人缴费、集体扶持和政府资助的方式筹集资金，以大病统筹为主的农民医疗互助共济制度。对于西北少数民族地区，国家在财政补助上要进一步加大力度，同时还要引导农民个人积极缴费，在健康的时候为自己储蓄抵御医疗风险的资本。更重要的是监督用工单位及时、足额地为每一位员工缴纳医疗保险，杜绝逃避缴纳的现象出现，规范用工市场，保障务工者的合法权益。对于有不良记录的单位加大处罚力度，甚至取消其生产资格，清退出市场。在当前用工市场混乱、偷逃行为较盛的时期“矫枉才能过正”。

（2）统筹城乡，建立“共享、均等”的新型社会保障体系。社会保障体系是公共产品，属于社会公共的基础设施，必须由政府来投入建设。在建设的过程中，要打破“二元体制”壁垒，摈弃“城乡分治”思维，建立为全体公民共享的、均等化的保障体系。当然，在现阶段二元体制的影响依然没有消退的时候，“城市反哺农村、工业支持农业”也是平抑城乡差距长期累积效应的现实要求，城市居民和工业从业者应当接受并自觉服从这一大局。可以组织相关听证会，让广大受保障者参与决策，知悉内情。对于社会保障基金做到民主管理、民主监督，使用过程公开透明。各级政府要想方设法增加投入，增强社会保障的力度，促进民生水平的提高。

（3）就社会保障的体系构建来看，应逐步完善和优化社会保障的内容和结构，使城乡社会成员“幼有所长、壮有所用、老有所养、病有所医、鳏寡孤独废疾者有所养”。

中国社会保障体系的宏观结构应由社会保险、社会救助、社会福利、军人保障、医疗保障及其他保障等六个既相互协调又自成体系的子系统构成，其中社会救助是基础，社会保险是重点，社会福利是未来发展的主要方面。[①] 当前，西北少数民族地区基本社会保障体系构建的重点在于尽快建立和完善社会保险和社会救助体系。社会保险体系应包括养老保险、工伤保险、失业保险、医疗保险、生育保险等内容。社会救助体系包括灾害救助，有生活救助、医疗救助、以工代赈、救灾保险等方面；贫困救助，有定期救助、临时救助、其他救助等方面；扶贫计划，有国家扶贫、地方扶贫、部门或企业扶贫、社区扶贫等方面；失业救助，有失业救助金、失业医疗救助等方面；特殊救助，有孤老救助、孤儿救助、残疾人救助、其他救助等方面。当然，随着社会经济的发展和社会保险制度的普遍建立，社会福利将成为今后更高水平社会保障体系中的主体内容。

---

① 郑功成：《中国社会保障体系的发展与框架设计》，载《武汉大学学报》（哲学社会科学版），1996（1）。

基本的社会保障体系构建起来后，不管是城市居民，还是农村居民，不管是社会流动者，还是乡村驻守者，都能够共享均等化的保障服务，从而解决社会成员的诸多后顾之忧，也为社会发展铺设一张“安全网”，为社会成员聚精会神投身社会建设、实现自我价值奠定基础条件，为社会和谐发展构筑基础保障。

总体而言，从制度和政策层面的改革来看，目前正在形成一种有利于农村劳动力自由流动的局面，其中最重要的是改变城乡分割的二元体制，另外，政府还通过为农民工设定最低工资标准、完善社会福利制度，使农村劳动力在流出地享受和城市工人一样的权利。只有人的自由流动问题得到了解决，统筹城乡发展才有基础和可能，也只有实现了城乡统筹发展，社会成员的自由、合理、稳定的流动才能真正实现。

参考文献

一、著作类

[1] 马克思恩格斯全集（第2卷）. 北京：人民出版社，1972
[2] 列宁选集（第4卷）. 北京：人民出版社，1995
[3] 安东尼·吉登斯. 社会学（第四版）. 赵旭东，等译. 北京：北京大学出版社，2003
[4] C. 恩伯，M. 恩伯. 文化的变异. 杜彬彬，译. 沈阳：辽宁人民出版社，1998
[5] D. M. 赫尔. 人口社会学. 昆明：云南人民出版社，1989
[6] 刘易斯·科塞. 社会学思想名家. 石人，译. 北京：社会科学出版社，1990
[7] 罗伯特·A. 达尔. 现代政治分析. 上海：上海译文出版社，1987
[8] 马克斯·韦伯. 经济与社会（上）. 林荣远，译. 北京：商务印书馆，1997
[9] 帕克等. 农村社会学. 北京：华夏出版社，1987
[10] 塞缪尔·P. 亨廷顿，琼·M. 纳尔逊. 难以抉择——发展中国家的政治参与. 北京：华夏出版社，1988

[11] 英克尔斯．人的现代化．成都：四川人民出版社，1985
[12] 莫里斯·迪韦尔热．政治社会学．杨祖功，王大东，译．北京：华夏出版社，1987
[13] 丹尼斯·朗．权力论．陆震伦，郑明哲，译．北京：中国社会科学出版社，2003
[14] 西摩·马丁·李普塞特．政治人——政治的社会基础．张绍宗，译．上海：上海人民出版社，1997
[15] 乔纳森·特纳．社会学理论的结构（下）．邱泽奇，等译．北京：华夏出版社，2001
[16] 林南：社会资本——关于社会结构和行动的理论．张磊，译．上海：世界出版集团 上海人民出版社，2005
[17] 戴维·波谱诺．社会学（第十版）．李强，等译．北京：中国人民大学出版社，1999
[18] 费孝通．费孝通选集．天津：天津人民出版社，1988
[19] 费孝通．江村经济——中国农民的生活．北京：商务印书馆，2001
[20] 费孝通．美国与美国人．北京：生活·读书·新知三联书店，1985
[21] 费孝通．生育制度．天津：天津人民出版社，1981
[22] 费孝通．乡土中国·生育制度．北京：北京大学出版社，1998
[23] 林耀华，金翼．北京：生活·读书·新知三联书店，2000
[24] 林耀华．民族学通论．北京：中央民族大学出版社，1997
[25] 宋蜀华，陈克进．中国民族概论．北京：中国民族大学出版社，2001
[26] 黄宗智．长江三角洲小农家庭与乡村发展．北京：中华书局，1992
[27] 陆学艺．当代中国社会流动．北京：社会科学文献出版

社，2004
[28] 陆学艺．社会学．北京：知识出版社，1996
[29] 赵树凯．纵横城乡——农村流动的观察与研究．北京：中国农业出版社，1998
[30] 郑杭生．民族社会学概论．北京：中国人民大学出版社，2005
[31] 郑杭生．社会学概论新修．北京：中国人民大学出版社，1994
[32] 郑杭生．社会学概论新修（第三版）．北京：中国人民大学出版社，1998
[33] 蔡昉．中国流动人口问题．郑州：河南人民出版社，2000
[34] 李培林．农民工——中国进城农民工的经济社会分析．北京：社会科学文献出版社，2003
[35] 李培林．农民工与中国社会分层析．北京：社会科学文献出版社，2004
[36] 景天魁．社会公正的理论与政策．北京：社会科学文献出版社，2004
[37] 程贵铭．农村社会学．北京：中国农业大学出版社，1998
[38] 袁亚愚．新修乡村社会学．成都：四川大学出版社，1998
[39] 李守经．农村社会学．北京：高等教育出版社，2000
[40] 贾春增．外国社会学史（修订本）．北京：中国人民大学出版社，2000
[41] 王浦劬．政治学基础．北京：北京大学出版社，2005
[42] 王思斌．社会学教程（第二版）．北京：北京大学出版社，2005
[43] 王松，王邦佐．政治学．北京：高等教育出版社，1991
[44] 杨建新．中国少数民族通论．北京：民族出版社，2005
[45] 李路路，孙志祥．透视不平等——国外社会阶层理论．北

京：社会科学文献出版社，2002
[46] 吴毅．村治变迁中的权威与秩序．北京：中国社会科学出版社，2002
[47] 李春玲．中国城镇社会流动．北京：社会科学文献出版社，1997
[48] 毛寿龙．政治社会学．北京：中国社会科学出版社，2001
[49] 司马云杰．文化社会学．北京：社会科学文献出版社，2001
[50] 孙秋云．文化人类学教程．北京：民族出版社，2004
[51] 王春光．中国农村社会变迁．昆明：云南人民出版社，1996
[52] 王宗礼，刘建兰，贾应生．中国西北农牧民政治行为研究．兰州：甘肃人民出版社，1995
[53] 王宗礼，谈振好，刘建兰．中国西北民族地区政治稳定研究．兰州：甘肃人民出版社，1998
[54] 徐勇，徐增阳．流动中的乡村治理．北京：中国社会科学出版社，2003
[55] 李育红．西北少数民族地区社会结构转型研究．北京：民族出版社，2008
[56] 骆桂花．甘青宁回族女性传统社会文化变迁研究．北京：民族出版社，2007
[57] 彭拥军．高等教育与农村社会流动．北京：中国人民大学出版社，2007
[58] 杨文炯．互动 调试与重构——西北城市回族社区及其文化变迁研究．北京：民族出版社，2007
[59] 赵利生．民族社会学．北京：民族出版社，2003
[60] 刘敏．山村社会——西北黄土高原山村社会发展动力研究．兰州：甘肃人民出版社，2000
[61] 把多勋，平惠敏．制度变迁与东西部农村发展比较研究．兰州：甘肃人民出版社，2002

[62] 李强．中国社会变迁30年．北京：社会科学文献出版社，2008

二、论文类

[1]“边缘村”课题组．“边缘村”：农民的流动与分化——对合肥市郊杏花乡李洼村的个案研究．安徽大学学报（哲学社会科学版），2003（27）
[2] 胡必亮．“关系”与农村人口流动．农业经济问题，2004（11）
[3] 牛国友．“剪刀差”与我国农业发展政策取向．北方论丛，1998（1）
[4] 刘传江，徐建玲．“民工潮”与“民工荒”——农民工劳动供给行为视角的经济学分析．财经问题研究，2006（5）
[5] 蒋连华．城市少数民族流动人口聚居区的形成及应对原则．社会科学，2006（9）
[6] 池子华，王晚英．20世纪中国农村人口流动研究概述．中国农史，2005（3）
[7] 李一．城市化背景下的社会流动及其社区化管理．中共济南市委党校、济南市行政学院、济南市社会主义学院学报，2000（4）
[8] 肖艳红．城市化与农村流动人口犯罪问题原因分析．甘肃理论学刊，2003（3）
[9] 董淑湛，赵连亭．城市流动人口国民待遇与社会公正问题．现代社区，2005（1）
[10] 孙玉娟，潘文华．城市农民工社会排斥透视及对自我认同的影响和重构．农业现代化研究，2008（29）
[11] 唐贵忠．城市外来人口犯罪根源及治理对策．西北人口，1999（1）

[12] 宋林飞．城市移民的文化矛盾与社会安全．江苏社会科学，2005（5）
[13] 张利萍．城乡劳动力双向流动研究．太原理工大学学报（社会科学版），2005（23）
[14] 王彦．创建流动人口社保制度　共同构建和谐社会．社会科学论坛，2008（1）
[15] 项继权．从“社队”到“社区”：我国农村基层组织与管理体制的三次变革．理论学刊，2007（11）
[16] 吴海燕，杨守建．从性压抑问题看当前我国农村青年壮年人口流动．中国青年研究，2005（3）
[17] 水镜君．从回汉“社亲”关系看和谐文化的民间创造．民族研究，2007（1）
[18] 文军．从季节性流动到劳动力移民城市农民工群体的分化及其系统构成．探索与争鸣，2006（1）
[19] 潘鸿雁，赵利生．从劳动力培训与外出的动员看国家与农民的互动关系——以新疆柯坪县为例．西北人口，2008（1）
[20] 柯健．从劳务输出视角探索解决农民工社会保障问题．四川省情，2007（10）
[21] 赵凤．从性别角度看农村劳动力非农转移．西北人口，2007（4）
[22] 卢福营．村民自治的发展走向．政治学研究，2008（1）
[23] 刘金海．村民自治研究文献的统计分析——以1989—2006年CNKI篇名含“村民自治”的文献为分析对象．政治学研究，2008（1）
[24] 刘洪银．当代城乡劳动力流动与配置的统计分析．西北人口，2007（6）
[25] 王中人．当代中国城乡人口流动与农村村民自治问题研究．中共成都市委党校学报，2002（3）
[26] 谢志平．当代中国农村人口流动：村民自治制度发展的新变量．

内蒙古社会科学（汉文版），2003（6）
[27] 谢志平，李慧萍．当代中国农村人口流动对选举制度的影响．东北财经大学学报，2003（5）
[28] 上官绪红．当前河南省农村剩余劳动力流动的问题及对策．决策参考，2004
[29] 王冠中，袁红．当前农村外出劳动力回流的原因探析与政策建议．天府新论，2003（4）
[30] 李鸿，吕文敏．当前中国农村社会分层的现状、问题及调整．吉林省教育学学报，2008（1）
[31] 马天龙．东乡族农村劳动力转移特点及其思考．西北民族大学学报（哲学社会科学版），2004（1）
[32] 栗志强．都市村庄流动人口社区认同状况及成因分析．郑州轻工业学院学报，2006（2）
[33] 刘芳．对当前农村剩余劳动力流动问题的思考——以江浙农村为中心的调研．中南民族大学学报（人文社会科学版），2005（25）
[34] 刘芳．对江浙农村剩余劳动力流动问题的思考．社会，2004（7）
[35] 刘宝斌，彭万达．对我国人口流动的再思考．西北人口，1999（3）
[36] 成艾华．恩施州流动人口分析．安徽农业科学，2005（33）
[37] 孙成祐．反思农村劳动力流动．农村工作通讯，2007（7）
[38] 吴月．转型期农村流动人口政治参与的困境论析．齐齐哈尔师范高等专科学校学报，2007（5）
[39] 马东平．甘肃民族社会分层现状分析．甘肃社会科学，2007（5）
[40] 郭爱君，范巧．甘肃省农村剩余劳动力供给形势分析．西北人口，2008（3）
[41] 韩剑萍，李秀萍．甘肃乡镇企业发展的现状、问题分析与对策选择．甘肃省经济管理干部学院学报，2007（1）
[42] 盛来运．中国农村劳动力外出的影响因素分析．调研世界，

2007 (9)
[43] 刘助仁．工农产品价格剪刀差问题研究综述．价格理论与实践，1997（4）
[44] 罗玉达．中国农村人口流动的走向及其对社会发展的影响．贵州大学学报，2000（5）
[45] 茹克娅，曹李海．构建和谐社会下我国流动人口的社会保障问题．新疆财经，2008（1）
[46] 安新固，吴金腾．关于当前农村人口流动的调查和思考．决策咨询通讯，2008（1）
[47] 高君智．关于甘南藏区富余劳动力转移问题的思考．甘肃高师学报，2003（3）
[48] 向云发．全面协调可持续发展的思考．黑龙江民族丛刊，2008 (1)
[49] 田家刚，王向．关于农村劳动力外流对农村的负面影响及对策分析．甘肃行政学院学报，2004（50）
[50] 刘湘辉．关于欠发达地区农村剩余劳动力转移的实证分析——以湖南省永州市为例．安徽农业科学，2006（34）
[51] 杨刘保，董巍．关于新农村建设中农民流动问题的思考．中共长春市委党校学报，2007（4）
[52] 吴旭．关于中国农村留守妇女现状问题的综述．法制与社会，2008（1）
[53] 杨立红，张亚丽．关注农民工子女受教育问题——宁夏农民工子女受教育状况的调查．共产党人，2008（7）
[54] 万玛项秀，李临领．贵德县农村劳动力转移情况现状及建议．青海统计，2007（9）
[55] 马天龙．转型期西部城市社区功能变迁与社区制度创新．西北民族研究，2005（4）
[56] 李晨光，郭宁．汉族流动人口与少数民族农村地区民族关

系——以新疆石河子乡东桥村为例. 黑龙江民族丛刊, 2008 (1)
[57] 马宗保. 回族商业经济与历史上的西部开发——以民国时期西北回族商业活动为例. 宁夏大学学报（人文社会科学版）, 2005 (5)
[58] 周林刚. 家庭对农业劳动力流动作用的多因素分析——对甘肃省东乡族苜叶里社区的调查. 西北民族研究（社会科学版）, 2006 (2)
[59] 张神根. 建国以来党的农村劳动力转移政策演变及其特点. 中国井冈山干部学院学报, 2006 (1)
[60] 钟洁玲. 教育公平与社会流动. 当代青年研究, 2006 (8)
[61] 刘精明. 教育与社会分层结构的变迁——关于中高级白领职业阶层的分析. 中国人民大学学报, 2001 (2)
[62] 禹红. 解决农村富余劳动力就业难的现实途径新探. 湖南社会科学, 2003 (1)
[63] 唐晓腾, 曾绍阳. 近代农民流动状况、原因及其对农业生产的影响——对江西省 20 个村实证调查的一项综合分析. 江西社会科学, 2004 (1)
[64] 任敏. 精英流出与农村稳定. 甘肃理论学刊, 2003 (5)
[65] 李国英. 就地转移: 农村剩余劳动力转移的新模式. 经济问题探索, 2007 (10)
[66] 王希恩. 科学发展是解决中国民族发展问题的必由之路. 民族研究, 2007 (6)
[67] 曹锦清. 历史视角下的新农村建设——重温宋以来的乡村组织重建. 探索与争鸣, 2006 (10)
[68] 任敏. 流出精英与农村发展. 青年研究, 2003 (4)
[69] 刘丽, 牟永福. 现阶段我国农民的分化、流动与政治取向. 理论导刊, 2008 (2)
[70] 陆益龙. 流动的村庄: 乡土社会的双二元格局与不确定

性——皖东T村的社会形态．中国农业大学学报（社会科学版），2008（1）
［71］申继亮，王兴华．流动对儿童意味着什么——对一项心理学研究的再思考．教育探究，2006（2）
［72］闫文秀．流动民工的边缘化问题综述．求实，2005（2）
［73］王毅杰，童星．流动农民社会支持网探析．社会学研究，2004（2）
［74］陈丰．流动人口城市化进程中的制度性障碍研究．学术探索，2004（11）
［75］李伟强．流动人口存在的必然性、正负面影响及应对策略．河北公安警察职业学院学报，2004（3）
［76］刘书鹤，耿进玉．流动人口社会保障存在的主要问题与对策．山东经济，2008（1）
［77］郑传贵．流动人口政治参与边缘性的社会学研究．南京人口管理干部学院学报，2004（3）
［78］刘敏，李松柏．流动时代的农村主体性人口生成及其功能分析．社科纵横，2008（2）
［79］方晓玲．论城市流动人口的贫困文化．青年研究，2004（6）
［80］孔维军．论农村流动人口对城乡二元经济结构的影响．广西社会科学，2001（1）
［81］马雪松．论农民工社会角色的转变．湖南农业大学学报（社会科学版），2007（4）
［82］刘彤，尹奎杰．论农民利益政治表达机制的健全与完善．政治学研究，2008（1）
［83］贺雪峰．论人口流动对村级治理的影响．学海，2002（1）
［84］李伟．论人口流动对流出地农村村民自治的影响．云南行政学院学报，2005（2）
［85］郑信哲．论人口流动与朝鲜族的社会发展．人口学刊，

1999（2）
[86] 程竹汝．论政治认知的两种范式．教学与研究，2000（3）
[87] 刘晓春．论政治文化概念的缘起与界定．商丘师范学院学报，2008（1）
[88] 苏日娜，赛尔格．蒙古族流动人口的婚姻家庭状况——以内蒙古呼和浩特市为例．中央民族大学学报（哲学社会科学版），2005（6）
[89] 文久富，陶斯文．民族地区城市化进程中人口流动与人力资源开发研究．理论与改革，2007（4）
[90] 李香兰．内蒙古自治区人口迁移流动的现状及发展趋势．内蒙古统计，2004（6）
[91] 杨黎源．宁波市外来人口与本地居民关系状态评析．南京社会科学，2007（7）
[92] 王锋．宁夏城市化进程中的流动人口对社会经济发展的影响及其对策研究．西北人口，2006（3）
[93] 段庆林．宁夏工农业产品交换剪刀差研究．宁夏社会科学，1996（4）
[94] 李东洲．宁夏劳务经济发展趋势分析．中共银川市委党校学报，2007（2）
[95] 马志俊．宁夏银川市流动人口现状暨对策研究．西北人口，2007（4）
[96] 张春娟．农村“空心化”问题及对策研究．唯实，2004（4）
[97] 贾劝宝．农村打工人口家庭问题——陇东老区农村流动人口家庭的抽样调查．南京人口管理干部学院学报，2006（1）
[98] 程怀儒．农村工业化是解决中国农村剩余劳动力的主渠道．甘肃社会科学，2008（1）
[99] 邓晰隆，陈娟．农村劳动力低市场化流动问题分析及对策思考．求实，2008（3）

[100] 梁艳丽．农村劳动力流动的现状与制约因素分析．辽宁教育行政学院学报，2006（11）
[101] 张雪娥．农村劳动力流动对建设社会主义新农村的影响．经济师，2007（5）
[102] 刘畅．农村劳动力流动对农村现代化的影响——近20年来社会学相关研究的回顾．中国青年政治学院学报，2006（1）
[103] 张红宇．农村劳动力流动和人力资本提升．农村青年人口论坛，2005（6）
[104] 李文安．农村劳动力流动与和谐社会构建．南都学坛，2007（2）
[105] 陈晖．农村劳动力流动中的社会资本分析．农村经济，2008（6）
[106] 方子节，李东升．农村劳动力流动中限制性因素及其消极影响分析．西北人口，2001（2）
[107] 徐育才．农村劳动力转移：从“推拉模型”到“三力模型”的设想．学术研究，2006（5）
[108] 谢攀，惠宁．农村劳动力转移理论述评．宝鸡文理学院学报（社会科学版），2006（5）
[109] 刘国炳，黄大学．农村劳动力转移与社会主义新农村建设．广西社会科学，2006（12）
[110] 甘玲，耿永志．农村劳动力转移与新农村建设．开放导报，2007（132）
[111] 刘小荣．农村流出人口与流出地社会治安．湖南公安高等专科学校学报，2000（6）
[112] 黄凤．农村流动劳动力的社会资本研究．社会，2002（11）
[113] 王春光．农村流动人口的“半城市化”问题研究．社会学研究，2006（5）
[114] 牛喜霞，谢建社．农村流动人口的阶层化与城市融入问题

探讨．浙江学刊，2007（6）
[115] 陈小娟．农村流动人口的文化社会学研究．安徽大学学报（哲学社会科学版），2004（1）
[116] 王显刚．农村流动人口对我国社会经济发展的影响分析．天府新论，2004（12）
[117] 王惠诗．农村流动人口集聚化就业．当代经济，2008（5）
[118] 王惠诗．农村流动人口就业集聚化现象及其影响．农村经济与科技，2008（4）
[119] 吴宜焕．农村留守儿童社会心理问题及对策．中共乐山市委党校学报，2008（2）
[120] 钟海，陈晓莉．农村人口流动视阈下的乡村治理困境及对策．西华大学学报（哲社版），2007（6）
[121] 董长瑞，韩勇，梁纪尧．农村人口流动与城乡收入差距关系研究．山东经济，2008（3）
[122] 艾丽颖，孟拥国．农村人口流动与农村社会稳定．新疆财经学院学报，2006，1
[123] 彭拥军．农村社会流动的考察——教育的视角．教育学研究，2007（6）
[124] 马广宁．农村社会流动与“草根文化”两者之间的互相影响．法制与社会，2008（2）
[125] 张慧．农村剩余劳动力的不合理外流与新农村建设．中共乐山市委党校学报，2007（4）
[126] 袁方．农村剩余劳动力转移：提高农民收入的根本途径．经济师，2005（1）
[127] 陈成文，陈立周．农村剩余劳动力转移：制度困境与政策选择．南方论刊，2007（5）
[128] 刘惠．农村剩余劳动力转移存在的问题及出路．四川理工学院学报（社会科学版），2007（1）

[129] 叶春雷．农村剩余劳动力转移的社会成本．南京社会科学，2006（9）
[130] 李文政．农村剩余劳动力转移的制约因素与对策分析．山西高等学校社会科学学报，2003（7）
[131] 余子鹏．农村剩余劳动力转移特点的模型分析．经济与管理，2007（2）
[132] 张晓玲．农村剩余劳动力转移与城乡统筹发展．学术界，2007（126）
[133] 朱文蔚，肖斌．中国农村劳动力转移问题探析．经济与管理，2007（2）
[134] 林建鸿．农村外出打工者婚育观念的调查与思考．闽西职业技术学院学报，2007（3）
[135] 张肖敏．农村流动人口就业问题初探．学海，2006（2）
[136] 吕卓文．农村已婚妇女流动对婚姻的影响．消费导刊，2006（2）
[137] 钱雪飞．农民城乡流动与农村社会结构变迁．江西社会科学，2005（2）
[138] 张勇．农民的城市：拉美国家城市化背后的劳动力流动．红旗文摘，2004（3）
[139] 魏毅，廖素琼，金高峰．农民工：流动就业的规模、现状及对策．江西农业大学学报（社会科学版），2006（1）
[140] 王春光．农民工的社会流动和社会地位的变化．江苏行政学院学报，2003（4）
[141] 司睿．农民工流动的社会关系网络研究．社科纵横，2005（5）
[142] 李强．中国外出农民工及其汇款之研究．社会学研究，2001（4）
[143] 李晓云．农民工流动动因及特点研究综述．陕西行政学院

学报，2007（3）
[144] 韩克庆．农民工社会流动研究：以个案访谈为例．中国人民大学学报，2006（6）
[145] 王竹林．农民工市民化的行为因素分析．西北工业大学学报（社会科学版），2007（2）
[146] 赵菲菲，王永发．农民工双向流动对农村工业化进程的影响．沈阳农业大学学报，2006（8）
[147] 邹新树．农民工向城市流动的动因："推—拉"理论的现实解读．农村经济，2005（10）
[148] 王立梅，胡刚．农民工政治参与边缘化的原因探析．西北农林科技大学学报（社科版），2006（4）
[149] 杨云善．农民减负增收的剪刀差障碍及对策．生产力研究，2005（1）
[150] 谷中原．农民流动对民族婚姻的影响．民族论坛，2003（3）
[151] 徐增阳，甘霖．农民流动与村级组织重构和村务管理转型．宁波党校学报，2006（2）
[152] 徐增阳，甘霖．农民流动与村民自治——流出村和流入村的分析．浙江师范大学学报（社会科学版），2006（3）
[153] 章辉美．农民社会流动对农村现代化影响探讨．求索，2002（6）
[154] 郭正林．农民政治认知与参与的定量研究．浙江师范大学学报（社会科学版），2004（5）
[155] 周林刚，刘敏．农业劳动力的剩余度、流动度和净剩余度——以甘肃东乡族苜叶里社区农业劳动力的剩余和流动状况为例．东南学术，2003（3）
[156] 邵浩．浅谈劳动力流动及其经济影响．科技情报开发与经济，2008（2）
[157] 李霞．浅析打工妹的回流问题与社会工作的专业反思．怀

化学院学报，2007（5）
[158] 瞿关应．浅析我国农村发展中的外出务工效应．中南财经政法大学研究生学报，2006（4）
[159] 史学文，张玉庄．浅析新农村建设对农村人口流动的影响．山西广播电视大学学报，2007（2）
[160] 刘涛，杨江．浅议我国对外劳务输出的发展战略．江西社会科学，1999（11）
[161] 谢西庆．浅议我国农村劳动力的合理流动．岭南学刊，2007（2）
[162] 聂焱．欠发达民族地区农村劳动力外流对家庭养老意愿影响的分析．贵州民族研究，2008（1）
[163] 张明，李素娟．青海城市化进程中的少数民族流动人口问题初探．当代经理人，2006（9）
[164] 陈健，黄桂梅．青海省大通回族自治县农村留守儿童情况调查报告．青海统计，2007（10）
[165] 王宗礼，巨生良．区域发展不平衡背景下影响民族关系的新因素．青海民族研究，2007（4）
[166] 贾兆伟．人口流动背景下农村欠发达地区男青年婚姻困难问题分析——以分水岭村为例．青年研究，2008（3）
[167] 梁伟，杨风．人口流动对农村女性带来的负面效应与对策建议．济南大学学报（社会科学版），2008（2）
[168] 贾平．人口流动与迁移对云南农村社会经济的影响．云南财经大学学报，2006（21）
[169] 方秀娟．人口流动与社会稳定．中国人口科学，2005 年增刊
[170] 陆益龙．新农村建设中的农民需求及影响因素．中国人民大学学报，2008（3）
[171] 谷中原，吴师法．山区农村劳动力流动对农村发展的负面

影响与消解：以湘西花垣县团结镇为例．郑州航空上业管理学院学报，2007（5）

［172］贺春霞．少数民族地区传统手艺为何后继无人．青年探索，2005（1）

［173］鲁奇，杨春悦，张超阳．少数民族地区农村劳动力转移的调查研究——以广西壮族自治区为例．山西大学学报（哲学社会科学版），2007（4）

［174］张春娟，卢愿清．社会流动对传统农村家庭养老模式的冲击．社会工作，2007（7）

［175］程松涛，郑晶燕．社会流动与贵州贫困地区的城乡一体化发展．遵义师范学院学报，2006（5）

［176］许德友．社会流动与流动渠道：农民城市打工现状的理论解释．南京人口管理干部学院学报，2007（3）

［177］程为敏．社会流动中的边缘群体．农村经济与社会，1994（3）

［178］靳小怡，彭希哲，李树茁等．社会网络与社会融合对农村流动妇女初婚的影响——来自上海浦东的调查发现．人口与经济，2005（5）

［179］冯晓燕，侯国凤．社会性别视角下的农村女性劳动力的流动．科技创新导报，2008（19）

［180］陈占江．社会转型期农村女性青年的社会流动——以皖北C村为例．青年研究，2005（8）

［181］李全喜，赵玲．社会转型以来农民流动的特点与趋势．北华大学学报（社会科学版），2008（1）

［182］王建民．社会转型中的象征二元结构：以农民工群体为中心的微观权力分析．社会，2008（2）

［183］周文，李晓红．社会资本与和谐社会的内在契合性问题探讨．马克思主义研究，2007（10）

[184] 郎贵飞．社会资本与民族地区农村剩余劳动力转移．贵州民族研究，2007（2）
[185] 周运清，刘莫鲜．社会资本在农村劳动力流动中的负面效应分析．江汉大学学报（人文科学版），2004（3）
[186] 牛喜霞．社会资本在农民工流动中的负面作用探析．求实，2007（8）
[187] 马健雄．社区认同的塑造：以勐海“帕西傣”社区为例．云南民族学院学报（哲社版），2001（6）
[188] 张献．实现流动人口国民待遇构建和谐社会．湘潭师范学院学报（社会科学版），2006（1）
[189] 汤夺先．试论城市少数民族流动人口问题与城市民族关系．黑龙江民族丛刊，2008（1）
[190] 文化．试论甘肃穆斯林家庭的人际关系．西北民族研究，2006（4）
[191] 姚永丽．试论农民工流动的成因及对社会经济发展的影响．商场现代化，2008（533）
[192] 拉毛才让．试论少数民族流动人口的构成、分布特点及动因．攀登，2005（24）
[193] 张星．试论社会流动在社会稳定中的作用．前沿，2004（10）
[194] 陈文权．试论我国西部农村劳动力转移中的政府责任与行为．云南行政学院学报，2008（1）
[195] 王春超．收入差异、流动性与地区就业集聚．中国农村观察，2005（1）
[196] 裴丽丽，李文学．土族民间团体嘛呢会调查．民族研究，2007（1）
[197] 景晓芬．土族女性非农就业与女性角色转换——以青海互助XZ村为例．西北人口，2007（6）
[198] 陆学艺．走出“城乡分治一国两策”的困境．读书，2000（5）

[199] 袁日华，孙秋云．外出流动对青年农民生育观念的影响．中国青年研究，2004（9）
[200] 孙琼如．外来农村妇女职业流动及其影响因素分析．市场与人口分析，2007（4）
[201] 刘艳平．我国城市化进程中农村剩余劳动力转移的探析．农机化研究，2006（12）
[202] 健仁．我国流动人口的主要特征．党建研究，2006（3）
[203] 马天龙．我国民族地区城乡结合部流动人口与发展趋势及对策研究．西北人口，2006（6）
[204] 朱冬梅，易永珍．我国农村劳动力流动的利弊分析．四川经济管理学院学报，2002（4）
[205] 李国娟．我国农村劳动力．当代经济，2007（8）
[206] 贺宇．我国农村劳动力转移中的制度供给短缺分析．广东行政学院学报，2007（5）
[207] 韩庆华，葛美连．我国农村流动劳动力的非正规就业分析．山东财政学院学报，2007（5）
[208] 胡阳全．我国农村民族社区建设的困境与对策研究．云南民族大学学报，2008（1）
[209] 程伟．我国农村人力资本投资现状对农业剩余劳动力转移的影响分析．人口与经济，2006（3）
[210] 金怀玉．我国农村剩余劳动力测算方法新探．农业研究，2005（2）
[211] 惠碧仙．我国农村剩余劳动力城市化转移的外部性及其内在化管理研究．理论导刊，2005（3）
[212] 杨春瑰．我国农村剩余劳动力流动的制度背景分析．华南师范大学学报，2001（5）
[213] 姚永丽，鲁碧华．我国农村剩余劳动力流动问题及对策探析．黔东南民族师范高等专科学校学报，2006（2）

[214] 王素玲. 我国农村剩余劳动力转移的社会资本分析. 泸州职业技术学院学报, 2006 (4)
[215] 曹永红. 我国农村剩余劳动力转移问题研究. 科学与管理, 2007 (4)
[216] 李莹, 张小林. 我国农村剩余劳动力转移问题研究综述. 安徽农业科学, 2005 (9)
[217] 李杨. 我国农民工问题研究现状文献综述. 重庆工商大学学报, 2005 (3)
[218] 龚维斌. 我国社会流动机制: 变迁与问题. 中国社会科学院研究生院学报, 2004 (4)
[219] 梁正君. 我国族际人口流动现状及其成因. 民族论坛, 1999 (3)
[220] 汤夺先. 西北城市少数民族流动人口现状的调查分析. 西北第二民族学院学报, 2008 (2)
[221] 刘宁, 冯锦彩. 中西部地区农村女性人口流动的特点及趋势分析. 沧桑, 2008 (1)
[222] 高红艳. 西北贫困回族社区农业劳动力流动的方式和特点分析. 新疆农垦经济, 2006 (8)
[223] 张宗益, 周勇, 卢顺霞等. 西部地区农村外出劳动力回流: 动因及其对策. 统计研究, 2007 (12)
[224] 马戎, 马雪峰. 西部六城市流动人口调查综合报告. 西北民族研究, 2007 (3)
[225] 刘传江. 中国农民工市民化研究. 理论月刊, 2006 (10)
[226] 徐东. 西部农村流动人口子女义务教育问题研究. 青海社会科学, 2007 (3)
[227] 冯彩莉. 西部农村剩余劳动力转移初探. 中国西部科技, 2003 (4)
[228] 张海鹏. 西方人口流动模型及其对我国就业政策的启示.

山西高等学校社会科学学报，2004（1）
[229] 杨筑慧．西南少数民族妇女外流与传统社会文化．中央民族大学学报，2006（2）
[230] 金峰．乡镇企业发展与农村城镇化建设互动关系研究．广西社会科学，2008（1）
[231] 朱廷岚．湘西州农村劳动力流动对新农村建设的影响探析．西北人口，2008（3）
[232] 马戎，王晓丽，方军雄，韩亚萍．新疆乌鲁木齐市流动人口的结构特征与就业状况．西北民族研究，2005（3）
[233] 孙慧阳．新农村建设视角下农村劳动力流动及衍生的家庭问题．湖南商学院学报，2008（2）
[234] 余曙光，余小平．新农村建设与西部民族地区人力资源开发．西南民族大学学报，2006（12）
[235] 陈浩．中国农村劳动力外流与农村发展．人口研究，1996（4）
[236] 姚上海．新农村视野下中国农村劳动力城镇转移流动行为研究．中南民族大学学报，2008（2）
[237] 罗霞，春光．新生代农村流动人口的外出动因与行动选择．浙江社会科学，2003（1）
[238] 王春光．新生代农村流动人口的外出动因与行为选择．中国党政干部论坛，2002（7）
[239] 聂洪辉．新生代农民工及流动儿童的城市融入探析．四川行政学院学报，2007（6）
[240] 韩建民，马子量．新时期城镇贫困群体演化趋势研究．宁夏社会科学，2007（4）
[241] 王美琴．新时期农民流动研究综述．临沂师范学院学报，2005（27）
[242] 欧阳青，彭艺．新时期我国农村劳动力分化的成因及态势

分析．江西社会科学，2008（1）

[243] 张永丽，黄祖辉．新一代流动劳动力的特征及流动趋势．中国人口科学，2008（2）

[244] 程丽香．沿海农村的社会流动．福建省社会主义学院学报，2003（3）

[245] 马宗保，王卓卓，马天龙．银川市流动人口调查报告．西北民族研究，2007（3）

[246] 闫臻．影响西部地区城市居民生活质量的因素分析．西北人口，2007（5）

[247] 曾志兰．由草根工业向现代化工业迈进．福建论坛，1998（10）

[248] 刘金华，程聪．再论农村劳动力转移．甘肃农业，2005（9）

[249] 赵国珍．再论新农村建设中的劳动力流动．学术交流，2008（5）

[250] 赵树凯．正确对待农民流动．经济体制改革，1994（1）

[251] 崔建周，张忠友．中西部地区农村女性流动的现状、意义与对策．桂海论丛，2008（3）

[252] 周玉．制度排斥与再生产．东南学术，2006（5）

[253] 段美之．制约农村剩余劳动力转移的瓶颈分析及对策建议．内蒙古统计，2007（2）

[254] 阿布都外力·依米提．制约少数民族农村劳动力流动因素的分析及其对策．黑龙江民族丛刊，2006（5）

[255] 李丽，陈迅．中国对外劳务合作现状．国际经济合作，2008（1）

[256] 李培林．中国流动民工的社会网络．中国社会科学，2003（4）

[257] 叶裕民，黄壬侠．中国流动人口特征与城市化政策研究．中国人民大学学报，2004（2）

[258] 梁雄军，林云，邵丹萍．中国农村劳动力的流动．中国人口科学，2005（5）
[259] 马斌．中国农村劳动力流动的特点分析．经济师，2001（7）
[260] 张永丽，黄祖辉．中国农村劳动力流动研究述评．中国农村观察，2008（1）

三、学位论文

[1] 陈浩．人力资本与农村劳动力非农就业问题研究．南京农业大学博士学位论文，2007
[2] 张晶晶．农民工流动的影响因素研究．南京师范大学硕士学位论文，2007
[3] 张文政．乡村社区权力结构与乡村发展．西北师范大学硕士学位论文，2005

附　录

《西部民族地区农村社会流动的后果研究》课题调查问卷

问卷编号：□□□□□

亲爱的朋友：

您好！

我们正在开展的是一项国家社会科学基金项目的研究，对西部民族地区农村社会流动的后果进行调研，主要是对近年来的“劳务输转”情况作一了解，请您根据实际情况予以配合（请在选中的项目上打“√”）为盼。对您的合作我们不胜感激！祝您工作愉快，家庭幸福！

1. 您的基本情况：

性别	民　族	年　龄	婚　姻	家庭人口数	文化程度
A. 男 B. 女	A. 汉族　B. 回族 C. 藏族　D. 东乡族 E. 保安族　F. 撒拉族 G. 土族　H. 维吾尔族 I. 其他（请注明） __________	A. 16 岁以下 B. 16～30 岁 C. 30～40 岁 D. 40～50 岁 E. 50～60 岁 F. 60 岁以上	A. 已婚 B. 未婚	A. 2 人 B. 3 人 C. 4 人 D. 5 人 E. 6 人及以上	A. 小学及以下 B. 初中 C. 高中 D. 大专及以上

2. 您家里现在外出务工的有几人？

A. 0 人　　B. 1 人　　C. 2 人

D. 3 人　　E. 4 人　　F. 5 人及以上

3. 您有过几次外出务工经历？

A. 0 次　　B. 1 次　　C. 2 次

D. 3 次　　E. 4 次　　F. 5 次及以上

4. 您每次外出务工的时间有多长？

A. 1 个月以下　　B. 1 ~3 个月　　C. 3 ~6 个月

D. 6 ~12 个月　　E. 一年以上

5. 您外出务工时干过哪些工作：（可多选）

A. 开饭馆　　B. 当保安　　C. 建筑工人

D. 当保姆　　E. 跑生意经商　　F. 工厂当工人

G. 酒店当服务员　　H. 帮人干农活　　I. 其他

6. 您现在何处务工？

A. 乡内　　B. 乡外县内　　C. 县外省内

D. 省外，具体在哪里？

7. 您在那儿干了多长时间？

A. 3 个月以下　　B. 3 ~6 个月　　C. 6 ~12 个月

D. 1 ~2 年　　E. 2 年以上

8. 您现在主要干什么工作？

A. 开饭馆　　B. 当保安　　C. 建筑工人

D. 当保姆　　E. 跑生意经商　　F. 工厂当工人

G. 酒店当服务员　　H. 帮人干农活　　I. 其他

9. 您认为下列哪些是影响您外出的因素？（可多选）

影响外出的因素	选中的打“√”
A. 农村收入水平太低，没有挣钱的机会	
B. 农村缺乏更好的发展机会	
C. 外出见世面	
D. 城市收入高	
E. 农村太穷，生活太苦	
F. 别人都出来的，受别人影响	
G. 家乡封闭保守，思想不解放	
H. 农村税费过重	
I. 城市生活条件好	
J. 家乡学习条件差，受教育机会少	
K. 村干部作风恶劣	
L. 当地人际关系复杂，难处	
M. 想外出多生孩子	
N. 待在家里没事干	
O. 不愿意干农活	

10. 您在外出务工时一般因何原因会回家？（可多选）

A. 过节　B. 老人生病　C. 小孩上学

D. 婚丧嫁娶　E. 农忙　F. 其他

11. 您每年外出务工的收入是多少？

A. 2000 元以下　B. 2000 ~ 5000 元

C. 5000 ~ 8000 元　D. 8000 ~ 11000 元

E. 11000 元以上

12. 您现在务工收入的结算方式为：

A. 按天结　　B. 按月结　　C. 按季度结

D. 年终结　　E. 按工程项目结

13. 您在外务工时怎么和家里联系？

A. 写信　　B. 用手机　　C. 用公用电话

D. 其他

14. 您外出务工是？

A. 政府组织的　　B. 熟人介绍的　　C. 能人带动的

D. 自己找的

15. 您在外出务工时首先考虑的事是？

A. 能否挣到更多的钱　　B. 有没有地方做礼拜

C. 能不能长久干下去　　D. 有无民族餐厅等解决吃饭的问题

E. 挣的钱能否拿到　　F. 其他

16. 您在外出务工时考虑最多的是？

A. 把工作干好　　B. 学到真本事

C. 挣到更多的钱　　D. 结识更多的朋友

E. 如何兼顾家里的农活　　F. 其他

17. 外出务工给您带来的最大收获是什么？

A. 挣了钱　　B. 开阔了眼界　　C. 学了技术

D. 结识了朋友　　E. 其他

18. 您更喜欢哪种方式的外出务工？

A. 长距离外出　　B. 短距离、季节性外出

C. 无所谓

19. 您觉得外出务工时自己最缺的是什么？

A. 知识　　B. 技术　　C. 社会经验

D. 关系　　E. 资金　　F. 其他

20. 您在外出务工期间，工作之余喜欢干什么？

A. 上网　　B. 看报纸　　C. 逛街

D. 看电视　　E. 听收音机　　F. 找朋友聊天

G. 其他

21. 您在外务工中遇到最主要的困难是什么？（可多选）

A. 对外地人的限制多　　B. 对外地人的收费多

C. 本地人的歧视　　D. 工作机会少

E. 工作竞争激烈，压力大　　F. 住处不好找

G. 生活条件差　　H. 亲人少，感到孤独

I. 生病无钱治　　J. 子女的教育问题

K. 老人无法照顾

22. 您在务工期间有没有遇到下列情况？

情　况	遇到次数	是否找政府组织解决
A. 工资被拖欠		
B. 工资被克扣		
C. 被人打		
D. 财物失窃		
E. 被人歧视		
F. 被人骗了钱		
G. 回家买不上车票		
H. 露宿街头		
I. 被限制人身自由		
J. 宗教活动无处举行		

23. 您在务工期间遇到困难找谁商量解决？

A. 当地政府部门　　B. 家乡政府部门　　C. 老乡

D. 家里人　　E. 老板　　F. 其他

24. 如果有机会，您会选择继续上学还是打工？

A. 上学→为什么？

A. 学的知识多了找工作容易

B. 有文化知识，工资待遇高

C. 考上大学能有更好的工作

D. 考上大学能给家人争面子

E. 其他

B. 打工→为什么？

A. 上学要花钱，打工能挣钱

B. 打工能尽早锻炼自己

C. 上学出来还要找工作

D. 农村教育质量不高，考学很难

E. 其他

25. 外出务工对您找对象有什么影响？（未婚者回答）

A. 扩大了交际范围，找对象更容易

B. 外出务工人生地不熟，找对象难

C. 没什么影响

26. 您在务工时愿意和家人在一起吗？（已婚者回答）

A. 非常愿意　　B. 愿意

C. 不愿意　　D. 非常不愿意

27. 您希望生几个孩子？

A. 1 个　　B. 2 个

C. 3 个　　D. 4 个或更多

28. 您将来的打算如何？

A. 挣些钱了回家乡自己创业

B. 干着看，没有工作就回家种地

C. 一定要在城里安家落户，决不回农村

D. 其他

29. 如果让您担任村干部，您会怎么考虑？

A. 愿意，可以拿工资

B. 愿意，给大家服务，有无报酬无所谓；

C. 不愿意，干不了　　D. 不愿意，惹人且耽误挣钱

E. 当与不当无所谓；

30. 请您为下表作选择：

事　件	非常愿意	愿意	不愿意	十分不愿意
① 在城里工作				
② 在城里买房定居				
③ 在城里找对象				

调查地点：________________　　联系电话：__________（访员填写）

调查员：________________　　调查时间：2008 年　　月　　日

《西北民族地区乡村社会流动的后果研究》田野调查提纲

个案编号：□□□□□

一、调查地点：________县________乡________村

二、村务整体情况

表 1.

<table>
<tr><td colspan="3"></td><td>总人口
（人）</td><td>劳动力状况
（人）</td><td>外出劳动力
（人）</td></tr>
<tr><td rowspan="2">性别</td><td colspan="2">男</td><td></td><td></td><td></td></tr>
<tr><td colspan="2">女</td><td></td><td></td><td></td></tr>
<tr><td rowspan="8">民族</td><td colspan="2">汉族</td><td></td><td></td><td></td></tr>
<tr><td rowspan="7">少数民族</td><td>回　族</td><td rowspan="7"></td><td rowspan="7"></td><td rowspan="7"></td></tr>
<tr><td>土　族</td></tr>
<tr><td>东乡族</td></tr>
<tr><td>撒拉族</td></tr>
<tr><td>保安族</td></tr>
<tr><td>藏　族</td></tr>
<tr><td>其　他</td></tr>
</table>

续表

文化程度	小学及以下			
	初中			
	高中			
	大学及以上			
年龄	16 周岁以下			
	16 ~ 59 周岁			
	60 周岁以上			

表 2.

	总耕地面积（亩）	人均耕地面积（亩）	年人均收入（元）
2005 年			
2006 年			
2007 年			

表 3.

村委会人数	村主任					党支部书记				
	性别	年龄	民族	文化程度	任职时间	性别	年龄	民族	文化程度	任职时间

表4.

	男生人数		女生人数	
	总　数	其中汉族	总　数	其中汉族
小学				
初中				
高中				
大学				

三、入户访谈提纲

1. 家庭人口数、耕地面积、劳动力情况、年收入（其中农业和非农业收入）、外出务工人数。

2. 外出务工情况：外出次数、每次外出的时间、外出的地点、收入情况。

3. 您为什么要外出务工，务工给您和家庭带来最大的变化是什么？

4. 外出务工期间您的宗教生活怎么安排？（少数民族）

5. 走出去后发现自己最欠缺的是什么？

6. 您现在主要干什么工作？谁介绍到此的？干了多长时间？

7. 将来回农村还是在城市定居？为何选择在城市（农村）定居？

8. 外出期间认识了许多朋友吧？有没有特别贴心的？愿意和家人一起外出吗？

9. 外出务工对您找对象有影响吗？什么影响？您的对象（或媳妇）是在外务工期间认识的吗？您有几个小孩（希望生几个）？您对生男孩是什么态度？

10. 能适应城市生活吗？与家乡比，那儿什么地方比较先进？

11. 在外出期间，闲暇时一般干什么？经常看新闻、读报纸吗？喜欢看什么节目？上网不？

12. 您知道现在国家总理是谁？新农村建设是怎么回事？您参加过几次村民选举？

13. 您在外挣了钱寄给家里吗？打算怎么用？会支持自己的小孩上大学吗？为什么？

14. 您在外面工作时是否遇到过语言交流的困难？您感觉外面的人怎么看咱们？

15. 您有事了一般找谁商量？为什么？

16. 您村参军考学出去的人多吗？他们对于自己的家庭和家乡有多大帮助？

17. 您村自主创业者多吗？他们对于自己的家庭和家乡有多大帮助？

18. 您对现在富起来的人怎么看？为什么？

四、主要观察并记录

19. 房子修建的情况，院落的分布（前后院是否分开），房间数，养殖情况。

20. 屋内的陈设，电器的使用，现代通讯工具的拥有情况。

21. 着装、谈吐，待人接物的礼节。

22. 村庄的宗教场所，宗教仪式的举行，一天的频次，主持人等。

23. 种植作物的情况。

五、了解民俗风情

婚丧嫁娶风俗及变迁，宗教信仰情况，村庄环境生态变迁，村校的校舍，学生和教师情况等。

访员：__________　　　　　　2008年　　月　　日

甘肃临夏州临夏县、积石山县田野调查记录

调查时间：2008 年 7 月 22—28 日

调查人员：ZWZ、LCJ

编号：001

访谈对象：陈 J，42 岁，东乡族，银行职员

访谈时间：2008 年 7 月 22 日下午

现在民族地区人们的教育观念转变得很快，一定要让孩子上个大学。在当代社会，文凭是社会的敲门砖。在我们临夏，北方民大、西北民大、西北师大、商院的毕业生都分配，农大的也都分了。

汉民和“少数”在娃娃的教育上还是有着很大的区别，汉民对娃娃的教育特别重视，两口子分工，女的负责孩子的吃饭、穿衣，男的管娃娃的教育上学。我认识一个汉民两口子很齐心，对娃娃的学习抓得非常紧，还给娃娃报名上二胡课，最后娃娃考到北京了。回民就没有这么大的决心，有许多情况下，两口子不齐心，像我们家里，娃他爸就说，哪个山羊的嘴下都会有草吃的，儿子长大了打工，给人家端盘子，总也能混上口饭吃。我就想着让孩子上个学（笔者注：考上大学），接受大学教育，认识的人多了，处理问题的能力也强了，将来找一个好一点的工作。

这七八年来，“少数”的观念转的很快。广河一带原来做皮子生意的人，在与江浙一带的商人打交道的时候不懂电脑（笔者注：不会使用电脑），不理解一些生意经，受骗的很多，反过来（笔者

注：现在回头一想），就开始意识到一定要娃娃念个书（笔者注：上学），将来也好帮自己更好地料理生意。

编号：002

访谈对象：王 M，26 岁，女，汉族，高中文化水平

访谈时间：2008 年 7 月 23 日上午 8:40

地点：临夏县土桥镇尹王村

我高中毕业后没考上学，就去永靖亲戚家帮忙打理生意，主要是开超市，给照看一下，帮忙期间认识了自己的对象，现在已婚生子。

村里的年轻人都外出打工，只要不上学就有人（笔者注：村上乡里的干部）来找你。我家里有两个兄弟，一个上学，一个到青海去打工，当建筑小工，别人介绍过去的，一天给 35 元工资。

编号：003

访谈对象：王 XH，24 岁，女，汉族，高中文化水平

访谈时间：2008 年 7 月 23 日上午 10:40

地点：临夏县土桥镇尹王村

我高中毕业后再没上学，到临夏市上推销过酒，一个月吃住下来拿到 500 元。

与政府组织劳务输出相比，自己找活做比较自由，想做就做，不想做就可以回家。我在推销了一段时间的酒后，回镇上开了个饭馆，自己干，（笔者：开饭馆比推销酒好吗?）肯定好呗。

政府组织吧，要签协议，他们组织出去一个收一些“好处费”，去了也不长久，（笔者注：到南方）气候很不适应，最后都跑回来了。我们村上去福建的，去年一起去的，又都跑回来了。

我的对象也是自己谈的，退伍军人，现在在宁夏打工，当电工。他家邻近城市，条件比较好。（笔者：找对象是自己找好还是

别人介绍好?）找对象别人介绍我不能接受，两个人了解一两个月就结婚，我觉得不好。我们这里经济条件好一些，对象好找。远一些的村找对象特别的难，一般情况下，彩礼都要花两万，条件差一些的要花两万五六。两个人自己谈的，可以少一点，我们家只要了16000元。

我家还有一个弟弟在上学，父亲在农闲时跑生意，收购鸡。母亲打理镇上的铺子。地还种。

上学还是好，我们打工毕竟不长久，老板不要了就得走人，随意克扣工资的事情也时有发生。高兴了多给点，不高兴了就少发。考上大学有个固定的工作，一般领导也不可能随便开除你，工作很轻松，所以很后悔当初没继续上学。我的几个考上（大学）的同学，现在都有了稳定的工作，工作轻松，人也看得起。

编号：004

访谈对象：王GS，20岁，男，汉族

访谈时间：2008年7月23日下午2:40

地点：临夏县土桥镇尹王村

我家里有5口人，姐姐和妹子到福建鞋厂打工去了。姐是去年去的，过年回来给家里5500元，挣了8000元，走时说那边挺好的，就把妹都带走了。姐和妹子都没念高中，我高三复读了一年，今年考了300多分，上不了学就考虑出去（笔者注：打工）。高考完我就一直在村支书承包的大棚（笔者注：蔬菜大棚）里打工，一天挣35元工资。

编号：005

访谈对象：王LL，52岁，男，汉族，村干部

访谈时间：2008年7月23日下午4:40

地点：临夏县土桥镇尹王村

我家里有2个娃，大的是个女娃，从合作师专毕业，前年被招考成小学教师，就在临村村小学教书。小的是个儿子，还在上学。

我去年也去新疆摘棉，摘了2个月，挣了5000多元。现在村上的人在农闲的时候都要出去打工，有的在附近干，有的到青海等地去干，反正都不会闲呆着。男的在外地干，女的就在镇上干一些修路、蔬菜大棚等活，也能挣一些钱，还可以照顾家里。

尹王村上有3名干部，村干部的工资都是镇上发的，一年1900元。村干部主要的工作现在就成了处理民间纠纷等。村小组组长由各队上的人轮流当，也没有什么事，主要是分个水，水电费也不用管，由相关部门负责收取。小组长一年发400元工资。

普通家庭一个人一年的消费水平在700元左右，外出的人多，收入增加了，对家庭和村上来说都很好，他们的收入多了，我们的工作也好做多了，找镇上和政府要钱的就少了。

编号：006

访谈对象：吴ZM，40岁，男，汉族，县劳务办干部

访谈时间：2008年7月24日下午

我们劳务办现在的工作主要是抓好培训，建立稳定的劳务输出基地。培训工作有三种，外出务工常识培训、务工维权能力培训、专门技能培训。现在的培训工作很不系统，经费来源也不稳定，有的培训是共青团组织的，有的是妇联组织的，有的是民政方面组织的。这样，培训班有的在农校办，有的在镇劳务办，有的委托培训学校办，谁组织谁负责经费。

与东南沿海地区相比，西部地区的劳务输出才开始抓起来，工作相对滞后。现在，南方的劳务输出主要向东南亚输出，属于高水平的劳务输出，而西部却是低水平的劳务输出。就西部地区来看，四川在5～10年前就实行“劳务输出”，到现在政府不再采取起始的“抓人”出去的办法，富余劳动力自己就能自觉外出了。

南方的工业化产业链比较长，对劳务的需求大，所以现在西部地区的劳务输转主要是向他们那儿输转。在具体的劳务输转工作中，我们发现，就地输转的情况比较多，连个洗碗的工作许多人抢着干。到南方去了，许多人对工厂化的环境适应不了。还有很多年轻人，本来我们找个南方厂子里的工作不容易，他们去了还嫌这嫌那，嫌工资低、工作累。我们对输出到南方工厂的人，要派专门的人去陪，以便及时处理一些应急事件。2006 年，福建泉州一个厂子里，我们这儿去的 3 个年轻人不愿干，也没有给我们的组织干部说，悄悄跑出去到一个洗车的地方干，干了一个月，人家不给钱，还不让走，没办法偷着跑出来，给我们打电话，想再回厂子里，没办法我们又去和厂子里的人谈，写了保证书，才又回去了。自己联系的工作比较自由，可是出了纠纷没办法处理。我们组织出去的人，当地政府和我们都保持联系，加强管理，管理很规范。我们县上主要组织向福建、浙江和北京派人，去了主要是在服装厂、玩具厂做工和在家政公司当保安、保姆。我们组织去了，他们给报路费。对方要求我们的人稳定地工作 3 个月才给报销路费，如果人中途跑了（没干够 3 个月），就不给报销，这些钱就得我们垫支。在南方，初级工工资属当地的最低水平，成熟练工需三个月，高级工需一年。工资也会越来越高。

省上民政厅也经常组织全省的劳务输转工作会议，从全省的情况来看，我们的工作处在中等偏上的水平，这几年，县里的工作重点也是劳务工作，县上对各乡镇的考核中要求劳务工作“一票否决制”，谁做得不好就不合格。所以，从上到下都非常重视。

编号：007

访谈对象：张 YX，31 岁，女，汉族，镇劳务办干事

访谈时间：2008 年 7 月 24 日下午

土桥镇的劳务工作在县里是做得比较好的，还得到了县里的表

扬。我们镇上的人外出主要还是自己联系，能人带动。镇上把一些能人的基本情况收集起来，制成一个小册子，发给大家，以便他们联系。像我们镇上的一个老板，早年到兰州开了一家公司（笔者注：宏业公司），主要是搞建筑，他承包了镇上的道路建设工程项目，就把他们村里的人带上一起干。在兰州那边的工程项目也主要是我们这里的人干，能人带动也是我们劳务工作的重要途径。

外出人口的计划生育工作现在都实行“计划生育服务证”办法管理，一证全国通行，记录流动人口的计生情况。我们对来镇上工作的外来人口也是按此证进行管理。

外出务工对农民最大的好处是经济状况明显改善了，村上的工作好做了。以前在镇上赌博的、打架的事件多发，现在，大家的注意力转移到外出务工挣钱上，这种治安事件也少了，到镇政府要钱的人也少了。

编号：008

访谈对象：马 M，51 岁，男，保安族，村书记

访谈时间：2008 年 7 月 25 日中午

地点：积石山县甘河滩村

我家里有 3 个娃娃，都成家了，现在都在外面。老大在县里干事（当干部），老二外出打工了，女儿出嫁，两口子在县上做生意。我原来在小学教书，退休了村上安排我当支书，干了 3 年多了。

村里的年轻人都出去打工，村上的事比较少。我们保安族的手工业现在也没多少人做，下面的一个村上做得多，做了主要给县里的商店供货。传统手工业主要也是老一些的人做，年轻人看不上，认为不如到外面打工挣钱来得快。

我们村有一个清真寺，就在我家隔壁，我一天去一两次。年轻人去的少，过节的时候去的人多。现在农忙时节，外面的人回来帮

忙收庄稼，一般家里也找不到。活干完就又都返回去打工了。

编号：009

访谈对象：马 M，71 岁，男，保安族，退休干部

访谈时间：2008 年 7 月 25 日中午

地点：积石山县县志办

外出打工的人很多干完活要不来钱，有的工作很辛苦，也很危险。外出务工多数人图方便，跟老板也不签任何协议，工作不好找，就得先干着，干完了再谈钱的事。发生拖欠了也没证据，不好处理。

发生事故了，“少数”比汉族的人好说话。青海矿上，我们县上的一个老板把一个“少数”小伙子砸死了，赔了 10000 元，就了事了。如果是一个汉族，就比较难缠，不得十几、二十万处理不掉。“少数”的宗教观念对他有很大的约束。

我们这里大多数农村人还是在县上干，修公路、打零工，做点生意。这几年县上要来的工程项目也不少，县城要扩建，道路要拓展，需要很多干活的。

青海省乐都县高店镇红庄村的实地调查报告

调查时间：2008 年 9 月 29 日—10 月 7 日

调查人：MJ、WJQ

乐都县在青海省有“文化县”之称，听当地人说此县的居民文化程度都比较高。高店镇的红庄村是一个山环水绕的村庄，可以说是环境优美，村子位于两山之间的平原地带，一条河流静静地穿过村庄，也是人们吃用的水源，村里人称这条河为“黄河水”，也许是因为水多，也许是人们的环境意识好，此地有许多的树，我是第一次见那么多的树，成片成片的，又直又高，主要是白杨树，也有少量的柳树，要是走在大路上你根本就看不见人家，因为都被树包围着。

一、房屋建筑情况

红庄村的房屋建筑有独特的地方，不论是平房还是楼房，房顶都是平的。大多数院子都用土墙围着，只有少数楼房院落建有水泥砌成的墙。楼房都是二层，上面住人，下面有客厅、厨房，房子外面贴有瓷砖，院子里也是用水泥辅道，还设有花园，种有月季、牡丹等。平房就跟楼房不一样了，有一间正房，可又不能算作一间，因为里面通常用屏风隔成三间，有的是一个套间，左边一间有炕，右边则有沙发、茶几、电视等，中间一间就放着一张方形的木桌。另设有两间偏房，一间是厨房，另一间用来存放粮食等东西，院内也有一小园子，不过一般不用来种花，而是种些辣椒、茄子、西红柿等蔬菜。他们的房子最特别的一点是外面有两根木制的柱子，很像古代的建筑。

红庄村家家户户都有电视，只是大小不同，电话也是他们与外出的亲人联系的主要方式，有座机、手机，有些家庭情况比较好的，有电冰箱、电饭锅、电磁炉等家用电器，一般人家都是烧柴做饭，有的还用“风箱”扇火。家里养有鸡、猪，少数人家什么也不养，吃的时候再买。

二、待人接物及宗教信仰情况

红庄村的村民都很淳朴、热情，他们见到我们时就会很亲热地问上一句：“姑娘是哪的?”听说是甘肃来的，他们就会说：“到我们这儿来好好转转。”有的也会开玩笑地问：“我们青海好还是你们甘肃好?”可他们看起来都很忙，不管是农忙还是闲暇，因为他们那里小厂子应该很多，有水泥厂、砖瓦厂等，一旦粮食收完，他们就去厂子里打工。只有些上了年纪的老人才会坐在一块儿闲聊，我们也只能在路上跟叔叔阿姨们聊上一聊。

据了解，他们大多信仰佛教，但宗教意识似乎很淡，只说是信佛。没有宗教场所。有的村民说他们根本就不信仰任何宗教，这只不过是少数。

三、种植作物的情况

由于红庄村的可耕地面积较少，每人只有1亩地，人们为了提高作物产量，通常采用一年两茬的种植方法，在春小麦、大蒜等收完之后，再种莲花菜、油菜等一些蔬菜作物，也有种萝卜的，但他们是用萝卜来喂猪而不是出售。他们的经济作物主要是大蒜、莲花菜、油菜。我们去的时候，人们说他们的莲花菜再有15天就可以卖了，我奇怪地问："你们怎么那么清楚时间?"后来才知道他们引进的是"54"号，即用54天的时间就成熟了。

四、访谈笔录

编号：010

性别：男，年龄：45岁，民族：汉，家庭人口：7人

家里有5个孩子，现有两个女儿出嫁，三女儿在西宁工作，是教师，四女儿和儿子正在上大学，儿子是2008年考到内蒙古工业大学，同村还有一个与他儿子同一年考上大学，是考上了河南科技大学。

他们家在1982年分地时分到了6亩多地，由于超生，被扣地罚钱，每超生一个孩子就会被扣掉1亩地，罚2000~3000元，所以他们家现只有1亩多地，也被罚过上万元的款。当时经济的确很困难，他也没有出去打工，而是想着种些什么高产量的作物，最终他选择了大蒜，通过两三年的试种，他成功了，一亩蒜卖过7000元，此后他们村的人就开始种上大蒜了，他们家还种有烟叶、莲花菜等经济作物，现又租了别人的2亩多地，年终给人家的租金是600~800斤的粮食。在蔬菜成熟之后，他们会拉到山区去卖，因为他们村每家都有一辆手扶拖拉机，一车菜大概能卖到1000元左右，有时可换些小麦等细粮。

他以前当过会计，后来自己不干了。听他说他们村委会由会计、村长、书记组成，会计的权利较大，村长只是批条子等，具体工作都是由会计负责。他们村委会的选举不具备民主性，是由领导内定好，再走形式到每家每户去征求意见。

编号：011

性别：女，年龄：51岁，民族：汉，家庭人数：4人

她有一儿一女，两个孩子，在上完高中后，由于都没有考上大学，便到外面去打工。两个人的年收入大概2000多元，再加上家里的收入，没过几年便盖了新房子，一幢二层楼房。女儿今年正准备结婚。

听她说，在以前，孩子的婚事是由亲戚或熟人介绍，大多是邻村的。但现在年轻人都去外面了，在外面接触的人多，了解的也多，都是自由找对象，可大多都不出省。他们结婚的过程分两步：先是定亲，后是结婚，彩礼一般是一两万，男方会给女方买全“三金”，在结婚时女方家会买些衣服、家电、摩托车等当做陪嫁。结婚的时间是找一个会算的人算一个吉利的日期。在新婚当天，新郎来迎娶新娘时得准备许多红包，要不然可就带不走新娘了。

编号：012

性别：女，年龄：30岁，民族：汉，家庭人数：5人

他们家里有两位老人、一个女儿，女儿在上初中，丈夫在外打工。在生儿生女的问题上，他们都看得很开，她说：“就是没有计划生育的限制，我也会只生一个孩子。”

他们村有个三年制的小学，名叫红庄小学，以前只有一间教室，一年级上完二年级上，再接着是三年级，而且每个班人数都在20人以上，有两个老师。现在不一样了，学校盖了二层楼房，有3个年级，2位老师，可人数就少多了，听说幼儿园（一年级）只有几个人。四年级到六年级就到高店镇上的一所小学去，有的家长就会跟上去给孩子做饭。

红庄村在2005—2008年考上大学本科的共6人，专科生和上技校的较多。

他们那里主要是“以副养农”，用在外面打工挣的钱来养活农业，因为他们种的经济作物的种子都是从外地引进的，还要买肥料等。孩子上学也是一笔很大的开销。

青海省乐都县高店镇上杨家高家湾自然村实地调查报告

调查时间：2008 年 9 月 29 日—10 月 7 日

调查人：WJQ、MJ

我国是一个统一的多民族国家，56 个民族和睦相处，共同发展。土族便是其中的一员，土族是本民族的自称，他们的远祖，可追溯到西北朝时期的“吐谷浑”。新中国成立后，土族成了他们的统称。青海省的土族主要分布在互助、民和等县，还有一少部分散居于乐都。乐都县高店镇上杨家高家湾自然村就是土族世代聚居的地方之一，全村总人口 118 人，总耕地面积 133 亩。

一、房屋建筑

自然村中土族人家的房屋建筑依山傍水，大部分使用土坯修建而成，外面再贴一层瓷砖，衬上铝合金的门和窗，从外观上看，房屋修建整齐，显示出农村城镇化趋势，各家都有庭院，院内有牲畜圈棚、菜园兼果园，有的把用于烧香的灶台建在园内。院外有厕所、打谷场，房子为平顶，上面散铺着一些草。每户人家一般有两间房屋。一间正房、一间厨房，正房朝南，一般都比较大，可分为三间，中为堂屋兼客厅，左右两个小套间，一个为卧室，另一个为佛堂兼卧室，卧室的炕为暖炕。住室的栋梁和门窗上大多雕刻着许多充满宗教色彩的彩色花纹图案，鲜艳美观，厨房朝西，一般位于正房左侧。由于都是土坯房，而且年代久远，显得很破旧。

二、屋内陈设

从外观上看，房子修建宏伟，但屋内陈设普遍显得破旧。家具很少，大都是旧式的桌椅，颜色黯沉，中堂都是具有宗教色彩的画幅。中堂下方是一个长方形、立式的大木柜，柜内一侧用于储存面粉，另一侧则用于存放衣物。正房堂屋靠窗户的地方有一个沙发、一个茶几，左侧还有两个单人沙发，室内就茶几现代一点，地面是用砖和水泥铺的，有的地方凹凸不平。

每家都有电视、电话，一般家中都没有洗衣机、电冰箱等电器，做饭、洗衣服都是手工完成的，比较富裕一点的家庭做饭用电磁炉。

三、服饰礼仪

土族服饰具有独特的风格，兼有蒙古族和藏族的特点，衣服、鞋、帽上的刺绣非常丰富。土族男女都穿立领绣花上衣，花纹精美，色彩鲜艳和谐，男子常穿小领斜襟、袖镶黑边的长袍，腰系绣花长带，穿大裆裤，系两头绣花的腰带，小腿扎上黑下白的绑腿节，戴毡帽，穿云纹布鞋。妇女一般穿绣花小领斜襟长衫，两袖由红、黄、橙、蓝、白、绿、黑七色彩带圈做成，鲜艳夺目，美观大方，俗称七彩袖，因此当地人说他们村是“彩虹的故乡”。从最低层数，第一道为黑色，象征土地；第二道为绿色，象征青苗青草；第三道为黄色，象征麦垛；第四道为白色，象征甘露；第五道为蓝色，象征蓝天；第六道为橙色，象征金色的光芒；第七道为红色，象征太阳，花袖长衫上面套有黑色、紫红色或镶边的蓝色坎肩，腰系白色或蓝绿色布带，布带的两头有花、鸟、虫、蝶、彩云刺绣或盘线的花纹图案，悬挂花手帕、荷包、小铜铃等，穿绣花腰鞋。

淳朴好客是土族人留给我们最深刻的印象。民间有“客来了，福来了”的说法，以喜鹊为报喜鸟。我们去他们的聚居地，接待我们一家的女主人就说早上喜鹊一直在他们家房顶叫个不停，要有客人来。土族人喜欢饮奶茶。勤劳、忠厚、勤于耕稼是土族人留给我们的基本印象。

土族人有许多禁忌，主要有：忌吃马、驴、狗肉；忌讳用有裂缝的碗给客人倒茶；不能问客人“吃饭没有”或“吃不吃饭”等话；在客人面前吵、打孩子是最大无礼，会被认为是下逐客令；进土族家，必须先在院外打招呼，待有人应后，才能进入院内；忌客人数他们的羊等。

四、宗教信仰与重要节日、饮食

土族居民原信奉多神教，也有一些人信奉道教。现在普遍信奉佛教，寺院是土族的文化中心，对佛教文化的发展和传播做出了重要贡献。

土族许多节日和饮食与宗教的关系十分密切，“七日会”是土族庆祝丰收的狂欢节，节日期间要举办各种祭祀活动，并备有节日食品。农历正月十四日佑宁寺官经会、三月三、四月八庙会，此外，与汉族一样，也过春节、端午节等。各个节日期间吃的食品也不一样。如：过春节时蒸花卷、馒头，炸油饼等；端午节做凉面、凉粉；中秋节做多层大月饼；十月初一吃饺子；腊月初八最喜“搅团”，爱饮奶茶。喜庆节日，必做各种花样的油炸食品。腊月二十三晚上做白面小饼，还要在小饼上刻出菱形的图案，并用麦草编一个草马，专门用来祭灶。

土族一般习惯于一日三餐，早餐比较简单，大都以煮洋芋、奶茶为主食；午餐比较丰富，有饭有菜，主食为面食，常制成小饼、花卷等食用；晚餐常吃面条或面片。日常菜肴多为萝卜、甜菜、白菜、葱、蒜等，平日多吃酸菜，辅以肉食，男子喜饮酒。这些习俗与农业为主兼营牧业的生产特点紧密相关。

五、民族风情

由于经济比较落后，许多土族男子都外出打工，家中只留下老人、小孩和部分妇女，大部分的年轻女子也都外出打工，通常就在外地找对象。土族也实行自由恋爱，子女谈成后征得家长同意，男方准备一定的彩礼送给女方。女方从小就开始绣结婚时的衣服，直到出嫁时才能完成，女方为男方送的土族衣服一般都价值 2000 ~ 3000 元，男方为女方送的衣服一般价值 7000 ~ 8000 元，有的还要送上两套，需要花费 10000 多元，一般还要送给“三金”。男方迎娶女方时用轿子抬，吹唢呐，家家都来道喜。

土族一般实行火葬，部分地区行水葬、土葬。

乐都县高店镇上杨家高家湾自然村生态环境保护得特别好，由于依山傍水，村庄附近树木茂密，到处小河涓涓，野花遍野，俯看时只见树木，不见人家。这些树木，有的已有上百年的历史，大部分已经几十年了，还有一部分近年来种的也都长大了。山多为石头山，铺路的沙子都从山上运下来。

上杨家村小学是本村土族孩子上学的唯一去处，而这里也只有一、二年级的学生，到三年级的时候就必须到很远的县城上学，要么住校，要么每天跑回家，而县城离家的距离又怎能是一个三年级的小学生走得了的。学校只有两间土坯房，一位老师，最令人不敢相信的是，去年这里只有 3 个学生。老师既教语文又教数学。许多土族女孩都不读书，大部分小时候就在家做针线、做饭。

土族人在计划生育方面积极响应中央政策，认为生男生女都一样，一般家中都有两个小孩，一男一女，有的家中只有一个女孩。

据他们讲，孩子少大人也省心，有利于孩子的成长，而且国家对他们每年都有补贴。

编号：013

访谈对象：高家湾自然村陈氏媳妇

编号：014

访谈对象：高家湾自然村村主任李五成

编号：015

访谈对象：高家湾自然村王娃男长辈

编号：016

访谈对象：高家湾自然村李书记

宁夏回族自治区固原市开原区
开城镇下青石村田野调查记录

调查时间：2008 年 10 月 24 日—2008 年 10 月 26 日

调查人：ZWZ、WWD、MJ

一、村庄概况

下青石村总共有 2059 人，其中回族 1955 人、汉族 104 人，外出劳动力占全村劳动力近一半，总耕地面积 7714 亩，退耕还林用去了 1714 亩，由于他们的地在 30 年前就分定了，再往后不论是增加人还是减少人，耕地都不作调整。因为他们那里是靠天吃饭，最近几年中风调雨顺的时候太少，造成庄稼收成微薄，许多家庭入不敷出，再加上国家政策允许农民外出，有剩余劳动力的农户都有到外面去务工的家庭成员。村里的劳动力 60% 的被输出了，在家务农的只有 40%。

据村支书讲，近年来，村上的主要工作是抓好“四大工程”：第一项工作就是劳务输转，许多有技术的人都到广州、福建、北京等地，而到新疆去的主要是拾花工（摘棉花），有的是政府组织的，有的是自己找的。对于摘棉花，因为政府组织去的钱少，再加上不自由，很少有人去，政府由于找不上人只好出钱雇，去一个人补助 200 元，但低保户必须去。第二项工作是退耕还林，一亩地补助 200 斤粮、20 元钱。第三项工作是大力发展养殖业，主要是养牛，一头牛大概能赚到 2000 元。第四是实施少生快富工程。

下青石村是沿着公路分布的，有些村庄在离公路不远的山里，每户主要有北房三间，家庭情况较好的在西、南两面也有一排，房顶是有坡度的，而且是两面坡。2008 年 2 月，政府统一更换房瓦，在房顶边涂上了蓝色，视觉上感觉很舒服，也很整齐。

下青石村的人均年收入从 2000 年的 1120 元增长到了现在的 2260 元，其中一半以上的收入是靠劳务输转得来的，而农业收入只能是用于贴补家用。

整个村子的村民文化程度都比较低。现在的就学情况是：上小学的有 220 人，女生占多数，而上高中的仅有 33 人，也是女生占多数，考上大学的在 2006—2008 年仅有 10 人。

二、个案访谈记录

编号：017

访谈对象：马氏，性别：女，民族：回族，年龄：50 岁，文化程度：小学

家里总共有 6 口人，3 个女儿，1 个儿子，3 个女儿现已出嫁，家里只剩 3 口人，种有 15 亩多旱地，小麦、玉米和土豆是主要农作物，但年年天不随人愿，农作物收成不好，种下去却收不回。田里没收成只好通过其他途径增加经济收入，外出打工是很好的机会，她认为打工要比务农划算。

她以前也经常出去打工，每年出去 6 ~ 7 个月，从 2、3 月开始到 9、10 月份回家，有时候收粮食也回来，主要是去银川、内蒙古这些比较近的地方，从事的是体力劳动，大多是在工地当小工。现在由于年龄关系，出去也干不动活了，2008 年便在公路旁边租了些地皮自己开了个小卖部，共有两间房，大概 40 平方米，共花了 50000 多元，外面一间卖东西，主要是生活用品，里面住人。他们那里是逢 3 日赶一次集，再加上在小学旁边，生意不错。

她的3个女儿在上完初中后便出嫁了。儿子今年20岁，上学上到高二，之后自己便不愿去学校了，就在甘肃平凉的沙东大寺学了两年的古兰经，再后来就加入了打工行列。2007年，经熟人介绍到天津的一个机械厂当工人，工资是45元/天，从早上8点上班到晚上8点下班，每天吃的是白菜汤和馒头，也是比较辛苦的，可是干了五六个月却只拿到了300元钱。不幸的是他儿子出事故受伤了，可那个厂子却连医药费都不出，到现在为止，应拿的工资也没拿到，他们也找过相关部门，可还是杳无音讯。现在他在吴中的一个辣椒厂做包装工，也是由熟人介绍，去了已有两个月了，每天能挣到60~70元。挣得钱一般是由他自己存着，除了家里急用外，他就想着自己存些钱后先学些技术，因为在他外出期间感觉到技术的重要性，将自己的个人问题放在了后面。

对国家大事和国家政策的了解都是通过新闻等电视节目，她对政府组织的劳务输转持支持态度，因为路费是报销的，而且工资能按时拿到。计划生育在他们那里实施得不怎么好，一般规定每户生2个孩子，可以生3个。她自己对生男孩与生女孩持一样的态度。村委会选举时，她便到村委会去投票。家里的大事是通过商量再做决定的。

她们家里对宗教活动比较重视，开斋节时在外打工的人都会回家来过节，其他时间每周一般去寺里3~4次。

家里的收入主要是以非农业为主，年收入在10000元左右。

编号：018

访谈对象：田家媳妇，姓吉

性别：女，民族：回族，年龄：25岁，文化程度：初中

她是本村人，通过介绍和丈夫结婚，结婚的彩礼有20000元。现家里有5口人，公公、婆婆和3岁的儿子，自己还想生个女儿。据说，原先家里种有十多亩地，由于退耕还林，地全都占用了，每

年每亩地补助200斤粮和20元钱。

自己以前也出去打过工，跟着姑姑在西安做过生意，还和丈夫一起在建筑工地上给工人做饭，干了有三四个月，一天能挣到40元。在外出期间感觉到自己最缺技术，也常与村里富起来的人主动交流，学习致富的经验和技术。自己也会通过看新闻、看书等多种方式了解各种信息，在闲暇时和朋友聊聊天，说说心里话，自己最喜欢看中央台“半边天”节目。由于自己没学到知识，就想着以后让孩子好好上学，考一所好大学，以后不会再吃没文化的亏。

她在生完孩子后再没出去，因为要带孩子，出去也不方便，便在公路边租了一块地方，用一万多块钱盖了一间房子，开始是小卖部，但由于生意不行，刚在几天前改成了烤馍店，办营业执照花了84元，做牌子用了50元，一套机器2800元，4个饼子卖1元，因为刚开张，买的人比较少，在我们交谈的过程中只有一个小孩进来买馍。而在公路的另一面也有一间她家的店——小卖部，是她公公在照看。由于公婆都在，她还专门谈了一下对老人与孩子关系的看法，觉得现在有许多家庭年轻人不养老人，认为老人干不动活，还要消费，钱在一定程度上起主要作用，但这也与文化教育程度有关，没文化不懂得“百事孝为先”。

她丈夫以前在宁武煤矿当过工人，现在在银川一个建筑工地上当小工，一天50~60元，已经干了有半年了，因为他们干的是工程活，天冷了也就不能做了，所以一般都是季节性外出。丈夫每周会给家打电话，问候一下家里人，顺便也报个平安，用的是公话，自己没有手机。

她想以后挣了钱去城里定居，因为城市环境好，尤其是教育质量高，对孩子上学有很大影响。有事了一般和家里人商量，自己不当家。村委会选举时自己也没参加过。自己的宗教知识都是从老人们那里获得的，一般是一个月去寺里一次。

家里的收入主要是打工赚来的钱，每年大概有10000元左右。

编号：019

访谈对象：马某

性别：男，民族：回族，年龄：45岁，文化程度：小学

他家里有6口人，3个女儿，1个儿子，大女儿今年12岁，小学毕业后便不再上学，待在家里做饭，其他3个孩子在小学读书。他自己比较重视儿子，也因为要生个儿子而超生，被罚了1000元。以前家里种有16亩地，而今全都用作退耕还林了，每年的补助也就是每亩地200斤粮、20元钱。现家里养有两头牛，一头牛能赚2000元左右，其他收入主要是靠打工挣得，生活也还可以。2004年，用打工存的钱盖起了3间房，共花费了35000元，还买了一台电视机，不过不怎么看，自己对许多事情不了解，消息闭塞。孩子们也不看电视，他认为这样也好，让孩子好好学习，能考好一点的学校。

他自己以前在村里的一家田原醋厂酿醋，一个月挣300元（吃住都管），但是由于长时间工作，身体受不了，得了风湿病，为此花了好多钱，之后就不在那里干了，2007年到新疆摘了两个月的棉花，挣了2000元。现在就待在家里，重活也干不了，就给原来他干的那个厂子代销醋，一袋醋是0.5元，自己一个月可挣200多元。他自己对于自主创业的想法还是有的，因为在醋厂干过，自己也学到了一些手艺，想过自己也办个醋厂，但考虑到很多因素，比如说没车，没有酿醋的设备等。在我看来还是他自己没胆量，也没那个能力。

他自己生病出不了门，再加家里收入微薄，妻子便经熟人介绍到外面建筑工地上当小工，每天是40元钱，已经干了两个月了。在前两年修高速公路时，她也在工地上当小工，每天也是40元钱，这样来看大概年收入是将近1万元。

他对国家的政策也不怎么关心，村委会三年一选的选举也不参加，不过对宗教活动挺热心的，除过节外，一周去两三次寺里，看来他算是个比较悠闲的人。

编号：020

访谈对象：×××

性别：男，民族：回族，年龄：50岁，文化程度：初中

他家就在公路边上，从外面看一院房子修得挺阔气，家旁边盖着4间房，一间是修理部，一间是小卖部，另两间存放东西。家里有5口人，两个儿子一个女儿，现在大姑娘已出嫁，儿子上初中，女儿上小学，他就想着供孩子好好上学，但孩子们却不争气，都不好好上学。种着12亩地，每年也就种些小麦、玉米、土豆，像今年一亩土豆能收入1000元左右，还算可以。

他以前也经常外出，主要是去新疆，在工地上当工人，因为他自己有些技术（是自学的），每天能拿到60元钱。也算是他运气好，1988年他在上完工闲逛时碰到一个老人说是找个看果园的，于是他就去了，包吃包住一个月700元，在那时候算是高工资了，总共干了9个月。1992年在宁武煤矿当工人，不过他不是下井打煤，而是在上面当电工，一个月900元，干了两年时间。1997年便开始跑车，主要是往固原拉人，一个人一块钱，都跑坏了三辆三轮车，由于一次跑车途中掉到了水渠中，一人受伤，从此便结束了他的跑车生涯。家里现在有一辆摩托车和一辆农用车。

后来他就没有再出去，凭着自己有一些技术，在家旁边盖起了修理部，电焊，修车自己都会，在前两年修高速公路时，每年的净收入都能达到10000多，不过2008年的情况不好，但可维持生活。对于开小卖部他也就没想着能挣钱，因为有些生活用品自己家里也要用，零食孩子也吃，一样要花钱，自己有了还是方便，大多时候是修理部补贴小卖部，家里每年的花销有七八千元，都是靠着这间

修理部。

自己家里有电视，平时看看新闻，可以了解一些国家政策以及与农民切身利益有关的事情。对村里的事情也比较关心，积极参加村民选举。家里的许多事情会找兄弟商量，一般由父亲决定。在有些事上他们也找村干部，可结果不尽如人意，要不就找不到人，要不就是没有答复。

他自己唯一不满意的就是村里的小学，对青石小学的 18 名老师很有意见，听说学生的作业由学生批阅，在每次考试后，老师便把考了十几分的改成八十几分，将孩子一级级往上推，直到小学毕业，这样一来都不管教学质量，使得村民的文化程度提不上去。为此，他想在以后挣了钱到银川去，那里城市环境好，他还设想在银川租一片地种庄稼。

他每周去寺里一次，也教导孩子们要常去。

家里年收入以非农收入为主，年收入有 10000 多元。

编号：021

访谈对象：马某

性别：男，民族：回族，年龄：54 岁，文化程度：高中

马先生家里有 6 口人，大儿子、儿媳妇和两个孙子。马先生有两个女儿（已出嫁）、两个儿子（已结婚），他与大儿子一家一起生活。现在共有 20 多亩地，种有小麦、土豆和玉米。2008 年，玉米种了 10 亩，打算把 6 亩卖掉，剩下的喂羊牛，因为家里还养着 5 头牛和十几只羊。家里每年的花销达 10000 多元，用钱的地方太多，两部手机，一部座机，一辆出租车，翻斗车，摩托车，样样都得用钱，他还得靠打工来补贴家用。

马先生的经历也很丰富，1974—1984 年在小学当教师，工资从 15 元涨到 35 元，但由于他超生便自动辞职了。1984 年可以算是他最倒霉的一年，自己辞职就连仅有的 35 元也拿不到，再加小

儿子生病住院，自己身上只有住院费，就把家里的牛给卖了。再后来他收了十几只羊，拉到别的地方卖掉，这样便赚到了60元，他想这样自己一天就能赚60元，从此就做起了生意，不过不是贩卖牛羊而是牛羊皮毛，一天挣五六十元，一个月下来收入2000元，直到1989年村里人选他当队长后，便结束了他做生意的历程，虽然当队长一个月才18块钱，但恰恰是他在当队长的3年时间里认识了很多人。1992年村里修路，他跟负责人开了句玩笑但也是心里话："只让给你们帮忙，也不发工资，总得找个活干吧。"也算机缘巧合吧，他真的在工地当上工人了，从这一刻起，开始了他长达十几年的包工工作。因为他干活认真，值得信赖，老板很器重，他就一直跟着工程队，包工每年收入两三万。最近两年身体不好，病多，也没怎么出去，一年也就去几个月。在他外出包工这几年感受最深的就是普通话的重要性，要是不会讲普通话就没法跟别人交流，也就没法很好地工作。

马先生的大儿子因小时候的医疗事故成了哑巴，2000年成亲，彩礼花了10000多元，两个孙子都在上小学。小儿子2005年结婚，花了30000元，现和儿媳妇在跑出租，出租车是他买给儿子的。

马先生对于国家大事、国家对农民的政策比较关心，他通过新闻关注新农村建设、改善农村环境、提高农民生活、缩小城乡差距等问题。对于政府组织劳务输转也很支持，认为收入有保障，也不至于活干完了还拿不到钱，这里还把劳务输转称为是"铁杆庄稼"。马先生每次都参加村委会的选举，因为这毕竟与自己利益攸关。在家庭中，事情一般由马先生做主，比如说这次收玉米，因为种得多，所以叫小儿子和儿媳妇也来帮忙，他讲道理说服他们，"养兵千日，用兵一时"，他们也很乐意的来帮忙。

马先生还把村里过去的环境与现在做了比较，以前因为村里太穷了，大多数家庭都没有烧的东西，也没有其他东西可以代替，便在山上乱砍滥伐，山都变成了秃顶山，现在的退耕还林政策又将原来的绿山还原了，并扩大了绿地面积，进一步改善了村里的环境。

据了解，去老寺的人要比去新寺的人多一半以上，听说老寺里的情况要好于新寺。马先生自己的宗教安排也很有规律，冬天是一周去寺里三四次，夏天比较忙，就一周去一次，他认为现在的年轻人宗教意识太淡薄，他要让他的孙子好好学习宗教知识。

他家的收入来源主要是包工赚钱，还有养殖，一头牛可挣2000～3000元，再加羊的收入，年收入约为三四万元。1992年，由于修路占他家土地，政府补贴了两万元。在医疗卫生方面，买了医疗保险，如果住院会补助50%。

编号：022

访谈对象：×××

性别：男，民族：回族，年龄：63，文化程度：小学

老先生家在离公路不远的地方，房屋建好已有8年了，北房有三间，西面还新盖了一间封闭式的房间。家里现有12口人，因为大儿子和小儿子已婚没有分家，人口比较多，不过都在外面，家里只有他们老两口在种地，原先有30亩地，退耕还林只剩下10亩，现就种些小麦、玉米、土豆，家里够吃就行，一般情况下一亩玉米收成有300～400斤，一亩土豆大概产2000多斤，地里一般上化肥，因为上农家肥很不方便，他们年龄也大了，再加上路不好走。家里养有两头牛，是用来耕地的。

老先生从来没有外出打过工，不过现在两个儿子都外出。大儿子以前在建筑工地当工人，他们的工钱还分冬夏两季，冬季男的是每天40元，女的每天35元，夏季男的每天50元、女的每天40元。2008年，大儿子在固原城承包了一项引水工程，每年收入大概10000元左右，他现在在城里买了房子，妻子和3个孩子也都在一起，大的两个孙子都是上到五年级不愿上学了，大孙子今年刚结婚，媳妇也是打工时认识的，现跟着他爸在工地上干活。老先生感

叹道，家长没文化对孩子的影响很大，他的两个儿子也是小学毕业，村里教育水平太差，师资力量弱，因为学校老师都是些村里文化程度不高的人担任。

小儿子在宁县石滩井煤矿当工人，到现在已有8年了，他们是每年跟矿上签一次合同，月工资3000元。他妻子是在他打工时认识的，彭阳人，有3个孩子，都在上学。

老先生经常看新闻，比如说关注四川大地震，10天前他还感觉到了两次地震。对政府的劳务输出政策持支持态度，以为通过这种途径外出务工工资和人身安全都有保障。老先生积极参加村民选举，儿子的选票也是由他代投的。

编号：023

访谈对象：马家媳妇

性别：女，民族：回族，年龄：40岁，文化程度：文盲

她家里现有5口人，3个女儿，婆婆还健在。种有两亩地，原来有10亩，退耕还林用了8亩，每年的补助也就是每亩地200斤粮20元钱。家里有洗衣机、VCD、电视机等，生活算是好一点的。

她自己没有外出经历，不过丈夫一直在外面跑，常在建筑工地当小工，比如修铁路、高速公路，一天能挣50块钱，一年一般出去六七个月，年收入在15000~20000元，丈夫现在宁武县高速公路建设队，3个女儿都在上学，大女儿16岁，在读初三，小的两个一个在六年级，一个在四年级，由于自己没文化，她就想着一定要让3个孩子上大学，不过前提还是孩子自己要努力。

在国家补助方面是丁支书提供的情况：她们家里有3个女儿，每年补助3000元（2009年两个女儿的家庭每年有7000~8000元的生活补贴），化肥补贴和农机补贴共有200元，化肥是按原来亩数算，每亩17元，农机是根据造价的10%补贴。她们家是低保户，每人每年会有240元的补助，总共1200元。医疗救助200元，

对买了医疗保险的生病住院可报销，从 2005 年开始报销 40%，到 2008 年报销 75%，村卫生院还免费给村民们检查身体。

她有时会看看新闻，最喜欢看电视剧。参加村民选举，丈夫的选票由她代投。家里的事情都是大家商量决定，不过拿主意的还是丈夫。她喜欢农村，因为农村空气清新，没有噪音，安静。

她对于宗教生活不太重视，只有过节的时候去寺里，平时一般不去。

她家里除了丈夫在外面打工挣钱外，自己在家里还养有两头牛，一头牛大概能赚 2000 元左右，年收入在 10000 多元。

宁夏回族自治区固原市开原区开城镇上青石村实地调查记录

调查时间：2008 年 10 月 24—2008 年 10 月 26 日

调查人：ZWZ、WWD、MX

一、村庄概况

位于固原市开城镇的上青石村为纯回民居住区，地形以山地为主。总人口 1670 人，耕地总面积约为 7700 亩，由于最近几年的退耕还林及建筑占地，现有耕地 5000 余亩，可分为山地和川地，但均较为干旱，当地居民饮用井水。主要种植的作物有冬小麦、洋芋、胡麻、玉米及草类植物，其中洋芋为经济作物，受制于气候干旱，收成不佳。该村有卫生院一所，只能解决村民们的小“毛病”，阑尾、结扎等小手术须到镇里去做。道路基本硬化，交通便捷；设有小学一所，学生总数说法不一，有 600 多人、500 多人和 430 多人之说，分为一至六共 6 个年级，教师 18 名，且多数年事已高，普遍反映教学质量较差（注：校址位于上青石村，但学生来自上青石村和下青石村两个村）；建有清真寺三座：一女寺、一男寺、一大寺，大寺于 2007 年建成，花销 60 多万，属私人修建，是按该村村民人数均摊收费建立起来的，人均 150 元，阿訇原来请的是平凉、隆德、海原等地的，现在是当地的，且由自选产生；有私人小卖部数个；有一个移动营业厅，一个联通营业厅；有一个烤馍店，有集市；共有 9 个生产队。

年轻人大多外出打工，主要去广东、福建、浙江、北京、新疆、银川等地，一般情况下，每人年净收入1万元以上，照顾小孩、家务、农活等多由老人料理。村民整体接受教育少，文化程度低，思想观念落后，不能很好地理解党和国家的各项惠农政策。农业生产投入高，产出少，经济收入有限，因有化肥补贴、退耕还林补助及外出打工等收入，整体经济状况还可以。据报纸相关资料显示，固原市农民年人均现金收入为3380元。

二、个案访谈笔录

编号：024

调查对象：海氏

性别：男，民族：回族，年龄：59岁，家庭人口数：7人

文化程度：小学，外出务工人数：无，耕地面积：20多亩

问：能否介绍一下您的家庭成员及其职业情况？

答：老婆、1个儿子和4个女儿，女儿均已出嫁，儿子今年结的婚，要的本地姑娘，是自由恋爱结婚，彩礼3万元，总共花去4.7万元。现在儿子、媳妇均在家务农，农闲时偶然出去打工，挣个零花钱，不能给家带来很大的变化，儿子小学文化，自己和老婆一直以务农为主，从未出去打过工。

问：能谈谈您的经济收入情况吗？

答：90%的靠农业收入，今年白葱收入1000元，韭菜收入600元，洋芋还未卖出，2亩玉米刚收完，种了12亩小麦，其中有8亩是打井灌溉，收入较多，4亩旱地收成少。去年买了一辆农用三轮车，儿子结婚时购进1辆摩托车。养牲畜也能有一笔收入，修建了牛棚后（前年修的）每年年初买进2~3头肉牛，在年末时卖出，每头能赚2000~3000元，家里还有1只绵羊、20只鸡，都可以带来经济收入，现在生活可以，洗衣机、电视机等家电齐全。

问：您和您儿子都是小学文化水平，希望您孙子上大学不?

答：很愿意，很支持。以后有了孙子要送到城里去上学，那儿的教育条件和质量比本村学校好得多。这个村的教育不行，老师不重视，小学生有抽烟、喝酒、打台球等不良习惯，会影响孩子的前程和命运。

问：您希望是儿孙还是女孙，希望有几个孙娃子?

答：我希望有两个或是三个，至少有个男的，还是比较喜欢男孩，一是因为传统观念的影响，二是因为男孩比女孩有力气，能减轻家务负担。

问：您对将来有什么打算?

答：如果有足够的钱，我愿意去城里居住，城里生活方便，舒适。希望寄托给儿子和孙子吧，自己已经这样了。自己和儿子接受教育少，确实希望孙子能上大学，有出息。很羡慕富起来的人，希望以后的日子越来越好。我相信只要肯吃苦，肯劳动，日子就能好起来。

问：您知道党的一些惠农政策吗？您是怎么看的?

答：党的政策确实好，给我们很多实惠。例如：土地上的补贴年年增长，前年补了200多，今年补了500多，每亩地化肥补贴20元，农业税全免。本想退一些地，但由于名额有限、土地位置不当等原因没有退地，希望能有机会退。

该家庭总体情况：2004年修了三间北房，共花3万元左右，另有西房1间、南房2间，院内有一车棚、一牛棚，一个20平方米左右的围栏用于养鸡。场里有3个大草垛和一些燕麦草、玉米秆子，主要用于喂牛羊。

编号：025

调查对象：摆FS

性别：男，民族：回族，年龄：71岁，家庭人口数：9

文化程度：小学，外出务工人数：6 人，耕地面积：45 亩

问：能否谈谈您的个人经历和家庭成员的基本情况？

答：1938 年出生，属这儿的老户，1960 年加入中国共产党，曾担任本村支书，现在退休，对不享受任何优惠表示不满，希望能给老党员、老支书一些补贴。有 5 个女儿和 2 个儿子，都已成家，其中大儿子在本村开卫生所，二儿子在城里跑保险，三儿子由于触犯法律，被判 7 年徒刑，劳改 3 年之久，现刚刚出狱，四儿子种地，由于二儿子和小儿子做生意，不愿去种地，故将地分给四儿子种，四儿子还通过贩卖牲口获取经济收入，且收入可观，小儿子买了一辆卡车，主要用于转料，收入良好，已在城里买了房子，大女儿嫁给当地人，二女儿远嫁到内蒙古的八林左旗，包工挣钱。现在两老人住老二的地方，种有 5 亩地，自种自吃，种有冬小麦、洋芋、胡麻。四儿子养了 1 头牛，2 头骡子，既用于干活，又用于赚钱。现有儿孙 8 个、女孙 7 个，有的已嫁人，有的在上学，儿孙满堂，感到很幸福。

问：能否谈谈村子的大概情况？

答：上青石村共有 9 个队，我们是 1 队，共有 270 多人，57 户，其中有 8 户人家已迁居城市，在城里打工，做生意来生活，大多是为了供孩子上学。村里修建了一座大寺，花费 60 多万，村民人均出资 150 元，属于私人修建。经常去寺里的以老人居多，青年人闲时去。其实，大多数青年常年在外地打工，很少有机会去寺里。信奉老教的多于新教，且新教是由老教在十多年前分出去的。现在大寺和女寺里的阿訇由自选产生，男寺里没有阿訇，在必要的时候临时请。自己虽已入党多年，兢兢业业，但对宗教仍一片虔诚，经常去寺里。曾在本村义务修路，干了不少的好事。本村有的老人去过麦加，自己也很想去，可年事已高，多有不便，心有余而力不足。

问：您有没有感受到党的一些优惠政策给家人带来的好处？

答：虽然有些惠农政策落实不到位，但总体来说还是不错，举个例子吧：去年孙子住院花了1300多元，由于参加了医疗保险，退回了700元，后又补了600多，最终只花了生活费病就医好了，医疗保险制度很成功。遗憾的是村民文化程度低，思想观念落后，不愿参加医疗保险。听说有一户人家没参保，后来遇事花了一大笔钱，倍感后悔，很羡慕参加了医保得到实惠的人。再有，高速公路占地，每亩补贴2000元，小学、中学学费全免，且给中学生另发补助，确实减轻了农民们的负担。

问：最近几年收成咋样？经济收入是否可观？

答：今年不行，小麦每亩产量为200斤，往年最低亩产也有500斤，甚至600斤，主要是干旱所致，靠天吃饭。两老人提供口粮，主要的生活开支由二儿子和媳妇挣取。总共有地45亩，40亩是当时村上分的，后又买了5亩，当时是每亩360元，现将一部分出租，收取租金。

问：现在生活好了，是否愿意去城里定居？

答：二儿子经常动员，经常让去城里住，我和老伴都不愿意，在城里呆着无聊，不舒服，在乡下感觉自由、宽松、心情舒畅，想吃啥、喝啥、干啥都很自由。现在还能干动活，等干不动再说吧。总是希望把老骨头留在乡下。

补记：由于摆FS以前当过村干部，因此参加过村民选举，由于受传统观念及实际生活情况的影响，比较喜欢男孩。经常看新闻，对国家的大政方针比较了解，尤其是有关“三农”方面的，对一些村干部的做事风格和方式不太满意。

家庭基本情况：总共有相邻的四院房，分别是老大、老二、老三和老四的，老幺在城里买了房子，老大和老三的房子空着，老四务农，两老人住老二的房。北房两栋三间，西房两间，南面有一间小厨房。两老人身体健康、硬朗。

编号：026

调查对象：马 JR

性别：男，民族：回族，年龄：63 岁，家庭人口数：7

文化程度：小学，外出务工人员：5 人，耕地面积：70 余亩

问：听说您老人家是本村的首富，能否简单说说您的发家史及其家庭成员的基本情况？

答：我是这儿的老户人家，改革开放那年就在公路边修了一排房子，大概有 7 间，随后占用两间房开了一个小卖部，其余 5 间出租，后来生意好了，店面扩大了，全部收回供自己搞生意使用。30 年了，从刚开始的生活必需用品到现在的粮油、副食百货及五金等，生意一直很红火，年收入 2 万元以上。耕地也很多，孩子们都在外做生意，不愿种地，所以租出一半，老两口种一半，主要种植冬小麦、洋芋、胡麻和玉米，其中胡麻和洋芋为经济作物，小麦和玉米自种自食。既搞生意又种地虽然忙了点，但心情很愉快，认为生活很美好。以前的旧房空着，无人居住。最近几年免征商业税、营业税等税费，只支付地皮费，是每平方米 5 角。主要财产有：17 米长的挂车 3 辆，主要用于长途运输百货、特产，路线是新疆到广州、福建、浙江等地；城里买有 3 套房子，三个儿子合资开办了固原市飞天轮胎总公司，主要是二儿子经营，三儿子有出租车一辆。买第一辆车是在 20 世纪 80 年代，是 9 米长的货车，费用自付一半，贷款一半，积攒了几年钱后，又购进了 2 辆，费用全部自己现付。而今车租给别人开，并且一年更换一次，即在年终时将车卖出去，紧接着又购进新车，再租给别人，从中赚取一部分很可观的收入。孩子们都很争气且均已成家立业：大儿子跑长途运输兼营公司，大儿媳开了一家餐厅（在城里），其子 12 岁，上六年级；二儿子及媳妇主营公司，生有 3 个女儿；三儿子跑长途运输兼营公司，三媳妇在固原市开出租，生一男孩；大女儿嫁到银川，现在城里居住，经常回来看望老人；二女儿嫁给本村本地人。自己和老婆

务农，经营生意。

问：儿子经常外出，您也跟着去了很多地方吧？

答：是的，在农闲、货运繁忙的时候我经常去押车，尤其是春节前后的几个月，去过上海、浙江、广州、福建、新疆等地。运输事务办理完毕后，儿子会带我去旅游，去了不少好地方，品尝了很多特色小吃，老婆经常呆在家里，很少外出，也不喜欢外出。

问：现在生活这么好，村上人是怎么看待的？

答：他们大多数人很羡慕，其实只要抓住机遇，每个人都能富起来。我认为当今社会的贫困人大多因懒散而致，现在党的政策很好，尤其在少数民族地区有很多优惠政策，只要肯动手、勤劳，光阴不会很差。

问：您能试举一例说明党的好政策吗？

答：就像每年的劳务输出，单说去新疆摘棉花吧，两三个月一般都能挣3000元回来，工资没有拖欠现象，都能很保险地拿到手，私人自己找活干，有可能被骗。我认为政府搞的劳务输出很好，尤其是技术型的。

问：二儿子有3个女儿，大儿子和小儿子分别有1个男孩，就此您有什么想法吗？

答：政策是允许我们少数民族生3胎，汉族生2胎，现在生活质量好了，抚养孩子的成本高了，生4胎拉扯真不容易，但还是希望二儿子能再生一男孩，总体来说是比较喜欢男孩。

问：将来打算去城里居住吧？

答：不想去，住在农村舒服、自在、宽松，经营小卖部，种植庄稼给家人提供口粮，感觉比较好。

问：您在家经常看电视吗？

答：我家电视只能接收2个台，没什么好节目（没有感兴趣的节目），只在晚上看看电视剧，听听新闻，比较关心国家大事。

问：您是否经常去寺里？

答：闲时去，孩子们都不常去，有时会提醒一下他们去一下寺里，也会给孙子说一些宗教方面的东西。更希望他们好好学习，上好大学。

家庭总体情况：小卖部位于马路边，对面是学校，交通便捷，人流量大，因此生意很好。但环境一般，货物种类多，房间相对较小，显得有点拥挤、脏乱。能够抓住机遇，挣大钱，生活富裕，子孙兴旺。两老人生活低调，待人诚恳。

编号：027

调查对象姓名：马某

性别：男，民族：回族，年龄：42 岁，家庭人口数：7 人

文化程度：文盲，外出务工人数：1 人，耕地面积：不足 6 亩

问：能否谈谈您的个人经历及家庭成员目前的职业情况？

答：我命运多舛，经历非常坎坷，不过老天总是公平的，现在过上了好日子！父母均为贫民，在我 3 岁时父亲去世，当时家里有 8 个孩子，5 个儿子，3 个女儿，由母亲一手带大，由于孩子多，母亲未改嫁。我们八兄弟姐妹没有接受过任何学校教育，从小就挑起了家庭的重担，学会了过日子，习惯了吃苦。我 16 岁时就出门打工，先后去过新疆、西安、银川、石嘴山等地，均无人介绍，自己摸索前行。刚到新疆时给别人放羊，干了 1 年，后又在那里伐木 1 年，然后利用两年的积蓄在西安做起了小生意。先购置了一辆人力三轮车，利用它来赚钱，刚开始卖小杂货，后转为卖小吃，以卖粽子、元宵为主。在西安度过了 8 年这样的时光，期间认识了现在的妻子，并生下了 3 个孩子：大儿子、女儿和小儿子。由于没有充足的资金办摊点零售手续，总是在“黑市”上从事买卖，起早贪黑，等有关检查人员下班，才能推着车子做买卖，老是觉得心里不踏实，鬼鬼祟祟的。尽管这样，还是会被逮着罚款，扣押车子。记得有一天被逮住了两次，早晨出去刚一会儿就被逮住，在中午时许

把车子赎了回来，晚上出去时又被逮住，当时是在卖粽子，不但扣了车子，而且倒掉了所有的粽子，第二天托朋友把车子要了回来，同时给朋友一笔报酬。辛苦了8年后带着老婆和孩子回到了本村，靠卖粽子积攒了一点财富。现在的成就几乎是建立在卖粽子的基础之上。不幸的是村里刚分完地，我们5口人没分到地，农民过日子土地是根本，为了得到土地搬迁到另一个村，也没分到土地，生活异常拮据，过了一年后又迁回本村。在队里人的照顾下，5口人分到了不足6亩的耕地。耕地少，人口多，光种地日子难以维系，农闲时就外出打工，考虑到家里需要照顾，不能外出太远，去过白银、石嘴山，由于没有文化，只能从事一些苦力劳动，现在农闲时依然外出打工。从一无所有走到现在很不容易，也走得很艰辛。

妻子也目不识丁，大儿子小学文化，现外出打工，希望以后能学点技术，谋到一份好职业，生活得更好。姑娘16岁，初中毕业，待业在家。小儿子上五年级，希望能掌握很多知识，考上好大学，走出农村。在16年前开办了现在的小卖部，主要经营日用百货、副食品等，由于资金有限，无法经营粮油，生意还算可以。

问：您现在的经济来源主要是什么？

答：就是小商店的盈利收入，农业自给自足，儿子打工挣钱很少寄回家。

问：主要种植的农作物是什么？

答：洋芋、冬小麦、胡麻，由于干旱小麦收成不好，所以今年种的洋芋多，打算用洋芋在本村兑换小麦。

问：小姑娘打算何时嫁人，结婚花销一般需多少钱？

答：还早吧，一般是18、19或20岁结婚，花销至少得5万元，由男方给女方的。

问：您在西安多年，交了很多朋友吧？

答：朋友是有一些，但知心的很少，现在也从未联系过，现在家务忙（经营商店，务农）不愿意和家人一起外出了，联系也显得没必要。

问：务工给您和家庭是否带来了变化？

答：带来了很大变化，使我们走上了致富的道路，我认为靠务农致富是很困难甚至不可能的，但没有文化成了外出的最大障碍。

问：您经常去寺里吗？外出期间宗教生活如何安排？

答：一般是周五去一次，平时也没时间去。外出务工期间宗教生活正常。

问：对国家惠农政策和当地官员有何看法？

答：国家政策越来越好，越来越开放，政府组织的劳务输出很好，但官员不得力，不够公平公正，自己从未参加过村民选举。

问：您有没有重男轻女的观念？

答：有一点吧，以前老是希望能有个儿子，当然也如愿了。

问：将来打算进城生活，还是打算继续在农村？

答：还是愿意在农村生活，城里开支太大，且不自由，农村生活会更舒适。

家庭总体情况：小卖部大概有 40 平方米，被墙隔开，一面经营，一面做饭、休息，商业税免征，位于公路旁，收入可以，年收入 1 万元左右，经营小卖部 10 年之久。在商店对面即马路的另一旁有 4 间房，现空着，无家禽、家畜。

编号：028

调查对象：海 YG

性别：男，民族：回族，年龄：54 岁，家庭人口数：7 人

文化程度：小学，外出务工人数：1 人，耕地面积：30 亩

问：能否简单谈一下您的家庭及其成员的基本情况？

答：我家有 7 口人，老母亲、妻子、儿子、儿媳、两个女儿，孩子都已成家。母亲年迈无劳动力，我和妻子种地务农，料理家务，种地 30 亩，有川地，有山地，但均为旱地，靠天吃饭，只能

种植冬小麦、胡麻、洋芋和草类植物。洋芋是经济作物，今年种了5亩，留足自家食用、种子外，取得收入1000余元，草用于饲养牲畜。现饲养1头肉牛（干活、卖钱），2头骡子（干活），小麦和胡麻自己食用。儿子今年24岁，小学未毕业，给别人跑车，月薪2000元，开车技术娴熟，能力很强，车开得不错。有应邀去东北开车的机会，且待遇丰厚，可以报销东北到家的往返路费、报销电话费、月薪3000元，但他不愿意去。儿媳照顾2个月的小孩，暂时不能从事其他劳动，儿媳是本地的汉族姑娘，回汉可以通婚。等孩子上学时，儿媳打算在城里租房子，专门照顾孩子上学。

问：为什么让孩子去城里上学，这样代价会不会很高？

答：虽然代价会高出很多，但村里的学校教育质量太差，会耽误了孩子的前程，本村的小学教师大多年事已高，对小学教育不重视，抱着完成任务的态度开展教育工作，不批改作业，不加指导，连期末考试的试卷也不认真阅，每个学生都在70~90分之间，且从不把试卷发到学生的手里，好的差的都升级，即使有人提出留级要求也不给留。有些中学生也不愿到开城中学就读，家里条件好的会转到固原、大湾等地就读，村、镇从未有过幼儿园。

问：您对国家在本地的一些优惠政策了解得多吗？

答：了解一些，但都落实不到位，就说化肥补贴吧，去年2元/亩，今年17元/亩，但应该是20元/亩。当地官员不切实际地搞“政绩工程”：今年小麦长得好好的，他们偏要求毁了小麦要种洋芋，说毁了小麦的成本政府会给补贴，这显然对政府和农民都是一种损失，又如在农忙时节，要求农民在不适当的地方铺农用地膜，大家都不愿意干，却又无能为力，对这些官员极为不满。

问：那当地村民都不反对吗？

答：农民们有话无处去诉说，只能听其指挥。当地农民普遍文化程度低，思想观念落后，有80%的人不理解党的政策，迫切需要提高村民们的文化素养。

问；当地政府是否支持走出农村，自主创业？

答：这要靠自己的努力，如果家庭比较困难，想集资创业，银行也不会贷大量的款，顶多就两万元，家境好的或是有关系的人就可贷大笔的钱进行融通、致富，至于有无其他的优惠政策，尚不知晓。

补：他还提到村里自修一女寺，阿訇来自海原。喜欢居住在农村，自由，花费少，认为无固定职业和收入在城市无法生活。

家庭基本情况：2004 年修建西房 3 间，家具豪华，有电视机、VCD、功放、音响（两台）、洗衣机等常用家电；南房 3 间，北面新修一新式牛棚，花费 1 万余元。有农用三轮车 1 辆、摩托车 1 辆。家庭布置很有特点，一边是客厅。茶几被沙发围起来，有两个三人沙发和两个单人沙发，很有城市人的生活气息，旁边是一组合低柜，整齐地摆放着各式家用电器，我们抵达时，正在播放动画碟片，一家人其乐融融。家庭年收入约 3 万元。

编号：029

调查对象姓名：马某

性别：男，民族：回族，年龄：67 岁，家庭人口数：7 人

文化程度：小学，外出务工人数：1 人，耕地面积：37 亩

问：听说您一直担任村干部一职，能否介绍一下本村的相关情况？

答：我原来是村主任兼会计，由于年事已高，精力不足，现只任会计一职，很了解本村的基本情况。上青石村总共有耕地 7710 亩，大多为山地，川地不到 2000 亩，退耕还林占去 1861 亩，修高速公路占去部分。陶洼队有14136户人家，其中有 5 户人家搬出，在城里做生意。村里有出租车 3 辆，长途货车 2 辆。有小学 1 所，在校学生 400 多人，教师 18 名，好教师调走，部分老师不懂所教课程，教育质量差。现有党员 34 人，支委 3 人，村委会委员 2 人，

组织生活一季度开会一次，党费 2 角/日，每年会发展 1 ~ 2 名党员，想尽可能多的发展年轻党员，但青年人一般都外出务工，很少有合适人选，要么人家不愿意干。发展后备党员有困难。一座纪念碑今年在本村落成，是由原州区人民政府支持建造的，本村的山林属于县管，主要是生态林，种植有柠条、黑刺、杏树等，很少有果树，出于喜好，农家附近会自行种几棵果树。

问：能否谈谈家庭及成员的基本情况？

答：我有 5 个孩子，3 个女儿、2 个儿子，3 个女儿均嫁给本地人。大儿子因车祸去世（去年），留有 3 个孩子，1 女 2 男，现由大媳妇一人拉扯，主要靠务农、打零工为生，生活艰难。二儿子买了一辆长途货车，经常在外跑车，主要路线是新疆到广东，生有一女儿，希望再生一胎男孩。自己和老婆种地，自留地和承包地共 37 亩，实种还不到 3 亩，其余的都退耕还林了，政府每年每亩补贴 98 元，或者合成 30 % 的粮、70% 的钱。准备养羊来增加农业收入，政策规定羊须圈养。

问：政府对村干部的待遇还好吧？

答：往年年薪 1800 元，今年提高到 3000 元，不过还未下发到手里。

问：您经常去寺里吗？

答：农闲时去，一般去大寺里（去年建成，建寺费用村民均摊，人均出资 150 元），现有阿訇是当地的，以前请的是平凉、隆德等地的，另外还有一男寺、一女寺。

补记：马某对党的各项政策高度评价，提到的优惠政策有农业补贴、免学费、商业税费、特殊人群的养老、危房改造、劳务输出（主要是去新疆摘棉花）、退耕还林、医疗保险，提到过去的窑洞、杨木房变成了现在的松木房，家家户户通电，村里通路、交通便捷，最后他感慨地说：“千好万好不如党好，现在的社会是好得没法再说了。”主人是本村的老户。

家庭总体情况：1995 年修建 3 间房屋，2002 年增修 3 间南房，西面有 2 间旧房。家具稀少、简陋，但置有冰箱、电脑等电器。境况一般，没有饲养任何家畜。家庭年收入居中等水平。

编号：030

调查对象姓名：海某

性别：男，民族：回，年龄：70 岁，文化程度：小学

家庭人口数：6 人，外出务工人数：1 人，耕地面积：20 亩

问：能否说说您的家庭及其成员的基本情况？

答：我家当时分有 9 亩耕地，后又收了 11 亩，总共 20 亩耕地，现种有 8 亩，其余的都退耕还林了，退耕还林后国家每年每亩补贴 200 斤粮，主要是玉米和小麦，玉米单价 6.7 元，小麦单价 8.0 元，小麦都属于小儿子所有。有 1 家小卖部，经营 12 年之久，由于位于南北向公路第一家，生意兴隆，主营日常用品、文具、副食、小五金等，现在经常由我看管，儿子和媳妇务农，老婆料理家务。20 多年前就在此修了房子，因此现在地皮属于自己所有，无需交纳地皮费，工商税今年全免，收入增多。交通便捷，进货方便，隔三差五有车送货上门，需要什么提取什么，无需预定，一手交钱，一手交货，偶尔也会有赊欠现象。大儿子高中毕业，现自主营业，修补轮胎，其女已经出嫁，其子在开城中学就读；小儿子务农兼营小卖部，有 3 子，老大初中毕业，经亲戚介绍在西安某化工厂开车，老二初中毕业后在银川搞装修，都从事的是技术活，收入可观，老幺在上学；大女儿嫁在银川，小女儿嫁在本地盆洋。小儿子养活老人，大儿子自劳自食。

问：除了免征商业税费、退耕还林补贴等优惠政策之外，您还了解哪些惠农政策，尤其就本地区少数民族而言？

答：当地小学生免除学费、医疗合作制度、危房改造，全村房屋均换上了红瓦，且涂有蓝漆，瓦和漆免费使用，村民只付运输

费，党的政策确实好得很。

问：大多数年轻人都外出务工，就您所知他们的收入情况如何？去向如何？

答：普遍来说，每人每年至少都会有净收入1万余元，一般去西安、银川、内蒙古、新疆，以前常去广州、福建等南方城市，最近几年不咋去了。外出务工能够积累一部分资金，致富家庭，比务农强多了。

问：您经常看电视吗？

答：我两年前买了一台电视，不喜欢看，只是听听新闻，对国家大事比较感兴趣。

问：您是这儿的老户吗？是否经常去寺里？

答：在固原生活已有6代人了，以前的祖宗在哪生活不甚清楚。一般情况下经常去老寺做礼拜，一周五次，也会经常给儿孙们灌输一些宗教思想，但他们都不听，不常去寺里。准备到远方去朝拜，但年事已高，行走、生活多有不便。

补记：老人很支持让孩子们上大学，但孩子自己不愿去，家里有事，一般都是自己做主，希望一直生活在农村，感觉方便、自由，不想去城市里居住。

家庭总体情况：小卖部有3大间，商品种类繁多，人流量大，生意红火。农村有一座房子，小儿子常住，老奶奶料理家务。店铺较宽敞，环境较好。家庭年收入居中等水平。

编号：031

调查对象姓名：马某

性别：男，民族：回，年龄：57岁，家庭人口数：6人

文化程度：小学，外出务工人数：2人，耕地面积：50余亩

（注：此次调查不是在被调查对象的家里进行的，而是在其小卖部里进行。）

问：就您的个人经历和家庭基本情况能否做一简单介绍？

答：我家一年前在公路那边，由于修高速公路占地，被迫搬迁，当时占用住房的补助是每平方米40元。今年在这边修建了一栋房，有3间大屋，共花去4万余元，政府补助1万多，实际花费3万左右，将近有60亩地全部退耕还林，也是被迫，本来想留一部分庄稼用地，但不允许，其补助标准是每亩200斤粮食，其中30%补粮，70%补钱。我经常外出打工，以前是，现在也是，先后在银川给别人锄庄稼，收割玉米，当装卸工，捡破烂；在西安修铁路，打隧道，每天40~50元不等；在延安修高速公路。老婆身体欠佳，料理家务，干农活，我们外出打工一般都是自己去找活干。在外务工期间认识了许多人，现在仍有联系。大儿子在金原引水工程当大工，每天50元，生有两个女儿，准备再生一胎，希望是男孩；二儿子在银川铁路上打工，生有1个孩子，是前年结的婚，结婚花费4万多，七八年前有3万就差不多了；小儿子今年高中毕业，考上了大学但不愿意去，与家庭经济情况有关，现待业在家，准备先学些技术再去找工作，女儿嫁在银川。

问：除了以上提到的补贴、补助外，您还知道其他的吗？

答：今年有化肥补贴，每亩不足10元，前年起免征公粮，免教育附加费，对于其他的不甚了解，也不去关心，不愿关注，认为和自己无关。

问：那你有没有去城里居住的想法？

答：没有，在农村生活都过的很紧张，在城里就无法生活下去。

问：您经常去寺里吗？假如外出务工，宗教生活怎么安排？

答：常去，一般情况下一天去5次，属于新教派，不过有的老年人在家做礼拜，外出务工时我的宗教生活基本正常，不能去寺里，但常做礼拜。

补：在外务工期间，他经常看新闻，有什么事一般都是自己做主，对政府组织的劳务输出表示不满，说是给贫困家庭发低保的条件之一就是要参加政府组织的劳务输出，如果组织去新疆拾棉花，不去的人家就没有低保，对此他们无能为力。还提到危房改造，他认为改造的并非真正的危房，而是有关系、经济条件好的家庭，贷款也是如此，没有关系、经济条件差，贷款的额度很小。虽然参加过村民选举，但人员已经内定，没有实际意义。两个儿媳妇都是经家长介绍嫁过来的，大儿子结婚花费 3 万多，二儿子结婚花费 4 万多，小儿子不愿上大学，同意他的选择，不怎么支持孩子上学。

由于没去被调查人的家里，对其房屋结构及其布置一无所知。

后 记

本书是在笔者主持的国家社科基金规划项目最终成果（也是笔者的博士论文）的基础上修改而成的。自2007年对西北少数民族地区乡村社会流动的关注以来，不觉已是三载春秋轮回，感叹时光无情的流逝，也感叹研究的无止境。时至今日拙著出版，算是对这一段研究的一个总结。在这三年多的时间里，从最初的拟定提纲，到组织调查、收集资料、整理资料、分析资料、形成成果、再讨论……，整个过程中笔者的一个体会就是：越是在研究中，越是觉得自身知识不足，把握能力更显有限。当然也正是这种挑战激励着我不断地坚持深入，寻求完善。

一项研究成果的取得绝非一己之力能够实现，拙著也不例外。在研究中得到了来自各方面的帮助，他们也是我此时最想感谢的人。衷心感谢兰州大学西北少数民族研究中心的杨建新教授。杨先生是我博士生导师，多年来致力于民族学的研究，治学严谨，一丝不苟，是学生终生学习的楷模；生活中更像一位和蔼可亲的长者，奖掖后生，诲人不倦，耄耋之年不辍教坛，桃李满天下！同时还要感谢攻读博士期间给予我教诲的兰州大学西北少数民族研究中心的王希隆教授、赵利生教授、杨文炯教授、武沐研究员，各位恩师的悉心指导和帮助，是我们完成研究的重要智力支持！

感谢甘肃社科院的刘敏研究员为我的拙著作序，给予我莫大的鼓励；感谢我的硕士生导师西北师大政法学院王宗礼教授，本研究的提出和完成也凝结了他的心血。

在宁夏固原田野调查期间，得到了学弟海云志及其父亲海老先生的鼎力帮助和诸多支持，为项目提供了翔实的田野调查资料，在此，向他们表示衷心的感谢。还要感谢在我们调研期间提供过帮助的临夏州州长助理贺春贵、临夏县劳动和社会保障局局长吴泽民及临夏县土桥镇劳务办干事张永霞、临夏州委党校的李承军副教授、甘南州劳动与社会保障局的各位同志等。

感谢我的工作单位甘肃农业大学的各位领导与同事对我们的充分理解、关心和支持。

感谢为我提供帮助过帮助的各位同仁及同学，他们是：甘肃农业大学尚震海教授、张新虎教授、韩建民教授、马国军副教授、王文棣副教授、李双奎副教授、杨萍副教授、梅香同学、牟洁同学、朱涛同学等等。

感谢甘肃农业大学西部农村发展与社会保障中心对本书出版的资助！

感谢我的家人，他们都非常的辛苦，在我们研究期间给了我无微不至的关心和支持，为的是让我能够专心于研究，使我们的学术研究有了最初的亲情动力。诸多的感激，怎一个“谢”字了得。

拙著的写作中引用了同行专家著作和论文的一些观点，基本上在注释和参考文献中注明。借此机会，也感谢各位同行的学术贡献！由于本人学术积淀浅薄，研究水平有限，对同行专家的观点理解不到位、引用不合理之处敬请谅解、批评和指正，文责由本人自负。

张文政

2012 年 2 月 10 日于金城兰州